Bettina B. Altendorf

Die russischen Sänger des Königs und die Kolonie Alexandrowka in Potsdam

Das Denkmal der Freundschaft zwischen
Friedrich Wilhelm III. und Zar Alexander I. von Russland

*Ich sage Ihnen, Hauptmann, das waren Preußens beste Tage,
als da bei Potsdam herum die „russische Kirche" und das
„russische Haus" gebaut wurden, und als es immer hin und her ging
zwischen Berlin und Petersburg.*

Theodor Fontane, Der Stechlin

Bettina B. Altendorf

Die russischen Sänger des Königs und die Kolonie Alexandrowka in Potsdam

Das Denkmal der Freundschaft zwischen Friedrich Wilhelm III. und Zar Alexander I. von Russland

hendrik Bäßler verlag · berlin

Danksagung

Bei meinen Recherchen über die russische Kolonie und ihre historischen Hintergründe haben direkt und indirekt sehr viele Menschen mitgewirkt, deren Engagement und großes Entgegenkommen mir meine Arbeit sehr erleichterten. Besonders bedanken möchte ich mich bei den Mitarbeitern und Mitarbeiterinnen des Stadtarchivs Potsdam und des Geheimen Staatsarchivs Berlin-Dahlem, die mir den Weg zu einigen bisher unausgewerteten Quellen wiesen, bei den Mitarbeitern und Mitarbeiterinnen der Bibliotheque National de France, des Museums Eremitage in St. Petersburg, des Armeemuseums Ingolstadt, der Stiftung Weimarer Klassik, der Staatsbibliothek Berlin, des Bildarchivs Preußischer Kulturbesitz, des Brandenburgischen Landeshauptarchivs und bei Frau Camara von der Stiftung Preußische Schlösser und Gärten Berlin-Brandenburg.

Dass ich das bislang weithin unbekannte Bild „Bauern-Hof in Russland" von Carlo Rossi trotz seiner falschen Ablage entdecken und damit den Beweis des direkten russisch-preußischen Kulturaustausches bezüglich der „russischen" Dorfarchitektur erbringen konnte, verdanke ich dem Spürsinn der Mitarbeiter des Kupferstichkabinetts Berlin; dass ich es in der Ausstellung: „Königliche Visionen. Potsdam – eine Stadt in der Mitte Europas" (30. August 2003–28. März 2004) erstmals der Öffentlichkeit vorstellen konnte, dem Potsdam-Museum und der Kuratorin der genannten Ausstellung, Dr. Friedhild den Toom.

Ausdrücklich bin ich Frau Alexandra Anisimoff und Horst Schischkoff verpflichtet. Sie haben mir nicht nur viele Details aus der jüngeren Geschichte der Kolonie erzählt, Frau Anisimoff überliess mir freundlicherweise auch ihre umfangreichen Abschriften aus dem Brandenburgischen Landeshauptarchiv und historische Fotos ihrer Familie. Prof. Laage, Dr. Klöver, Dr. Gebert, Dr. Schenk und Michael Adam haben mir mit wertvollen Hinweisen, Recherchen und Übersetzungen aus dem Russischen zur Seite gestanden, René Schreiter verdanke ich einiges an Detailwissen über die Denkmalkultur in Preußen nach den Befreiungskriegen.

Ich danke meiner lieben Freundin Joan für ihr gründliches und geduldiges Lektorat und meinem Mann, der mich auf meinen Streifzügen durch Potsdam und durch die Geschichte in vielerlei Hinsicht konstruktiv begleitet.

Die Deutsche Bibliothek – CIP – Einheitsaufnahme

Die Deutsche Bibliothek verzeichnet diese Publikation in der deutschen Nationalbibliografie; detaillierte Daten sind im Internet unter http://dnb.ddb.de abrufbar

© 2004 by hendrik Bäßler verlag · berlin
1. Auflage 2004
Satz und Umschlaggestaltung: Hendrik Bäßler · Berlin
Druck und Verarbeitung: Druckerei Wagner GmbH · Siebenlehn

ISBN 3-930388-33-2

info@baesslerverlag.de · www.baesslerverlag.de

Inhalt

Die Vorgeschichte

Preußens Feldzug
gegen Russland 1812

König Friedrich Wilhelm III. war nach der verheerenden Niederlage seiner Armee im Jahre 1806 und der zeitweiligen Androhung Napoleons, das Königreich Preußen aufzulösen, ein Spielball zwischen dem Kaiser von Frankreich und dem mit Preußen verbündeten Zar Alexander I. von Russland geworden. Der militärischen Katastrophe folgte die politische. Im Friedensvertrag von 1807 musste Preußen fast die Hälfte seines Königreiches abtreten, seine verbliebenen Provinzen hatten an Frankreich mehr als 100 Millionen Francs als Kriegsentschädigung zu zahlen, und jahrelang blieben Preußens wichtigste Städte und Festungen von französischer Armee besetzt. Zwar erlaubte Friedrich Wilhelm III. nun zahlreiche Reformen, doch wirkten die neuen Gesetze zunächst eher als zusätzliche Irritation auf die Erholung des Landes. Weder der wirtschaftlich und politisch einflussreiche Adel noch der König selbst waren daher von der Notwendigkeit weitreichender Liberalisierungen in Staat, Armee und Gesellschaft und von der Idee einer „Beteiligung der Bürger an der Regierung", wie sie seitens der Reformer um Freiherr vom Stein gefordert wurde, überzeugt. Umso mehr

König Friedrich Wilhelm III., um 1813

Kaiser Napoleon I., um 1812

bewunderte der König die energische Autorität des Zaren, der ihm den preußischen Thron gerettet und sich damit gegen anderslautende Ratschläge seiner Umgebung durchgesetzt hatte – und zweifelte doch insgeheim an der Zuverlässigkeit der Versprechen Alexanders.

Napoleon drängte unterdessen zu einem Krieg gegen Russland. Nach vergeblichen Bemühungen, sein erschöpftes Land neutral zu halten, entschied sich Friedrich Wilhelm III. am 24. Februar 1812 notgedrungen für ein Bündnis mit Napoleon gegen Russland.

Enttäuscht von der Bedeutungslosigkeit, zu der die Preußen herabgesunken war, hatten bereits nach 1806 nicht wenige preußische Offiziere ihren Dienst quittiert, und mindestens 40 weitere Offiziere stellten sich zum Missfallen des Königs jetzt der russischen Armee zum Kampf gegen Frankreich zur Verfügung. Doch Preußen mobilisierte seine Armee vom 6. bis zum 20. März wie vereinbart. Ein Losverfahren bestimmte, welche Bataillone dem Hilfskorps angehören sollten und so bestand das 20 000 Mann starke Korps schließlich aus gemischten Einheiten aus Litauen, Ost- und Westpreußen, Pommern, Schlesien und Brandenburg. Insgesamt 14 000 Infanteristen, 4 000 Reiter, 2 000

Artilleristen mit 60 Kanonen und Pferdespannen zum Transport des schweren Geräts und mit einer Truppenversorgung für 20 Tage im voraus waren zu stellen. Potsdam, Kolberg und Breslau sollten von der französischen Armee geräumt und fortan von preußischen Einheiten gesichert werden, in Berlin blieb eine französische Besatzung. Große Teile Schlesiens – Oberschlesien, die Grafschaft Glatz und die Fürstentümer Breslau, Oels und Brieg – wurden hingegen nach dem Beginn des Feldzugs ganz von Militär geräumt. Von französischer Seite wurde Preußen aber auch ein folgenschweres Zugeständnis gemacht, denn während die Kontingente der ebenfalls für den Krieg gegen Russland verpflichteten Portugiesen, Polen, Westfalen, Bayern, Sachsen u. v. m. mit der Grande Armée Napoleons vermischt wurden, durfte das preußische Korps ein in sich geschlossener Truppenteil bleiben. Dem Oberbefehl des französischen Marschall MacDonald und dem Kommando des preußischen Generals von Grawert unterstellt, war es als 27. Division eine weitgehend selbständig operierende Einheit.

Am 28. März 1812 zog die Grande Armée durch Berlin, weiter nach Königsberg und schließlich zur preußisch-russischen Grenze. Am 24. Juni verkündete MacDonald dem preußischen Hilfskorps dort den Kriegsbeginn, und am 28. Juni 1812 marschierten die Preußen ins russische Kurland ein, das sie zur Rückendeckung der weiter nach Moskau ziehenden Hauptarmee sicherten. Für die gesamte Dauer des Krieges beschränkte sich das preußisch-russische militärische Operationsgebiet auf wenige Orte

Etienne Jacques Joseph Alexander MacDonald. Marschall des Kaiserreiches, Herzog von Tarent

und Quadratkilometer vor Riga. Preußens Gegner auf russischer Seite waren vor allem der Gouverneur von Riga, General von Essen, mit einigen Armeeeinheiten zur Verteidigung der Stadt, ab Herbst Truppenverstärkungen, die aus Finnland hinzugezogen wurden und schließlich im Winter der neue Gouverneur Rigas, Marquis Paulucci, und die Armee General Graf Wittgensteins auf ihrem Vormarsch nach Westen.

York, zunächst nur zweiter Befehlshaber, hatte mit seiner Ansprache an die Truppen bis zum Überschreiten der Grenze gewartet. Eindringlich betonte er in seiner Rede, dass man jetzt als Feind ein Land betreten habe, mit dem man bisher in nachbarschaftlicher Freundschaft gelebt habe und er deshalb nicht nur Tapferkeit und Gehorsam von seinen Soldaten, sondern auch die möglichste Schonung des Landes und seiner Einwohner erwarte. Als es dennoch zu Übergriffen kam, wurde der überführte Plünderer am 26. Juli 1812 mit dem Tode bestraft und seine Mittäter, nach Maßgabe ihrer Teilnahme, zu größeren und minderen Körperstrafen verurteilt.

Die Empfindungen der Preußen beim Kriegsbeginn berichtete ein junger Leutnant seiner Mutter: *... der Preusse folgt dem Willen seines guten und gerechten Königs unbedingt und tut seine Schuldigkeit, selbst wenn es zum Vorteile desjenigen geschieht, der unser Vaterland so unglücklich gemacht hat ... Ein eigentümliches Gefühl beschlich einen jeden, als wir den preussischen und den russischen Adler sich gegenüberstehen sahen und wir mit klingendem Spiel das russische Reich als Feinde betraten. Zu unserm Er-*

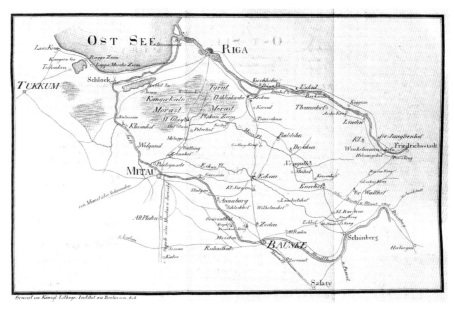

Karte des preußischen Feldzugsgebietes 1812

staunen sahen wir die Einwohner in den Dörfern ruhig vor den Häusern stehen, und als wir sie fragten, ob sie sich denn nicht fürchteten, sagten sie einstimmig, von uns Preussen glaubten sie, daß wir ihnen nichts Übles zufügen würden; und wirklich haben wir auch überall unsere Bedürfnisse bezahlt wie im eignen Lande.

Erst Mitte Juli begannen die Gefechte. Fast gleichzeitig verstärkten sich die Differenzen zwischen von Grawert und York durch ihre unterschiedlichen Auffassungen des Führungsstils und über ihre jeweiligen Aufgabenbereiche. Marschall MacDonald griff schließlich in die Reibereien ein und entschied zu Yorks Gunsten, indem er ihm am 13. August 1812 das Kommando über die preußischen Truppen übertrug. Die Absetzung Grawerts wurde offiziell mit dessen schlechtem Gesundheitszustand erklärt.

Fortwährend bemühten sich die Russen seit dem Kriegsbeginn, York und dessen Truppen zu einem Seitenwechsel zu verleiten. Mit Erlaubnis des Zaren warb auch ein in Russland gebildetes „Komitee für deutsche Angelegenheiten" für den Übertritt der deutschen Soldaten in der Grande Armée in eine „Deutsche Legion" auf der Seite Russlands – und zahlreiche Preußen nutzten die Chance, sich zum Kampf gegen Napoleon zu melden, sobald sie in russische Gefangenschaft gerieten. York verurteilte das Verhalten dieser preußischen „Deserteure" und deren Anwerbung durch die gegnerische Seite scharf, widersprach dies doch aller Tradition und machte den üblichen Austausch von Gefangenen unmöglich. Mit der militärischen Leistung seiner Einheiten hingegen war York sehr zufrieden und auch bei seinen Soldaten verbreitete sich in dieser ersten Feuerprobe für die preußische Armee seit ihrer Niederlage gegen Napoleon wieder ein Gefühl für die eigene Stärke.

Nach der grössten, für die Preußen siegreichen Schlacht reagierte auch die Heimat

8

anerkennend auf die Leistungen ihrer Armee in Russland. Hatten sich die Berliner Anzeigenblätter bis dahin darauf beschränkt, Anweisungen und Mitteilungen der französischen Behörden zu drucken, riefen nun private Unterstützungsvereine und die daheimgebliebenen Regimenter zu Geld- und Sachspenden für die preußischen „Krieger" und Verwundeten auf.

Im Wortlaut einer Anzeige vom 13. Oktober 1812 ist der Umschwung der nach 1806 niedergedrückten Stimmung in stolzes Selbstbewusstsein erkennbar: *Die Liebe für den König und das Vaterland, und das Gefühl für Nationalehre lassen es gewiß viele unserer Mitbürger mit uns für Pflicht erkennen, die Freude über den Waffenruhm, den Preussische Krieger jetzt erfechten, nicht blos durch untäthigen Beifall zu äußern, sondern diesen Tapfern unsere Dankbarkeit zu beweisen, so weit wir es vermögen.*

Auch der König erkannte die Leistungen seiner Soldaten an und schickte seinen Flügeladjutanten, Major Graf von Henkel, nach Kurland, der dem Korps am 19. Oktober 1812 50 Orden „Pour le Mérite" und zahlreiche Ehrenabzeichen überreichte. Von außerdem 10 000 Talern königlicher Belohnung erhielt allein York 4 000 Taler, sein Kommandeur der Infanterie 3 000 Taler und beide zusätzlich den Roten-Adler-Orden 1. Klasse mit einem freundlichen Begleitbrief des Königs. 3 000 Taler wurden unter den Verwundeten verteilt.

Inzwischen mehrten sich die Vorzeichen für einen Wechsel des Siegeszuges Napoleons. Zwar hatten die Franzosen am 14. September 1812 Moskau erreicht und waren ungehindert in die alte russische Hauptstadt eingezogen, doch statt der erhofften Kapitulation erwartete Napoleon nur eine verlassene Stadt. Was die geflohenen Einwohner hatten zurücklassen müssen, wurde auf Befehl des russischen Gouverneurs von Moskau, Graf Rastoptschin, in Brand gesteckt oder verbrannte in versehentlichen Feuern der Eroberer, die sich um den Schutz fremden Eigentums nicht kümmerten.

Karten spielende Franzosen vor Ruinen des brennenden Moskau, 8. Oktober 1812

Betrogen um ihren Sieg hielt sich die Grande Armée bald durch Plünderungen in den menschenleeren Häusern schadlos, und eine militärische Disziplin konnte kaum noch durchgesetzt werden. Moskau und Zar Alexander aber ergaben sich nicht. Nach nur knapp einmonatigem Aufenthalt, am 18. Oktober 1812, befahl Napoleon den Rückzug und der im November beginnende russische Winter und die ungenügende Ausrüstung der Invasionsarmee kostete hunderttausende Soldaten das Leben. Eingehüllt in gestohlene Pelze entrissen diejenigen, die sich nicht in Moskau mit Wintermänteln versorgt hatten, ihren toten oder halbtoten Kameraden die Kleider, um sich gegen die Kälte zu schützen.

Nachsetzende russische Kosaken und die auf grausame Rache für ihre verwüsteten Dörfer sinnenden russischen Bauern verbreiteten Angst und Tod unter den Fliehenden. Ein französisches Bulletin, das zu Weihnachten 1812 veröffentlicht wurde, gestand schließlich die Vernichtung der Armee Napoleons ein.

York hatte indessen seit seiner Übernahme des Oberbefehls im August vergeblich um eine königliche Anweisung nachgesucht, wie mit den russischen Angeboten zum Seitenwechsel zu verfahren sei. Da er keine eindeutige Antwort erhielt, galten für ihn weiterhin die Befehle MacDonalds, der am 18. Dezember den Rückzug auf die preußischen Gebiete anordnete. Am 25. Dezember traf sich York mit dem für Russland kämpfenden Generalmajor Graf von Diebitsch, denn der Zar entsandte nun in seinen Diensten stehende Preußen, um York zum Seitenwechsel zu überreden. York lehnte wiederum ab, doch blieb er über den ebenfalls in russischen Diensten stehenden Carl von Clausewitz in steter Verbindung mit Diebitsch. Nochmals schickte er seinen Adjutanten nach Potsdam mit der dringenden Bitte um eine königliche Entscheidung, noch bevor aber der Kurier zurück sein konnte, entschloss sich York zu handeln. Angesichts der unübersehbar katastrophalen militärischen Lage Napoleons und nach der schriftlichen Zusicherung Zar Alexanders, Preu-

In der Gegend von Oschmäny, den 4. Dezember 1812

ßen in seinem alten Glanz wiederherstellen zu wollen, gab er dem russischen Drängen nach. Am Morgen des 30. Dezember 1812 unterzeichnete er nahe der preußischen Grenze, in der Mühle von Poscherau in Tauroggen, eine Neutralitätserklärung für das preußische Armeekorps und entzog es damit – vorbehaltlich einer endgültigen Entscheidung des Königs – dem französischen Oberbefehl. Inständig hoffte York auf eine königliche Bestätigung seiner Entscheidung, doch Friedrich Wilhelm III. reagierte zunächst nicht wie gehofft auf den Waffenstillstand, dessen Abschluss ihm am 5. Januar 1813 mitgeteilt wurde. Zwar wurde sogleich ein Kurier ausgesandt, um den Russen die prinzipielle Bereitschaft des Königs zum Waffenbündnis und die Bedingungen mitzuteilen, über die man verhandeln müsse, doch fürchtete Friedrich Wilhelm III., vom Zaren doch noch im Stich gelassen oder gar von den in Berlin stationierten Franzosen verhaftet zu werden. Das Bündnis sollte darum erst dann in Kraft treten, wenn die Russen den Krieg über ihre Grenzen hinaus verlängert und die Weichsel überschritten hätten. Sobald dies geschehen sei, wollte sich der König unverzüglich in das von Franzosen freie Breslau in Sicherheit bringen und sich von Napoleon lösen.

Wochenlang war ungewiss, ob sich York durch sein eigenmächtiges Handeln zum Hochverräter oder zum Helden gemacht hatte. Nur aus der Zeitung erfuhr York von seiner offiziell erfolgten Absetzung und drohenden Verhaftung. Er ignorierte die Meldung geflissentlich.

Hans David Ludwig von York, um 1813

Die Befreiungskriege

Am 20. Januar 1813 kehrte der nach Russland gesandte Kurier mit offenbar guten Nachrichten nach Potsdam zurück, denn Friedrich Wilhelm III. und der Kronprinz begaben sich am 22. Januar nach Breslau. Die Garderegimenter folgten ihnen kurze Zeit später. In Schlesien und im Hauptquartier des Zaren in Kalisch begannen nun die heimlichen Vertragsverhandlungen. Da die Reste der französischen Armee und die sie verfolgenden russischen Truppen im Januar Ostpreußen erreichten, rief der preußische Staatskanzler Hardenberg am 3. Februar zur Verteidigung des Vaterlandes und zur Bildung freiwilliger Jäger-Detachements zur Verstärkung der Armee auf, ohne dabei den Feind zu nennen, gegen den man sich richten wolle. Im bereits befreiten Ostpreußen sammelte ab dem 7. Februar der aus russischem Exil zurückkehrende Freiherr vom Stein mit großem Erfolg Freiwillige zum Kampf gegen die Franzosen. Am 9. Februar gab Friedrich Wilhelm III. in den Zeitungen die allgemeine Wehrpflicht bekannt, und durch eine preußische Nationalkokarde, deren Tragen er am 22. Februar allen „ehrbaren Männern" befahl, denen „das Vaterland am Herzen" läge, unterstrich er zusätzlich die patriotische Dimension der Ereignisse.

Die Verhandlungen Preußens und Russlands für ein gemeinsames Bündnis schleppten sich indessen dahin, man feilschte um Kosten und neue Grenzen, die nach dem Sieg zu verteilen und festzulegen wären. Erst nachdem ihm angesichts der kämpferischen Begeisterung seiner Untertanen und der vorrückenden russischen Armee die politische Entscheidungsgewalt zu entgleiten drohte, entschloss sich der König, seine Kräfte mit denen des Zaren zu verbünden. Ohne sich über alle Details des bevorstehenden Feldzuges völlig einig geworden zu sein, versprachen sich die neuen Partner Friedrich Wilhelm III. und Zar Alexander I. am 28. Februar 1813, den Kampf fortzusetzen, bis Preußen wieder ebenso groß und stark wiedererstanden wäre wie vor der Katastrophe von 1806.

Aufgeschreckt durch die nahende russische Armee verliessen Anfang März die letzten französischen Besatzungstruppen Berlin. Friedrich Wilhelm III. rehabilitierte Generalleutnant York am 11. März 1813 öffentlich und vollständig. Am 14. März schloss sich das Herzogtum Mecklenburg-Schwerin dem preußisch-russischen Bündnis an, und endlich, am 16. März 1813, wurde dem französischen Gesandten die Kriegserklärung Preußens überreicht. Mit seinem Aufruf: „An mein Volk" am 17. März eröffnete der König den deutschen Befreiungskrieg gegen Frankreich. Ein General-Pardon für die „Deserteure" ermöglichte im April 1813 die Wiedereingliederung der in fremden Diensten stehenden Preußen in die eigenen Reihen. Nachdem das Yorksche Korps unter dem Jubel der Berliner feierlich

Friedrich Wilhelm III., 1815

Zar Alexander I. von Russland, um 1814

durch die Stadt gezogen war, vereinigten sich die Armeen Russlands und Preußens am 18./19. März 1813 zu einem fortan gemeinsam kämpfenden Heer. Sie wurden in Berlin und Potsdam einquartiert. Zusätzlich zu den fast 3000 Russen und mindestens ebensovielen Preußen allein in Potsdam, wurden hier auch die Freiwilligen der Region zusammengezogen und den verbündeten Regimentern zugeteilt.

Am 20. März veröffentlichte der in russischen Diensten stehende Graf Wittgenstein seinen Aufruf zum gemeinsamen Kampf und ging auch kurz auf den zurückliegenden Feldzug Preußens gegen Russland ein: ... *was Ihr tapferen Preussen gegen Eure bessere Ueberzeugung aus reinem Pflichtgefühl gegen uns geleistet habt – beweist die Geschichte des verflossenen Feldzuges, unser eigenes Zeugnis. Ihr werdet unüberwindlich seyn, nachdem Ihr dieses Pflichtgefühl mit der erhebenden Ueberzeugung verbinden dürft, für die Selbstständigkeit Eures Vaterlandes, für die Unabhängigkeit Eures Königs, für Eure eigene Ehre zu fechten.*

Edle Preussische Krieger! Laßt uns in brüderlicher Eintracht und Liebe dem größten Zwecke entgegen gehen, zu dem sich je Armeen vereinigt haben ... Uns ist das seltene Glück geworden, zwei Fürsten zu dienen, die nur für das Glück, für die Unabhängigkeit ihrer Nazionen, für die Rettung von Europa das Schwerdt ergreifen.

Kurz darauf, am 22. März, kam erstmals seit dem Seitenwechsel Preußens auch der König zu einem einwöchigen Besuch in seine Haupt- und Residenzstädte Berlin und Potsdam. Die jubelnde Bevölkerung und die „zu beiden Seiten der Linden aufgestellten russischen und preußischen Truppen" hießen ihn und den Beginn der Befreiungskriege willkommen.

Siege und Niederlagen aller Seiten wechselten sich vor allem in der ersten Hälfte des Jahres 1813 ab. Am 22. April schloss sich Schweden den Verbündeten an und schickte Unterstützung, und auch Österreichs Kaiser brach schließlich am Ende des Waffenstillstands (9. Juni–17. August), am 13. August 1813, mit dem französischen Schwiegersohn. Zum Jahreswechsel 1813/1814

setzten die schlesischen Truppen General Blüchers über den Rhein und begannen den Krieg auf französischem Boden. Nach Kämpfen nordöstlich von Paris am 30. März kapitulierten die Vertreter der französischen Hauptstadt noch in derselben Nacht.

Am frühen Morgen des 31. März 1814 zogen die alliierten Armeen, ihnen voran Zar Alexander und sein Bruder Konstantin, Friedrich Wilhelm III. und Fürst Schwarzenberg als Repräsentant Österreichs, in Paris ein.

Die glücklich vom Krieg verschonte Bevölkerung bereitete ihnen einen herzlichen Empfang und auch Friedrich Wilhelm III. genoss den Moment. Entgegen seiner Gewohnheit, schlicht und in aller Kürze Ereignisse und zugehörige Orte in seinem Tagebuch zu notieren, unterstrich er seine Worte dreimal und fügte ein Ausrufezeichen an: 31. März. Einzug in Paris!

Einzug der Verbündeten in Paris, 1814

13

Russische Soldaten in Paris,
1814

Erleichtert über die unerwartet freundliche Haltung der Bürger von Paris verfügte Zar Alexander, dass deren Gastfreundschaft von den Alliierten nicht zu strapazieren sei, die Einwohner mit Rücksicht zu behandeln wären und sich die verbündeten Armeen als Befreier und nicht als Besatzer entsprechend zu benehmen hätten.

Am 2. April 1814 setzten die Alliierten Napoleon als Kaiser der Franzosen ab, was er am 7. April akzeptierte und woraufhin für den 10. April, den Ostersonntag, die Siegesparade der Verbündeten beschlossen wurde. Der junge Prinz Wilhelm, der seinen Vater bei diesem Feldzug und nach Paris begleiten durfte, schrieb am 8. April nach Berlin über das bevorstehende Fest, das auf dem Place de la Concorde, dem vormaligem „Platz Ludwig XV.", der 1793–1795 als „Platz der Revolution" der Standort der Guillotine war, stattfand: (Den 10. April) *ist großes Dankfest auf dem Place de la Concorde, auf welchem Louis XVI. damals hingerichtet wurde. Diesem Feste werden alle Garden zu Fuß und zu Pferde beiwohnen. Dann stellen sie sich längs der Boulevards*

en parade auf und marschieren zuletzt vorbei.

Ein anwesender Korrespondent berichtete ausführlicher: *Der Aufenthalt in Paris wurde nun auch durch eine Menge Eindrücke, öffentliche Feste, die kurz aufeinander folgten, belebt; ... Am Ostersonntag wurde auf dem Platze Ludwig XV. zwischen den Tuilerien und den Eliseischen Feldern, unter freiem Himmel ein Te Deum gesungen, in Gegenwart des Kaisers Alexander, des Königs von Preussen und anderer Fürsten und Generale; alle Truppen der Alliierten, die in Paris waren, standen auf den Boulevards über eine Stunde weit, und marschierten nachher an den Souveräns vorbei. Die Russische und Preussische Garde marschiert mit solcher Präcision und martialischer Haltung, die Cavallerie ist so prächtig beritten, die Artillerie mit solcher Sorgfalt equipiert, daß jede solche Parade, deren es nachher noch mehrere gab, allgemeine Bewunderung erregte ... Lange versammelte man sich am Morgen unter dem Fenster Alexanders, als er noch im Hotel de l'Infantado beim Prinzen von Benevent wohnte, um die prächtige Musik der Russischen Garde, die den Helden beim Erwachen begrüßte, zu hören und vielleicht den allgemein bewunderten Herrscher selbst am Fenster zu erblicken ...*

Ebenfalls am 10. April 1814 wurde die Nachricht vom Einrücken der Alliierten in Paris in Potsdam bekannt: *Fast mit den ersten Strahlen der Sonne verkündete uns der Kanonendonner die Einnahme von Paris. Alles eilte nach den Kirchen, um dort neben dem heiligsten Feste der Christenheit auch noch das Auferstehungsfest der Freiheit und Gerechtigkeit mit Lob und Dank gegen den Weltregierer zu begehen.*

In einem Freudentaumel mit Theater- und Opernbesuchen, feierlichen Paraden mit anschließenden Abendessen, zu denen sich die verbündeten Garden gegenseitig einluden, Spazierfahrten, häufigem Besuch der prachtvollen Parks der Stadt und Einladungen der Pariser in ihre Salons feierten die Monarchen ihren Sieg. Im Friedensvertrag am 30. Mai 1814 akzeptierte der neue König von Frankreich, Ludwig XVIII., die Grenzen von 1792. Details einer gesamteuropäischen Friedensordnung sollten im Herbst auf einem Kongress in Wien geregelt werden. Napoleon wurde für alle Zeit aus Frankreich verbannt, York und andere verdiente Generale der preußischen Armee aber von Friedrich Wilhelm III. in den Grafenstand erhoben.

Einzug König Friedrich Wilhelms III.
am 7. August 1814 in Berlin

Nach einem kurzen Besuch zu Siegesfeiern in England kehrten die alliierten Truppen und die Monarchen in ihre Heimat zurück. Zar Alexander, der von London aus seine Rückreise angetreten hatte, wurde ab dem 13. Juli in St. Petersburg und im Schloss der Zarinmutter in Pavlovsk gefeiert. Obwohl er eine übermäßige Verehrung seiner eigenen Person ausdrücklich abgelehnt hatte, überhäuften ihn seine Untertanen mit Dank und fast religiöser Bewunderung und *„wer konnte küßte sein Kleid, seine Hände und Füße"*. Zur besonderen Auszeichnung der Kriegsteilnehmer in ihrer Heimat wurde der unter großer Anteilnahme der Petersburger gefeierte Gedenkgottesdienst in der Kasanschen Kirche am 1. August *„begleitet mit den Stimmen derselben Sänger, welche die erhabene Feier zu Paris begangen hatten, wo unweit dem Todesplatze Ludwigs XVI. an einem großen Altare die verbündeten Monarchen, von ihren siegreichen Heeren umringt, ihre Knie unter Dankgebeten vor dem Ewigen beugten, welcher ihnen solche glorreiche Siege verliehen."*

Der König von Preußen war von London aus zunächst wieder nach Paris zurückgefahren und erreichte Potsdam erst Anfang August. Begeistert begrüßt von der Bevölkerung zog das 1. Garderegiment zu Fuß hier am 3. August wieder in seine angestammte

Garnison und genoss die Feiern, die die Potsdamer ihnen zu Ehren arrangierten. Nur allzu deutlich standen den Potsdamern die schmachvollen und wirtschaftlich ruinösen Jahre der französischen Besatzung vor Augen und mit Schrecken erinnerte man sich an das Benehmen der in der Stadt versammelten Freiwilligen, das im Jahr zuvor zu zahlreichen Klagen der Einwohner über Raub, Vergewaltigung und Gewalttätigkeiten geführt hatte.

Ähnlich demütig gegenüber dem errungenen Sieg wie Zar Alexander, erlaubte auch Friedrich Wilhelm III. in Berlin nur zu Ehren der Garde, nicht seiner eigenen Person, am 7. August den feierlichen Einzug seiner Armee durch das Brandenburger Tor.

Girlanden, Blumenschmuck und frohlockende Berliner schmückten die Straße „Unter den Linden". An der Akademie der Wissenschaften war ein Willkommensspruch für den König angebracht worden und drückte die allgemeine Begeisterung für den zu diesem Zeitpunkt ungemein populären König, den *„Frommen"* und *„Retter teutscher Freiheit"*, aus. Nach einem Theaterbesuch am Abend zog sich der König aber zunächst in die Ruhe von Schloss Charlottenburg zurück. Die Berliner sahen ihn erst wieder zum Empfang der russischen Garden, die auf ihrem Heimweg nach Russland am 13. August 1814 in Berlin Rast machten. Ebenso wie vorher seine eigene Garde versammelte er vor der Stadt nun die Russen um sich und führte sie in einem feierlichen Einzug durch das Brandenburger Tor und bei der anschließenden Parade „Unter den Linden" persönlich an. Die „Gleichförmigkeit", „treffliche Haltung" und das „kräftige Äußere" der Russen erregte dabei nach dem Bericht eines Augenzeugen „allgemeine Bewunderung". Erst jetzt und für beide Armeen gab der König das von seinen Untertanen lang ersehnte große Fest: *Die Ankunft der Russischen Garden gab uns den König wieder in unsere Mauern zurück. Sonntag, den 13. August waren sie, von Potsdam kommend, bis zu dem Rondel des Thiergartens vor dem Lustschlosse Belvedere gelangt, den König da erwartend. ... Den folgenden Mittag gab der König den Kaiserlich-Russischen Garden und seinen eignen ein öffentliches Fest. Zu diesem Endzweck waren längs der Siegesbahn unter den Linden, so wie im gleichmäßig geschmückten Lustgarten, Tische und Sitzbänke errichtet. An diesen beiden Orten speiseten in Allem über zehntausend Mann, in der herzlichsten, brüderlichsten Eintracht und Mischung. Für jede Compagnie war eine, mit einer Nummer bezeichnete Tafel gedeckt, an welcher, unter Aufsicht zweier Officiere und eines Deputirten der Stadt, die Speisen und Getränke nach Commando, durch die Feldwebel und Fourire in Empfang genommen, und von diesen einzeln an die Mannschaften ausgetheilt wurden. Der König ... stieß hierauf mit einem Unterofficier eines jeden Regiments an ... zum Schluß stimmten die Sänger der Russischen Truppen eines ihrer National-Lieder an, welches mit der eingemischten charakteristischen Pfeife und mit tanzenden Bewegungen* aufgeführt wurde. Nach der Mahlzeit belustigte sich die Mannschaft mit Tanz, nach der beinahe ununterbrochen erschallenden Feldmusik ...

Zur ewigen Erinnerung der siegreichen Waffenbrüderschaft ernannte Zar Alexander im Oktober 1814 den König von Preußen zum Chef eines Regiments innerhalb der russischen Armee, das zu diesem Zweck in „Grenadier-Regiment Seiner Majestät des Königs von Preußen" umbenannt wurde, und der König ernannte den Kaiser von Österreich und den Zaren im Gegenzug zu Chefs preussischer Garderegimenter, die schließlich als „Kaiser-Alexander-" und „Kaiser-Franz-Grenadier-Regiment" in Berlin stationiert wurden. Kurz darauf trafen sich die Siegermächte in Wien, um die zukünftigen Grenzen in Europa zu beschließen. Im Frühjahr 1815 aber kehrte Napoleon noch einmal nach Frankreich zurück. Der französische König floh, die alten Koalitionspartner erklärten am 13. März 1815 die Ächtung Napoleons und am 25. März erneut den Krieg gegen ihn. Am 7. April 1815 rief Friedrich Wilhelm III. noch vom Kongress in Wien aus wiederum sein Volk zu den Waffen, doch erst am 30. Mai 1815 kehrte er selbst nach Berlin zurück. Die Garde marschierte am 4. Juni nach Frankreich, ohne allerdings noch auf dem Schlachtfeld zum Einsatz zu kommen, denn schon am 18. Juni 1815 wurden Napoleon und seine Armee bei Belle-Alliance und Waterloo endgültig geschlagen und am 3. Juli rückten ein zweites Mal alliierte Truppen in Paris ein. Ängstlich empfingen die Franzosen diesmal die Sieger und irrten sich nicht, nach diesem zweiten Sieg weniger freundlich behandelt zu werden. Für Paris wurde ein preussischer Stadtkommandant eingesetzt, Steuern und Abgaben auferlegt und statt fröhlicher Feiern und Galadiners bestimmten nun Militärparaden, Manöver, öffentliches Exerzieren und Militärgottesdienste den Aufenthalt der Monarchen. Friedrich Wilhelm III. traf erst am 10. Juli in Paris ein und erst am 22. Juli die preußische Garde, und genau dort, wo wenige Wochen zuvor Napoleons Garde die Rückkehr ihres Kaisers gefeiert hatte, schlugen ab dem 30. Juli 1815 das 1. Garderegiment zu Fuß und das Garde du Corps ihr Lager auf.

In einem zweiten Friedensschluss verzichtete Ludwig XVIII. auf weitere Teile seines Hoheitsgebietes und erkannte Frankreich in noch engeren Grenzen, nämlich in den Grenzen von 1790, an. In den folgenden Verhandlungen konnte Preußen zwar seine Gebietsansprüche im Osten größtenteils nicht durchsetzen und verlor weite Teile seiner ehemaligen östlichen Provinzen an Russland, gewann aber zum Ausgleich Teile Sachsens, des Rheinlands und Westfalens. Seine nun überwiegend deutschsprachige Einwohnerzahl überstieg mit mehr als 10 Millionen bei etwa 10 % weniger Bodenfläche sogar die Zahlen von 1795.

Lager preußischer Garden am Marsfeld, 1815

Auf Initiative Zar Alexanders I. verbündeten sich Zar Alexander I. von Russland, König Friedrich Wilhelm III. von Preußen und Kaiser Franz I. von Österreich am 28. September 1815 in einer „Heiligen Allianz" zu einem Treuebund der „Fürsten von Gottes Gnaden" zum Schutz des Friedens, vor Umwälzung und Revolution. Aus dem Zweckbündnis Friedrich Wilhelms III. mit Zar Alexander I. war während des Krieges Freundschaft geworden.

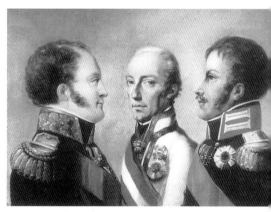

Zar Alexander I., Kaiser Franz I., König Friedrich Wilhelm III., 1815

Am 2. Dezember rückten das 1. Garderegiment zu Fuß endgültig wieder in Potsdam und am 4. Dezember 1815 das 2. Garderegiment zu Fuß in Berlin ein, doch keine Willkommens- und patriotischen Siegesfeiern begleiteten diesmal ihre Rückkehr.

Napoleon verbrachte den Rest seines Lebens in der Verbannung und starb am 5. Mai 1821 an Magenkrebs. Der militärische Sieg über ihn war endgültig.

Die Reformen, die seit 1807 zu unumkehrbaren Veränderungen in Staat, Militär und Gesellschaft Preußens geführt hatten, wurden nach dem Sieg über Napoleon nicht fortgesetzt, sondern im Sinne der Wiederherstellung der alten Ordnung teilweise sogar rückgängig gemacht. Durch die „Heilige Allianz" im Gefühl seiner unteilbaren Würde bestätigt, wandte sich der König wieder reaktionären Kreisen zu. Einzig den Bau von Denkmalen und die Anbringung von Gedenktafeln förderte Friedrich Wilhelm III. so konsequent, dass er binnen weniger Jahre zum größten Einzelspender von Denkmälern für die Befreiungskriege in Deutschland wurde. Peinlich genau achtete er dabei darauf, seine zögernde Haltung zu Beginn des Feldzuges zu überspielen und sich in Sinnsprüchen und Lobreden nachträglich als energischer Befürworter der Befreiung zu verewigen. Ab 1816 hingen in den Kirchspielen erste Tafeln zur Erinnerung an die „für König und Vaterland" Gefallenen, und ab 1817 ragten neogotische Spitzsäulen nach Entwürfen Karl Friedrich Schinkels auf den ehemaligen Schlachtfeldern auf. Mit großen Feierlichkeiten, unter Beteiligung der Bürger, der Geistlichen und des Militärs, wurden die Tafeln und Denkmäler eingeweiht. Inschriften verkündeten dem Betrachter die offizielle preußische Geschichtsauffassung, dass das gehorsame Volk dem Ruf seines Königs zur Befreiung gefolgt sei.

Der russische Sängerchor des Königs

Nachdem das „Komitee für deutsche Angelegenheiten" seit dem Beginn des Feldzugs die Deutschen in der Grande Armée aufgefordert hatte, sich von Napoleon loszusagen und auf die Seite Russlands zu stellen, hatten zahlreiche Preußen die Seiten gewechselt, sobald sie im Verlauf der Kämpfe Kriegsgefangene der Russen wurden. York verurteilte das unmilitärische Verhalten und als die russische Seite sogar einen bereits verabredeten Gefangenenaustausch hinauszögerte, um den Werbern des Komitees mehr Zeit zu geben, reagierte er entsprechend. Mit der am 7. September 1812 erteilten Erlaubnis MacDonalds befahl er wütend, auch seine russischen Kriegsgefangenen fortan aus dem Kriegsgebiet zu entfernen und nach Preußen zu schicken, um eben auch seinerseits jeglichen Gefangenenaustausch zu verhindern. Anfang Oktober 1812 erreichten daraufhin die ersten von insgesamt über 2000 Russen Brandenburg. 62 dieser

Kriegsgefangenen verblieben in Potsdam. Aus Angst vor den Krankheiten, die die erschöpften Soldaten mitbrachten, empfahl die Regierung, jeglichen Umgang mit den Gefangenen zu unterlassen. Wer aber als Lieferant von Verbandstoff oder Nahrung den Kontakt nicht vermeiden könne, solle nach dem Besuch wenigstens seine Kleidung lüften!

Da Friedrich Wilhelm III. die russische Musik schätzte und nur auf Drängen Napoleons zum Feind des Zaren geworden war, ließ er sich aus den in Potsdam gebliebenen Gefangenen in zwei Auswahlverfahren einen kleinen russischen Sängerchor bilden und der Leibkompanie seiner Garde zuordnen: Feldwebel Wawiloff, die Unteroffiziere Wolgin, Thimafeiff und Potterin, die Gemeinen (einfachen Soldaten) Gawrilinka und Medwedeff wurden am 18. Oktober 1812, der Unteroffizier Jablokoff und die Gemeinen Alexieff, Grigorieff, Polujanoff, Popoff, Sergeeff, Uschakoff und Winogradoff am 14. November 1812 russische Sänger des Königs. Von drei weiteren Feldwebeln und vier Gemeinen, die 1812 zu dem kleinen Chor gehörten, ist außer ihrem Rang nichts weiter bekannt.

Die übrigen aus Kurland weggeschickten, russischen Kriegsgefangenen wurden Mitte Oktober nach Schlesien befohlen, wo der Transport schließlich Anfang November in Quaritz endete. Nach dem Seitenwechsel Preußens im März 1813 wurde auf besonderen Wunsch des Königs aus diesen ehemaligen Kriegsgefangenen ein eigenes Regiment gebildet, zu dem jetzt auch die meisten Russen aus Potsdam hinzugezogen wurden. Ein Augenzeuge berichtete von der Abschiedsparade dieses Regiments am 5. April 1813: *Gestern musterten Se. Majestät vor dem Schweidnitzer Thore des auf Allerhöchstihren Befehl von dem Major von Wedel aus den Kaiserl. Russischen kriegsgefangenen Infanteristen formierte Regiment, geruheten auch diesen vor Ihnen exer-*

Die dem 1. Garde-Regiment zu Fuß attachierten Russischen Sänger, 1815

cierenden Truppen ein Geschenk zu machen. Dieses sogleich zur Armee nach Sachsen aufbrechende Regiment besteht circa aus 1800 Mann, lauter kernvollen Leuten. Die Cavalleristen, Artilleristen und Invaliden sind schon früher von hier fortgeschickt und die Kranken bleiben noch zurück.

Beim König verblieben nur noch die 21 Mann des Sängerchores, der dem preußischen Garderegiment am 23. März 1813 nun mit Erlaubnis Zar Alexanders I. offiziell zugeordnet wurde. Während der Feldzüge gegen Napoleon sang der Chor zur Erheiterung der preußischen Offiziere und Soldaten. Ein Flügeladjutant des Königs bestätigte in einem seiner Briefe den fremdartigen Genuss, den er im September 1813 im preußischen Hauptquartier erlebte: *Am Abend wurde Punsch gegeben und aus*

Mangel an Musik sangen die Russischen Sänger ...

In der russischen Armee waren gute Sänger der Stolz der Kompanie und des Regiments, seinen russischen Chor aber behielt der König abseits des Kriegsgeschehens. Vom Klang der russischen Musik im Hauptquartier des Zaren in Paris inspiriert, liess Friedrich Wilhelm III. auch seinen russischen Chor nur zu besonderen Anlässen öffentlich auftreten, und so überliefert außer dem Flügeladjutanten nur ein Korrespondentenbericht einen Nachweis für den öffentlichen, feierlichen Einsatz der russischen Sänger in Preußen. Die Ehre, die den Sängern hierbei zuteil wurde, war allerdings großartig, denn sie sangen anlässlich der gemeinsamen preußisch-russischen Siegesfeier am 15. August 1814 in Berlin: *... der König (gab) der*

Kaiserlich-russischen Generalität und sämmtlichen Officieren ein großes Mittagsmahl, zu welchem alle hier befindlichen preussischen Officiere, so wie der ganze Hof eingeladen war. Es ward an sieben Tafeln, zusammen von 500 Gedecken, gespeist.

Die Tafelmusik bestand aus zwei Chören Hautboisten (preußischen Militärmusikern) und aus den Russischen Sängern der Garde.

Über ihre persönlichen Eigenschaften hinaus hat womöglich auch diese besondere Stellung der Russen als Sänger des Königs die Männer begehrenswert gemacht, denn die Unteroffiziere Jablokoff, Potterin, Thimafeiff und Wolgin verheirateten sich bereits im Frühjahr 1815, bevor sie und die anderen Sänger gemeinsam mit der Garde erneut gegen Napoleon ausrückten.

War Zar Alexander I. nach den Siegesfeiern 1814 von England aus in seine Heimat gereist, führte ihn sein zweiter Heimweg aus Paris diesmal über Potsdam und Berlin, wo er am 21. Oktober 1815 gemeinsam mit seinen Brüdern

Großfürst Nikolaus, um 1820

Prinzessin Charlotte/Großfürstin Alexandra, 1821

Monarchen erwünschte Verbindung zu festigen.

Dem hohen Besuch folgte im November das dem König von Preußen gewidmete und entsprechend geehrte russische Regiment: ... *am 4. (November) rückte das Kaiserliche Grenadier-Regiment „König von Preußen" in Berlin ein und wurde in Parade eingeholt, indem die gesammte Berliner Garnison bis zum Thore aufgestellt war ... Die Mannschaft des Kaiserlichen Regiments wurde im Zeughause bewirthet und Kaiser und König beehrten sie mit ihrem Besuch.*

Am selben Abend der Ankunft des Regiments konnte Friedrich Wilhelm III. glücklich die Verlobung seiner Tochter mit Nikolaus bekanntgeben. Acht Monate später, und nach dem Übertritt der Braut zum russisch-orthodoxen Glauben, erfolgte dann in Russland die Hochzeit Charlottes unter ihrem neuen, russischen Namen „Alexandra Feodorowna".

Das russische Regiment des Königs wurde auch nach der Bekanntgabe der Verlobung mit Auszeichnungen bedacht, als das Regiment aber am 14. November 1815 wieder aus Berlin abrückte, hatte Zar Alexander I. aus Freundschaft und als „Verlobungsgeschenk" sieben Grenadiere dieses Regiments zu den russischen Sängern des Königs überstellt, um Verluste zu

und einem Teil seiner Garde eintraf. Schon 1814 hatten sich nämlich die älteste preußische Königstochter Charlotte und ein Bruder des Zaren, Großfürst Nikolaus, kennengelernt, und ein längerer Besuch sollte jetzt Gelegenheit geben, die von beiden ersetzen, die der Chor seit 1812 erlitten hatte. Diese sieben blieben nun zurück, während ihre Kameraden sich auf ihren Heimweg machten. Offiziell verblieben Peter Anisimoff, Fedor Fedorowitsch Dikoff, Fedor Vockin, Thimafejeff Jewdokimoff, Klim Iwanoff, Wassili Mattweff und Wassili Schischkoff Angehörige ihres russischen Regiments und in ihren grünen Uniformen. Schon durch seine äußere Erscheinung demonstrierte der Chor somit das preußisch-russische Bündnis. 1821 wurde allerdings ausdrücklich festgestellt, dass alle Sänger den preußischen Militärgesetzen unterstünden.

Dass sich König Friedrich Wilhelm über sein ab 1817 im Militärbezirk Novgorod angesiedeltes Regiment „König von Preußen" weiterhin informierte und seinen Werdegang verfolgte, beweisen sein Besuch bei dem Regiment während seiner Russlandreise 1818, als bereits „20 Dörfer, in welchen das ganze Regiment einquartiert werden sollte, Militair-Ansiedlungen des Grenadier-Regiments Seiner Majestät des Königs von Preußen" waren und ein Brief an seine Tochter Charlotte vom August 1831. Er schrieb darin, er habe von den Bevölkerungsunruhen gehört, die Russland seit dem Ausbruch der Cholera erschütterten und er sehr betrübt sei zu erfahren, dass auch die Militärkolonien in Novgorod an diesen Unruhen teilnähmen.

Das Experiment Alexanders I., die Soldaten durch ihre Ansiedlung in Militärkolonien auf dem Lande selbst zu ihrem Lebensunterhalt beitragen zu lassen, hatte der König kurz nach seinem Besuch in Russland ebenfalls, nämlich durch das Garderegiment in Potsdam, ausprobieren lassen, doch von 40 Scheffeln Kartoffel-Aussaat ernteten seine Preußen nur 12 Scheffel ganz kleine und verkümmerte Stücke. Er verwarf daraufhin die Idee der Selbstversorgung und Unterbringung seiner Armee auf dem Lande und beschloss stattdessen 1820 die Zusammenfassung der Soldaten in neuen, großen Ka-

sernen. Auch in Russland wurde das System der Militärkolonien nach den Cholera-Unruhen von 1831 aufgegeben und schrittweise rückgängig gemacht.

Die russischen Sänger in Potsdam nach 1815

Über die Aufgaben und Lebensumstände der russischen Sänger des Königs zwischen 1812 und 1827 existieren heute nur noch wenige zuverlässige Nachrichten. Ilija Iwanoff Medwedeff war bereits 1814 krank in Paris zurückgeblieben und Sergeij Szepanow Winogradoff während des Rückmarschs des Regiments 1815 in Frankfurt am Main gestorben, doch von den anderen Verlusten, die der Chor in den Feldzügen erlitten hat, fehlt heute jede Spur. Das preußische Militärarchiv, in dem sich weitere Angaben über den kleinen Soldatenchor befanden, verbrannte im zweiten Weltkrieg fast vollständig. Die einzigen zeitgenössischen Beobachtungen über die frühen Jahre der russischen Sänger in Preußen sind darum die erst während der Recherchen für dieses Buch gefundenen Erwähnungen. Auch in der Literatur finden sich nur wenige, meist unklare Hinweise auf ihre Existenz und selbst Oberst von Puttkamer, der 1866/67 das erste Mal ausführlich die Geschichte der Sänger und der Kolonie beschrieb, bleibt in seinen Ausführungen über die Zeit zwischen 1815 und 1827 vage. Das Tagebuch von Henriette Huguenel, der Tochter eines Potsdamer Lederwarenfabrikanten, berichtet zwar von „schöner Janitscharenmusik", die sie nach 1814 des öfteren bei ihren Spaziergängen durch Potsdam gehört hätte und die häufig für den König und seine Familie gespielt worden sei, doch ob der „eigenartig nette Genuß" einer „russischen Militärkapelle" tatsächlich von den russischen Sängern des Königs herrührte, bleibt Vermutung. Weniger schmeichelhaft und unpräzise erinnerte sich auch Karoline von

Maltzahn, 1814–1818 Hofdame bei Prinzessin Marianne, dass zu ihrer Zeit am Königshof *„russische Sänger aus St. Petersburg, wenn sie keine Kirchenmusik zu besorgen hatten, eine grausame Tafelmusik ausführten, zu deren Würdigung ein eigenes, nationales Ohr gehörte."*

Bischof Eylert schließlich, in jenen Jahren Prediger an der Hof- und Garnisonkirche Potsdams und ein Vertrauter des Königs, wies den Sängern in seiner Erinnerung ebenfalls eine falsche Herkunft, nämlich aus französischer Kriegsgefangenschaft, zu, und bekräftigte das niederschmetternde Urteil: (Friedrich Wilhelm III.) *gewann sie aber, weil sie Soldaten des Russischen Kaisers waren, sehr lieb, und hielt sie hoch in Ehren; und dieß ging so weit, daß Er, wenn Er in Potsdam war, sie sehen und sie um sich haben mußte. Bei der Tafel sangen sie Russische Nationallieder, und der König hatte Seine Freude daran. Aber diese übrigens gutmüthigen, doch im Ganzen ungebildeten Menschen sangen, ehrlich gesagt, „erbärmlich schön", und es fehlte dem quiekenden, stoßenden und schreienden Getöse alle Melodie …*

Puttkamer überliefert nur von einem, namentlich nicht genannten Sänger, er sei vor seiner Verheiratung in Potsdam schon in Russland verheiratet gewesen und nach Überprüfung der Akten der Bigamie angeklagt worden. Auch die meisten anderen russischen Sänger verheirateten sich im Laufe der Jahre mit ansässigen Frauen, trotzdem fiel es einigen von ihnen offenbar schwer, sich in Potsdam einzuleben. Fedor Fedorowitsch Dikoff wurde 1822 nach Russland verabschiedet und Kosma Polujanoff auf Befehl des Königs der 1. Garde-Garnison-Kompagnie in Spandau zugeteilt. Andere erlagen den damals weit verbreiteten Krankheiten und Risiken, die auch vor den Potsdamern und preußischen Soldaten nicht Halt machten. Unteroffizier Nikita Feodorwitsch Poterin starb am 14. September 1819 an der Brustwassersucht, seine Witwe *„Frau Anna Puttkerei geb. Neumann, Witwe eines russischen Sängers, 32 Jahre"* verschied nur wenige Jahre später an *„Krämpfen"*. Wassili Mattweff ertrank am 26. Mai 1820 in der Nuthe, Alexe Michaloff Popow erlag am 6. September 1822 dem Schlagfluss und Klim Iwanoff am 21. Juni 1823 der Schwindsucht. Besonders unglücklich war das Schicksal Thimafejeff Jewdokimoffs. Er wurde im August 1823 Vater eines Jungen und heiratete die Mutter seines Sohnes im Dezember. Bereits im Januar 1824 aber erstickte das Kind an Stickhusten und bald darauf, am 26. Juni, starb auch Jewdokimoff selbst an der Schwindsucht.

Um 1830, so Puttkamer, sei der kleine Chor schließlich das letzte Mal bei der Tafel des Königs aufgetreten. Dass der König und seine Gäste aus Russland aber weiterhin dem russischen Gesang verbunden blieben, belegt ein Tagebucheintrag des Königs über den Besuch seiner Tochter Charlotte/Zarin Alexandra 1834. Demnach besuchten beide nicht nur die Alexander-Nevskij-Kirche und nahmen ihr Mittagessen in der Kolonie, sondern genossen abends auch *„Russische Gesänge und Soupé"* in den *„Russischen Zimmern"*, den Gästezimmern im Potsdamer Stadtschloss.

Die Geschichte der Kolonie Alexandrowka

Der Tod Zar Alexanders und die Anlegung der Kolonie

Am 13. Dezember 1825 traf die Nachricht vom plötzlichen Tod Zar Alexanders I. in Berlin ein. Tief bestürzt ordnete Friedrich Wilhelm III. die Schließung der Oper und königlichen Theater für drei Tage an und zog sich mit seiner Familie aus dem Berliner in das Potsdamer Stadtschloss zurück. Für die Armee liess er drei Wochen Trauer verfügen.

Prinz Wilhelm, der dem Zaren besonders zugetan gewesen war, schrieb sogleich an seine Schwester in Russland und schilderte ihr die heftigen Empfindungen, die ihn und die Familie bewegten: *Ach! nur zu früh hat sich die entsetzliche Nachricht bestätigt! Am 15. erhielten wir die Details aus Warschau! Wir waren vernichtet! Den 18. früh kam Dein herrlicher Brief an Papa, den er uns alle lesen ließ. – Du kannst Dir denken, daß wir in Tränen schwammen. Kein trockenes Auge sieht man, wenn von dem Allgeliebten die Rede ist! Ach! noch immer kann man sich an die entsetzliche Gewißheit nicht gewöhnen. Es scheint mir undenkbar, daß diese Seele, dieses Herz, dies teure, liebe Angesicht uns nicht mehr beglückend entgegentreten soll!! Wie wohl muß ihm dort oben sein! Nächst unserer teuren Mutter Tod ist wohl keiner, der uns so*

Zar Alexander I.,
um 1821

erschütterte, keiner, bei dem man so unwillkürlich ausrufen muß: „Großer Gott, wie sind doch Deine Wege unerklärlich". Wir erleben Entsetzliches. Ist es uns auch jetzt noch nicht begreiflich, warum sie so früh uns entrissen ward, so wird es uns auch unbegreiflich bleiben, warum er jetzt so in der Blüte der Jahre, in voller Gesundheit und in der größten und segensreichsten Wirksamkeit dahinscheiden mußte. – Einst mag sich dies vielleicht in unseren Augen offenbaren! ...

Bischof Eylert erinnerte sich später: *Sein unerwartet früher Tod durchzuckte die Welt, König Friedrich Wilhelm aber erschütterte die Trauerbotschaft. Von den drei Allirten war Alexander der Jüngste, der, nach menschlicher Berechnung, am Längsten leben konnte; und doch war er der Erste, der aus dem heiligen Bunde schied. Er und der König waren nicht bloß durch politische Bande miteinander verknüpft, sondern auch persönlich Freunde, und wurden es mit den Jahren immer mehr. Verschiedene Naturen, – der Kaiser idealistisch und rasch, der König prosaisch und practisch, – fühlten Sie sich doch zueinander hingezogen durch ihre gemeinschaftliche Menschenliebe. Es war eine Freude, die beiden hohen Herren miteinander zu sehen; einer kam dem Andern mit Ehrerbietung zuvor. ...*

Der Schmerz lähmte das winterliche Hofleben, doch entgegen der Befürchtungen seiner Umgebung, der melancholisch veranlagte Friedrich Wilhelm III. könne in tiefe Depressionen versinken, verarbeitete dieser seine Trauer erstaunlich schnell – und künstlerisch. Er beschloss, Alexander I., dem Verbündeten Preußens und persönlichen Freund, dem bescheidenen Sieger über Napoleon, der jede Glorifizierung seiner Person zu Lebzeiten abgelehnt hatte, ein unvergleichliches Denkmal zu setzen. Bereits im Januar 1826 wurden erste Ideen ausgetauscht, die für ein „Denkmal der Freundschaft" zwischen dem König und dem Verstorbenen ein „russisches Dorf" projektieren und schon etwa einen Monat nach diesen ersten Überlegungen wurde Oberst von Röder, Kommandeur des 1. Garderegiment zu Fuß in Potsdam, mit der Planung von 14 *„nach Russischer Bauart"* auszuführenden Wohngebäuden, Stallungen, Gärten und einer massiven Kirche beauftragt. Vier Gegenden um Potsdam standen für die Anlage dieses Dorfes zur Diskussion:

1. das später tatsächlich bebaute Gelände aus dem Amt Bornstedt, *„die Gegend zwischen der Jägerallee und einem Fußsteig, der rechts von der holländischen Mühle … nach dem östlichen Abhange des Minenberges führt".*
2. ein Gelände zwischen Sanssouci und dem Belvedere nach Eiche hin, das zu Gunsten der Option, das Gelände den königlichen Gärten einzugliedern, verworfen wurde.
3. der alte Exerzierplatz in der Teltower Vorstadt nahe dem Kirchhof, dessen Bodenqualität man aber als zu mangelhaft für eine Kolonie und die Lage im übrigen auch als zu abgelegen erkannte.
4. eine als ebenfalls zu abgelegen klassifizierte Gegend bei Kuhfort und Pirsch-Vorwerk, westlich von Potsdam.

Bischof Eylert beschrieb später wortreich die gewählte Gegend: *Zu Potsdam vor dem Nauen'schen Thore, unmittelbar an die angenehme Vorstadt derselben grenzt eine fruchtbare Niederung von Äckern und Gärten. An der einen Seite zieht sich entlang der Neue Königliche Garten, und der Park schaut herüber in alten Bäumen von verschiedener Schattierung. Auf der anderen entgegengesetzten Seite liegt der Pfingstberg, dessen Gipfel und Fuß mit Pavillons und Häusern in fruchtbaren buschichten Obstbäumen und Weingärten besäet ist; auf der Höhe desselben hat man eine Aussicht, die man zu den schönen zählen kann …*

Als Bewohner des Dorfes waren die 12 noch in Potsdam wohnenden russischen Sänger des Königs vorgesehen, zur Aufsicht über sie außerdem ein preußischer Feldwebel sowie ein Aufseher für ein Haus bei der Kirche.

Am 10. Februar 1826 wurde der königliche Gartendirektor Peter Joseph Lenné mit Entwürfen für das Landschaftskonzept des Denkmals „Russische Kolonie Alexandrowka" beauftragt. Er hat seinen eigenen Worten nach, den Bauplatz der Kolonie nie konkret vermessen und präzise erfasst, *und tatsächlich scheint es, als habe Lenné wenigstens bei seinem ersten Entwurf den wirklichen Bauplatz noch nicht vor Augen gehabt, denn die prinzipiell äussert phantasievolle Anlage einiger Gehöfte um die Kirche und die nach Osten weisende, dritte Strasse passen schwerlich in die leicht hügelige Landschaft. Auch der zweite Entwurf, das gerade Gegenteil des ersten, militärisch streng und wenig reizvoll, gefiel nicht, sondern der König nahm nun selbst auf die endgültige Grösse und Gestaltung des Denkmals Einfluss. Im Sinne des Stiftungsgedankens der „Heiligen Allianz" und zu Ehren der starken Religiosität, der sich der Zar in seinem letzten Lebensjahrzehnt gewidmet hatte, befahl der König, eine X-förmige Wegegabelung anzulegen, die an den Landespatron Russlands, den heiligen*

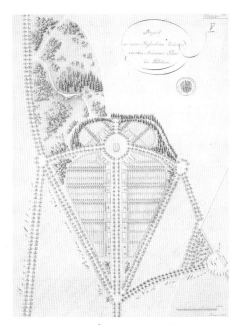

1. Entwurf, P. J. Lenné, 1826

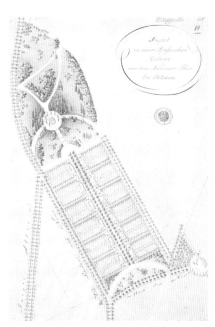

2. Entwurf, P. J. Lenné, 1826

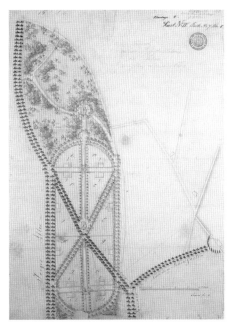

3. Entwurf, P. J. Lenné, 1826

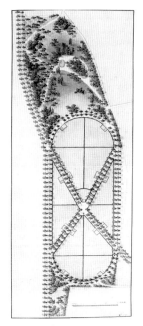

4. Entwurf, P. J. Lenné, 1826

Andreas, erinnern sollte, denn der Märtyrer war an einem X-förmigen Kreuz, mit Händen und Füßen daran gefesselt, hingerichtet worden. Das insgesamt für die Anlegung der Kolonie zur Verfügung stehende Gelände wurde zugleich vergrössert, indem nun zu beiden Seiten des Fußwegs nach Nauen gebaut werden sollte. Lenné befolgte den Wunsch seines Königs und rundete zugleich das nördliche und südliche Ende des Areals nach aussen ab, damit er für die von ihm an Querstrassen innerhalb des Geländes angelegten Kolonistenstellen jeweils ein wenig Gartenland erhielt. Ausserdem aber übernahm Lenné seine eigene Idee einer in gerader Linie durch die Kolonie verlaufenden grossen Allee, in deren Mitte und an deren nördlichem Ende er Plätze für herausragende Gebäude vorsah.

Carlo di Giovanni Rossi,
1775–1849

rich Wilhelm III. bei seiner Russlandreise 1818 kennengelernt hatte. Nach einem „Thee beim Großfürst Nikolai" im Alexanderpalast in Zarskoje Selo, hatte er das unweit gelegene Pavlovsk und seinen berühmten Park besucht und war dabei auf ein Projekt des italo-russischen Architekten Carlo di Giovanni Rossi für die Hausherrin, die Zarinmutter Maria Feodorowna, aufmerksam geworden.

Rossi hatte 1814 und 1815 in Pavlovsk gewirkt und hier sowohl am Innenausbau des prächtigen Palastes als auch an der Formulierung eines neuen „nationalrussischen" Stils in dem mit Statuen, Tempeln, kleinen Brücken und Türmchen, aber auch Nutzgärten und einer Musterfarm vielseitig ausgestatteten Park gearbeitet. Nach dem ersten Sieg über Napoleon 1814 war hier bei der Gestaltung der Willkommensfeier für Zar Alexander bereits mit möglichst „typisch russischen", nämlich volkstümlich-ländlichen Elementen und Dekorationen, experimentiert worden, und überall in Russland, in der Literatur, der Mode, dem Theater, der Architektur und sogar bei der Gestaltung kaiserlichen Porzellans fanden in jenen Jahren Motive wie Bauerntrachten und idealisierte Szenen des einfachen Landlebens populäre Verbreitung. In der russischen Malerei – und in dem in Russland wie in Preußen nach 1814 verbreiteten Souvenirwesen – dominierten poetische, schöne Bilder russischer Bauern. Der Anteil des Volkes am Kampf gegen Napoleon fand in den ersten Jahren nach dem Sieg von 1814 einen weit verbreiteten, künstlerischen Niederschlag, ja selbst die preußischen Prinzessinnen hatten sich kurz in der populär gewordenen russi-

Doch auch diesen dritten Vorschlag lehnte der König ab, denn ausschließlich das X des Andreaskreuzes sollte das Gelände prägen. Lenné übernahm daher die vorherige, prinzipiell akzeptierte Form, trennte sich aber von allen zusätzlichen Querstraßen, rechten Winkeln und auch von der großen Allee innerhalb der Kolonie, und erst dieser vierte Entwurf Lennés wurde nun am 27. Februar 1826 von Friedrich Wilhelm III. genehmigt. Nur Details, wie etwa die Lage des Hauses bei der Kirche, wurden später korrigiert.

Außer über die gärtnerische Gesamtkonzeption des Ensembles musste auch über die bauliche Umsetzung des „russischen Dorfes" entschieden werden. Als Vorbild für die Häuser entschied man sich für das Muster des Souvenirbaus Nikolskoë, das Friedschen Kultur und schwierigen Sprache versucht. Über den am 27. Juni 1814 bevorstehenden Geburtstag des Prinzen Karl hatte Prinzessin Friederike von Preußen ihrem Cousin Wilhelm aus Berlin nach Paris berichtet: *Wir feiern diesen hohen Geburtstag auf der Pfaueninsel, und um doch etwas für sein Vergnügen zu thun, werden wir so eine Art von russischen Bäuerinnen vorstellen, die ihm auf einem Kahne entgegenfahren ... Charlotte will ihm auch ein paar russische Worte sagen ...*

Auch typisierte Dörfer und „National-Architekturen", die bisher ausschließlich fremde Kulturen repräsentierten, existierten bereits in der Umgebung St. Petersburgs. Auf dem zeitgenössischen Weg von St. Petersburg zur Sommerresidenz in Zarskoje Selo kam der damals Reisende durch ein deutsches Dorf, und auf dem Weg nach Peterhof passierte er gleich mehrere holländische Dörfer. Auch in späterer Zeit, so erzählten Hofdamen Charlottes/Alexandras, unternahmen die Bewohner der Schlösser, wenn sie von Zimmer zu Zimmer gingen oder in die originell eingerichteten Villen umzogen, eine Reise durch Länder und Epochen: *Die Zarin verbringt ihre Tage und Abende, indem sie aus dem griechischen Pavillon zur italienischen Veranda zieht, aus dem schweizerischen Chalet in die russische Hütte, aus der holländischen Mühle in den chinesischen Pavillon; die Zarenfamilie und der Hof ist immer in Bewegung und eilt ihr auf diesen heiteren Plätzen nach. ...*

Die „russische Hütte" war das 1834 von dem Architekten A. I. Stakenschneider errichtete „Nikolsker Häuschen", ein *„Holzhäuschen im Park von Peterhof mit geschnitzten Möbeln und einer Einrichtung im russischen Stil, in welchem sie* (Zarin Alexandra/Charlotte) *ihren Gemahl und die Töchter begrüßte, wobei alle in Bauerntracht waren."*

Rossis Projekt zum Umbau des Dorfes Glasovo, das bereits 1795 am äußersten östlichen Ende der Pavlovsker Parkanlage unweit der Musterfarm angelegt worden war, wäre im Jahr 1815 nun die erste Würdigung der russischen Kultur gewesen. Um außerdem aber das Andenken an den Krieg wachzuhalten, durch den sich das russische Volk seinen symbolischen Platz im Schlosspark der Zarinmutter verdient hatte, sollten an den Dachgiebeln stilisierte militärische Trophäen befestigt werden.

Der vollständige Umbau Glasovos in diesem Stil und auf einem kreisrunden Grundriss wurde zwar nicht ausgeführt, doch gefiel Friedrich Wilhelm III. wohl ein Musterhaus Rossis, das er nach Aussage Bischof Eylerts 1818 gemeinsam mit seiner Tochter gesehen haben soll – wobei Eylert es mit der historischen Genauigkeit seiner Erinnerungen nicht allzu genau nahm und der König daher möglicherweise auch nur einen Plan Rossis gesehen hat. Eben ein solches „nationalrussisches" Bauernhaus wollte Friedrich Wilhelm III. nun jedenfalls auch für Preußen und Rossi fertigte für ihn daraufhin

Projekt Glasovo, Carlo Rossi, 1815

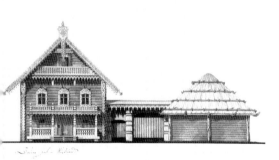

„Bauern-Hof in Russland", Carlo Rossi,
um 1818

Das „russische Blockhaus Nikolskoë"
mit Aufseher Bockow (Mitte) und Besuchern,
um 1830

Russische Holzhäuser auf der großen Straße
zwischen Moshaisk und Moskau,
den 21. September 1812

die Skizze „Bauern-Hof in Russland" ohne den patriotisch-russischen Zierrat an.

Nach der Rückkehr des Königs und nachdem man eine geeignete Lage für das Haus bestimmt hatte, wurde unter der Leitung Kapitän Snethlages und Lieutnant Graf Bethusys von der Garde-Pionier-Abteilung ab 1819 nun das „russische Haus bei der Pfaueninsel" nahe Potsdam gebaut. Seine Bestimmung war die Unterbringung von Matrosen der Garde-Pionier-Abteilung und die Einrichtung einer kleinen Teestube für den König. Beim Besuch des Großfürstenpaares Nikolaus und Charlotte in Potsdam im Jahre 1820 nannte er es dem russischen Schwiegersohn zu ehren „Nikolskoë", „dem Nikolaus gehörend". Zum Aufseher des neuen Hauses ernannte Friedrich Wilhelm III. seinen russischen Leibkutscher Iwan Bockow.

Für die 1826 beschlossene Anlegung des Denkmals für den verstorbenen Zaren und den Bau mehrerer solcher typisierten „russischen" Häuser in Potsdam verfügte Friedrich Wilhelm III.: *Die Häuser werden sämtlich nach russischem Stil erbaut, brauchen aber nicht in Ansehung und Größe nach gleichem Maßstab zu sein. Die Größe derselben richtet sich nach den persönlichen Verhältnissen der Bewohner und ist daher von der Militärbehörde darauf Rücksicht zu nehmen und die daraus entstehenden Anordnungen in Vorschlag zu bringen: es können ein und zweistöckige Häuser erbaut werden, die aber symmetrisch einzuteilen sind.*

Neben dem Bild des zweistöckigen „Bauern-Hof in Russland" von Carlo Rossi verwendete man auch weitere, aus Russland geschickte Modelle und – heute verlorene – Zeichnungen einstöckiger Häuser, die sich offenbar an Holzhäusern aus der Gegend um Moskau orientierten, und die nun für den Gesamteindruck der „russischen" Kolonie Alexandrowka mit Stilelementen des Entwurfes von Rossi geschmückt wurden.

Zudem wurde die Ausrichtung der Häuser nicht nach der dem König bekannten militärischen, sondern zivilen Art festgelegt, hatte er doch sowohl die Bautraditionen Russlands als auch die Militärkolonien des Zaren kennengelernt: *Es scheint besser, ein russisches Dorf zum Vorbild zu nehmen, als eine Militär-Colonie, da in den Dörfern die Häuser mit der Giebelseite nach der Strasse zu stehen, in der Colonie mit der breiten Seite, was nicht gut aussieht.*

Bischof Eylert berichtet über das Engagement des Königs: *(Er) ließ nach verschiedenen Modellen von Bauernhäusern, die Er sich von Rußland hatte kommen lassen, ganz so wie es dort Brauch ist, Häuser in der Gestalt eines Dorfes bauen. Jedem Hause ließ Er ein großes, angemessenes Stück Land zutheilen und jedes als Garten zum Gemüse- und Obstanbau mit einem abgeschlossenen Feder-Viehhofe, einrichten. Jedes einzelne Grundstück ist zum Theil mit Planken, zum größeren Theil mit lebenden Hecken, eingezäunt, und mit Alleen von Linden, die nach allen Richtungen hin in allen breiten Wegen sich finden, ist das Dorf zu einem ganzen heiter verbunden. Auf der daran grenzenden Höhe ist eine geschmackvoll eingerichtete Griechische Kirche erbaut, deren Cultus, wie die Seelsorge im Dorfe, ein Pope, besonders dazu angestellt, versiehet. Nicht weit von der Kirche steht ein im Russischen Style nett gebautes Haus; unten wohnt der Castellan, die obere Etage enthält einen großen Saal mit einer nach Russischem Geschmack eingerichteten Gallerie, von der man die vorhin beschriebene schöne Aussicht hat. Dieser ganzen Colonie gab der König, zum lebendigen Andenken an Seinen verewigten Bundesgenossen und Freund Alexander, den historischen, nun geographisch – örtlichen Namen: „Alexandrowska".*

Zum Bauleiter für die Errichtung der Kolonie ernannte der König wiederum Kapitän

Einstöckiges Holzhaus (Nr. 9) in der Kolonie Alexandrowka, um 1920

Snethlage, der seine Überlegungen für die Umsetzung der Pläne am 6. März 1826 vorstellte. Nicht die aufwendige und in Preußen ungeübte Blockhausbauweise, die beim Bau von Nikolskoë Zeit und dadurch Geld gekostet hatte, sondern das bekannte, preußische Fachwerk sollte als Grundgerüst der Häuser dienen. Nur vorgesetzte, halbrunde Holzbohlen, dazu reichlich Schnitzwerk verzieren daher die Fassaden der Häuser der Kolonie Alexandrowka in Potsdam. Das Dorf sollte zwar „russisch" ausse-

Die dem 1. Garde-Regiment zu Fuß attachierten Russischen Sänger vor der Baustelle der Kolonie

hen, blieb aber ein preußisches Denkmal für Zar Alexander I.

Am 7. März 1826 besichtigte Friedrich Wilhelm III. den zur Anlegung der Kolonie bestimmten Platz, und am 22. März 1826 legten Kapitän Snethlage und Peter Joseph Lenné ihm verbindliche Kostenvoranschläge zur Genehmigung vor. Der Kostenvoranschlag wurde vom König akzeptiert und am 10. April 1826, dem Jahrestag der Siegesparade in Paris 1814, ergingen nun endlich offiziell seine Mitteilungen über den geplanten Bau an das Finanzministerium und an die Regierung in Potsdam und der königliche Baubefehl an den Kommandeur des 1. Garderegiments zu Fuß, dem er die Überwachung und Abrechnung der Baumaßnahmen übertrug: *Ich habe die Absicht, als ein bleibendes Denkmal der Erinnerung an die Bande der innigen Freundschaft zwischen Mir und des höchst seligen Kaisers Alexander von Rußland Majestät, eine Russische Kolonie bei Potsdam zu gründen, welche Ich mit den, in den Jahren 1812 und 15 aus dem Russischen Militär und mit Kaiserlicher Bewilligung übergegangenen Sängern, die dem 1. Garde Regiment zu Fuß beigegeben sind, als Kolonisten besetzen und Alexandrowka benennen will. Zur Ausführung dieses Plans habe ich Sie ausersehen und gebe Ihnen darüber Folgendes zu erkennen.*

Die Kolonie soll ... aus 14 Stellen mit eben so viel, nach Russischer Bauart auszuführenden Wohngebäuden mit Zubehör, Stallung und Garten, und einer massiven Kirche bestehen. Von diesen Stellen will Ich 12 mit den vorhandenen Russischen Sängern, welche von dem höchst seligen Kaiser von Rußland Mir überlassen sind, als Kolonisten besetzen, die 13. soll dem in Meinem Dienst stehenden Lakaien Tarnowski, der ebenfalls früher in der Armee gedient, überwiesen und die 14. zu einem Aufseher Hause bestimmt werden, worin ein dazu zu wählender Feldwebel oder Unteroffizier

des 1. Garde Regiments für die Dauer dieses Verhältnisses eine Wohnung erhalten soll. ...

Die Mir vorgelegten Pläne, wegen Parcellirung des Terrains, der Anlegung von Alleen und Fahrwegen, der Anpflanzungen, der Aufführung von 6 zweistöckigen und 8 einstöckigen Wohngebäuden mit Hofraum, Ställen, Umzäunung, an den, im Plane bezeichneten Stellen, der äußeren und inneren Einrichtung ... dem Inventar, dem Haus- und Küchengeräte und einer Kuh für jedes Etablissement, genehmige Ich nach dem Kostenbetrag von 44 243 rth 14sgr 9d. inklusive eines Reservats von 3 000 rth mit Vorbehalten der darin möglichen, bereits angedachten Ersparnisse und mit der Maßgabe, daß nur für die beweibten Kolonisten die Gebäude und die im Anschlage aufgeführten Inventarien-Stücke, sämtlich gleich errichtet und respektive bei der Einsetzung in Natura mit übergeben, für die Nichtbeweibten aber, die so lange bis sie heiraten bei den Verheirateten unterzubringen sind, vorläufig Parzellen abgeteilt werden ...

Der Zuschnitt der Hölzer fand in Berlin statt. Um Kosten zu sparen verpflichtete der König Soldaten seiner vier Garderegimenter zu den Bauarbeiten in Potsdam, indem nacheinander ein jedes Garderegiment je 12 Zimmerleute und 6 Tischler zur Verfügung zu stellen und für die Dauer der Arbeiten in Potsdam einzuquartieren hatte. Die ersten 18 Mann sollten am 26. April 1826 um 5 Uhr am Brandenburger Tor in Berlin bereit stehen, um sich auf ihren Weg nach Potsdam zu machen.

Obwohl bereits im Winter 1826 der Bau der Häuser vollendet war, verfügte der König erst am 31. März 1827, dem Jahrestag des ersten Einzugs in Paris 1814, die Verteilung der Gehöfte an seine russischen Sänger und legte die Pflichten der zukünftigen Kolonisten fest: *Den Besitzern der Stelle wird das nutzbare Eigentum mit dem vollstän-*

digen Nutzungsrecht der Stelle mit Zubehör und Inventarium eingeräumt. Sie sind verpflichtet dieselbe wirtschaftlich zu benutzen und im baulichen Stand zu unterhalten. Wer dieser Pflicht vorsätzlich entgegenhandelt, macht sich des Rechts auf die Stelle verlustig. Es ist keinem Besitzer gestattet, ohne höhere Genehmigung Veränderungen an, oder in den Gebäuden, an den Umzäunungen oder Alleen vorzunehmen; dieselbe ganz oder teilweise zu veräußern, zu verpachten oder zu verpfänden; auch wird die Stelle niemals für persönliche Schulden des Besitzers verhaftet.

Nach dem Ableben des ersten Besitzers geht die Stelle mit Zubehör und Inventarium auf seine männliche ehelichen Leibeserben, in absteigender Linie, nach den Regeln der Erstgeburt, über, wenn sich dieselben zur griechischen oder evangelischen Kirche bekennen. Hinterläßt derselbe keine männliche, eheliche Leibeserben, oder ist die gesamte männliche Deszendenz des ersten Besitzers erloschen, so fällt die Stelle zu Meiner Disposition zurück. In beiden Fällen soll die vorhandene Witwe noch drei Monate in Besitz und Genuß der Stelle bleiben und bei Übergabe derselben und des Inventari in gutem Stand, ein Geschenk von 50 rth erhalten. Ist der Erbe noch minderjährig, so bleibt die Mutter im Genuß der Stelle bis zu dessen Großjährigkeit. Ihr liegt aber, unter Mitwirkung des Vormundes, die Sorge für die Erziehung und Unterstützung des Erben, ob. Eine neue Heirat macht sie dieser Begünstigung verlustig und die Stelle wird von Seiten der aufsehenden Behörden verwaltet.

Die Kolonie und jeder einzelne Besitzer einer Kolonisten Stelle ist für immer von Grundsteuer, Dominial und Kommunal Abgaben, auch Feuerlöschbeiträgen befreit. In so weit dergleichen Abgaben erforderlich werden, sollen sie, so wie alle Gemeindebedürfnisse aus Meiner Schatulle bestritten werden. Den persönlichen Abgaben bleiben die Besitzer, wie bisher, nach den allgemeinen Landesgesetzen unterworfen. Die gegenwärtigen Besitzer verbleiben in ihren militärischen Verhältnissen und dem damit verbundenen Einkommen. Ihre Nachkommen sind gleich andern Untertanen der Verpflichtung zum Kriegsdienst unterworfen. Alle vorstehende Bestimmungen finden auch auf den, in der 13. Stelle einzusetzenden Hoflakaien Tarnowski Anwendung, so weit sie nicht nach seinem persönlichen Verhältnis, eine Modifikation erleiden.

Die Kolonie bleibt vorläufig unter der unmittelbaren Aufsicht und Direktion des 1. Garde Regiments zu Fuß. Ein Feldwebel des Regiments führt die spezielle Aufsicht über die Kolonie und ist deren Vorsteher. Seine Instruktion erhält er von dem Kommandeur des 1. Garde Regiments. Ihm wird für die Dauer des Kommandos, die für den Aufseher gegründete Stelle zum unentgeltlichen Gebrauch überlassen. Sein Etat wird noch besonders bestimmt werden. Diese Bestimmungen sind den einzusetzenden Kolonisten bei der Überweisung des Besitzes der Grundstücke unter Vorbehalt der noch erfolgenden näheren Bestimmungen und der Erteilung gerichtlicher Urkunden über die Erwerbung und Ausübung der ihnen verliehenen Rechte, bekannt zu machen.

Das zur Verfügung gestellte Inventar sollte den Kolonisten den Einzug erleichtern, blieb aber – wie auch die Häuser und Gärten – ausdrücklich Eigentum des Königs, der alle Baukosten aus seiner Privatschatulle bezahlte. Das „Denkmal der Freundschaft" war Privatbesitz der Hohenzollern. Bei mutwilligen Beschädigungen und Zerstörungen hatten die Kolonisten die fehlenden Stücke zu ersetzen, bei starker Abnutzung aber und Verschleiß wollte der König für Ersatz sorgen. Das gestellte Mobiliar umfasste eine zweischläfrige Bettstelle für die Eltern, zwei Kinderbetten, Kopfkissen und Bezüge, eine Kommode und einen Wäschespind, für die Stube gab es einen „Tisch mit Schubkasten und mit Wachsleinwand überzogen", drei

Schemel mit Lehne, einen Spiegel, eine Stubenuhr und ein Spinnrad. Für die Küche – oder die Kammer – wurden ein Tisch und sechs birkene Stühle, zwei Hocker, ein Küchenspind, ein Sägebock, zwei Regalbretter und zwei eiserne Dreifüße für die offene Feuerstelle gestellt. Hinzu kamen Gebrauchsgegenstände wie Kochgeschirr und Bestecke, Handtücher, Geschirr, Besen, verschiedene Kerzenhalter und eine Handlaterne, eine Lichtschere, Eimer, Feuerzangen usw. bis hin zum Stiefelknecht, Fußreinigungseisen und Spucknapf aus Eisenblech. Garten- und Stallgerät, das von der Schubkarre bis zur Mistforke reichte, vollendete die Grundausstattung. Wie hinderlich mitunter allerdings das königliche Obereigentum an den Einrichtungsgegenständen war, beweist ein Schreiben der Sänger Thimafeiff, Iwanow, Alexieff, Vockin, Sergeeff und Uschakoff im Jahre 1845, in dem sie darum bitten, ihre inzwischen 19 Jahre alten, feuchten und durchgelegenen Betten reparieren oder austauschen zu dürfen. Einige Sänger hatten – vermutlich durch ihre Potsdamer Ehefrauen und die vor Errichtung der Kolonie bereits erfolgte Gründung eines eigenen Haushalts in Potsdam – auch eigenes Mobiliar.

Adelheid von Saldern beschreibt, wie man sich Wohnungen jener Jahre vorzustellen hat: *Papiertapeten galten als Luxus. Die Wände wurden mit Kalkfarbe getüncht. Die Dielenfußböden, mit feinem weißen Sand bestreut, mußten ganz blankgescheuert werden ... Angestrichene Fußböden kamen erst nach 1820 langsam in Mode. ... Zu den ranghöchsten Möbelstücken gehörte das Sofa, das sich aber noch längst nicht alle Bürgerfamilien leisten konnten ... Die Wände schmückte man mit Bildern, gerahmt aus schwarzem oder braunpoliertem Holz. Es handelte sich um Kupferstiche, Gemälde, Portraits von Eltern und Verwandten, dazu Schattenrisse, Heiligenbilder, Lithographien und Stiche nach berühmten Gemälden ...*

Pendeluhren erfreuen sich in den zwanziger Jahren des 19. Jahrhunderts überaus großer Beliebtheit, vor allem solche mit Schlagwerken. Hinzu kamen die mannshohen Standuhren aus älterer Zeit. Als Schmuckstücke besonderer Art galten auch die Spiegel ... Eigene Räume für das Schlafen entstanden in vielen Wohnungen erst allmählich, oft durch nachträglich vorgenommene Raumteilungen.

Geheizt wurde teils mit Kachelöfen, teils mit sogenannten Kanonenöfen ... sparsam im Verbrauch gaben diese Öfen schnell Wärme ab, wurden aber genauso schnell wieder kalt. Talglichter, die man anstelle der teuren Wachskerzen verwendete, verdüsterten nach 15 min. und mußten regelmäßig jede Viertelstunde mit einer Lichtschere gereinigt werden ... Mit viel Mühe war die Wasserversorgung verbunden: das Wasser mußte mit Eimern von den Brunnen geholt werden – Aborte und Abwasser entsorgte man prinzipiell im Freien. Wenn der Wind falsch stand, drangen die „Düfte" ins Haus. Hinzu kamen die Düfte von gelagerten Vorräten wie Kohl, Kartoffeln und Rüben sowie von Bodenausdünstungen. Waschen blieb auf ein Minimum beschränkt ...

Den Mittelpunkt des häuslichen Arbeitsprozesses bildete die Küche. Zu den wichtigsten Gegenständen der Küche gehörte natürlich der Herd, allerdings war er noch in den 1820er Jahren meist nichts weiter als ein gemauerter Aufsatz mit einer Feuerstelle und einem Rost in der Mitte: Die Töpfe umstanden das offene Feuer und über dem Herd befand sich ein großer Rauchfang ... Die Hausarbeit bestand zu einem beträchtlichen Teil aus Vorratshaltung: Man schlachtete noch in den Häusern und weckte die Früchte des Gartens ein ...

Ohne Feier oder Einweihungsfest zogen die Kolonisten am 2. April 1827 in ihre neue Heimat ein. Nur eine Anzeige des Unteroffiziers Jablokoff vom 10. April verkündete den Potsdamern den erfolgten Einzug der

Kolonisten: *Daß ich mein in hiesiger Stadt, Brauerstraße Nr. 7, bisher gehabtes Kaffee-Haus nebst Billard nach meinem Hause in der durch die Allerhöchste Gnade Sr. Majestät des Königs erbauten russischen Colonie verlegt habe, und daßelbe kommenden Sonntag als den 15 d. M. eröffnen werde, zeige ich einem hochverehrten Publicum hierdurch ganz ergebenst an. Zugleich danke ich für das mir bisher geschenkte Zutrauen, mit der gehorsamsten Bitte, daßelbe auch in meinem neuen Locale mir zu schenken; wozu ich mich durch prompte und reelle Bedienung stets, wie bisher, würdig zu machen bemüht sein werde.*

Zwischen Dorogobush und Slawkowo, den 27. August 1812

Nachdem er sich im Winter ein Bein gebrochen hatte und länger in Berlin bleiben musste als sonst, verzeichnete König Friedrich Wilhelm III. erst am 14. Juli 1827 in seinem Tagebuch seinen ersten Besuch in der Kolonie bzw. beim Aufseher seines Landhauses bei der noch unfertigen Kirche, als *„Thee in Alexandrowka im Tarnowski Hause"*. Sein zweiter Besuch folgte allerdings auch erst am 25. Mai 1829, als er wiederum die Kirche besuchte und sich über die Möglichkeit, hier am 10. Juni einen ersten Gottesdienst abzuhalten, informierte. Für diesen weitaus aufwendigeren, zwei Jahre dauernden Bau der Kirche verwendete man Vorlagen des russischen Architekten Wassilij Petrowitsch Stassow (1769–1848), die, wie auch die Kircheneinrichtung, ebenfalls aus St. Petersburg kamen. Neben den Häuser des Dorfes Alexandrowka erinnert auch die rosa Kirche mit ihren fünf Türmchen an Bauten der Region um Moskau.

Die Planung der Innenräume überarbeitete Karl Friedrich Schinkel, der 1831 auch den Eisenzaun um die Kirche entwarf. Auf besonderen Wunsch Zar Nikolaus' „antwortete" Karl Friedrich Schinkel auf den russischen Entwurf für Potsdam mit einem preußischen Entwurf für eine Kirche in Russland, die in den frühen 1830er Jahren im Park

von Peterhof errichtet wurde. Gewidmet wurde das Potsdamer Gotteshaus – wie auch später die Schinkelsche Kirche in Russland – dem russischen Heiligen Alexander Nevskij, dem als Schutzpatron Russlands und Verteidigers des Glaubens hohe Bedeutung zukam. In Russland wurde der Heilige seit den Tagen der Zarin Elisabeth mit einer Prozession am Jahrestag der Überführung seiner Gebeine nach St. Petersburg am 31. August (alter Zeitrechnung) 1724 gefeiert. 1815 hatte Zar Alexander mit einer beeindruckenden Militär-Kirchenparade vor den Toren von Paris dem Heiligen die Ehre erwiesen und da er Friedrich Wilhelm III. zu der Prozession eingeladen hatte, war dem König von Preußen die herausragende Bedeutung des Tages wohl vertraut. Dieser Gedenktag, der gleichzeitig als Namenstag Alexanders gefeiert wurde, fiel nach dem preußischem Kalender des 19. Jahrhunderts auf den 11. September, und die feierliche Grundsteinlegung in Gegenwart geladener Gäste fand darum auch in Potsdam am Gedenktag Alexander Nevskijs, am 11. September 1826, statt. Friedrich Wilhelm III. war zu dem unaufschiebbaren Termin noch nicht von einer Reise zurück, besuchte aber den Ort zwei Tage später und verfügte sogleich die Umbenennung des bis dahin

Die Alexander-Nevskij-Kirche,
Wolfgang von Motz, 1829

Am 10. Juni 1829 fand der erste Gottesdienst in der – noch nicht geweihten – Kirche unter Teilnahme des Zarenpaars Nikolaus I. und Charlotte / Alexandra statt, als sie anlässlich der tags darauf folgenden Vermählung Prinz Wilhelms mit Augusta von Sachsen-Weimar-Eisenach Potsdam besuchten. Friedrich Wilhelm III. notierte zufrieden in sein Tagebuch: *10. Juni (1829). Spazierfahrt durch den Garten von Sanssouci, nach Alexandrowsk. St. Alexander-Newski Kirche. (Liturgie. Erster Gottesdienst daselbst) Ueber den Pfingstberg und durch den neuen Garten.*

„Minenberg" genannten Hügels in „Alexanderberg". Der neue Name setzte sich allerdings nicht durch. Am 25. Februar 1863 wurde der längst populär gewordene Name „Kapellenberg" offiziell akzeptiert und die an der Ostseite der Kolonie zur Kirche führende Straße in „Kapellenbergstraße" umbenannt.

In den Grundstein der Alexander-Nevskij-Kirche legte man eine Widmung ein: *Im Jahre 1826 am 11ten September wurde im Nahmen Seiner Majestät des Königs von Preussen Friedrich Wilhelm des IIIten als ein bleibendes Denkmal der Erinnerung an die Bande der innigen Anhänglichkeit und Freundschaft für den am 1ten December 1825 höchstselig verstorbenen Kaiser aller Reussen Alexander Pawlowitsch Majestät der Grundstein zur Erbauung einer Kirche für den apostolischen, orientalisch-katholischen Glauben unter der Benennung des heiligen Alexander Newsky, in der, von des Königs Majestät aus dem Russischen Sänger-Corps des 1ten Garde Regiments zu Fuss gestifteten Gemeinde, durch den General Major von Alvensleben, Commandeur der 2ten Garde Division gelegt, und von dem kaiserlich-russischen Gesandtschafts-Probst Johannes Tschudowsky feierlichst eingeweiht.*

Die feierliche Weihe der Kirche durch den Erzpriester der russischen Gesandtschaft in Berlin, Johann Borisowitsch Tschudowsky, fand noch im selben Jahr, wieder am 11. September, zwar ohne das wieder abgereiste Zarenpaar aber in Gegenwart Friedrich Wilhelms III. und der engeren Familie, des Oberpräsidenten von Bassewitz, des Bischofs Eylert und des Kommandanten des 1. Garderegiments zu Fuß als Vorgesetztem der russischen Sänger statt. Außer dem Hofgefolge und Vertretern der Stadt Potsdam nahmen auch die russischen Gesandten sowie die russischen Kolonisten und der Aufseher von Nikolskoë Iwan Bockow, der als russischer Einwohner Potsdams der Gemeinde Alexandrowka zugeordnet wurde, teil.

Der König notierte: *11. September (1829) Potsdam. Alexandrowka. S. Alexander-Newski-Kirche (die Liturgie nach der formellen Einweihung) …*

Prinz Wilhelm schrieb an seine Schwester nach Petersburg: *Wir sind bei schönstem Wetter drei Tage in Paretz gewesen. Uebermorgen den 11. (September) wird die Capelle in der russischen Colonie eingeweiht; wir werden der Messe beiwohnen.*

Für den 13. September 1829 war eine Nachfeier angesetzt, wozu Musik, Wein, Schnaps und 50 Taler gewährt wurden und

ХРАМЪ СВЯТАГО А.АЕКСАНДРА НЕВСКАГО.

DIE KIRCHE DES HEILIGEN ALEXANDER NEWSKI.

Die Kirche des Heiligen Alexander Newski und Kolonistenhäuser, um 1829

womit nun endlich auch die Kolonisten ihren Einzug in das Denkmal der Freundschaft feiern durften. Neben den Bewohnern der Alexandrowka war wiederum auch Iwan Bockow zu der Feier eingeladen.

Der Platz um die Potsdamer Alexander-Nevskij-Kirche war ursprünglich offenbar nicht als Friedhof vorgesehen, denn der 1831 errichtete Zaun verhinderte die orthodoxe Beerdigungsregel, derzufolge die Leichen-prozession unmittelbar um die Kirche her-umzuführen ist.

Auch fand zu Lebzeiten Friedrich Wilhelms III. nur die Beisetzung des 1838 ver-storbenen Gesandtschaftsgeistlichen Tschu-dowsky an der Rückwand der Altarseite der Kapelle statt, da dieser Probst 1829 die Weihe der Kirche durchgeführt hatte. Eine zweisprachige Tafel über seinem Grab ver-kündet bis heute diese besondere Rolle des Verstorbenen für den „Tempel", wie die rus-

Die Alexander-Nevskij-Kirche,
um 1831

sische Inschrift die Kirche nennt. Das nach russischer Orthodoxie ewige Ruherecht und Verbot der Neubelegung der Grabstellen der russischen Sänger zu sichern, spielte bei der Gründung der Kolonie keine Rolle. Die Beerdigungsorte der zwischen 1827 und 1861 verstorbenen russischen Kolonisten sind weder in Potsdamer noch in Berliner Friedhofsregistern vermerkt.

Einen eigenen Probst erhielt die Alexander-Nevskij-Kirche nicht. Der Hilfsgeistliche Petroff, der vom Zarenpaar Nikolaus und Charlotte/Alexandra in Russland engagiert und mitsamt seiner Familie 1829 nach Potsdam geschickt worden war, sollte nur die niederen geistlichen Dienste verrichten. Das eigentliche geistliche Amt für die russischen Gläubigen sollte der jeweilige Geistliche der russischen Gesandtschaft in Berlin wahrnehmen und von Zeit zu Zeit oder bei Bedarf nach Potsdam kommen. Einige Vermietungsnachweise der Kolonisten belegen denn auch, dass Gesandtschaftsgeistliche bei ihnen übernachteten, wenn sie in Potsdam ihren Pflichten nachkamen, doch entschieden sich bald fast alle Kolonisten, ihre Kinder im evangelischen Glauben zu erziehen. Der Russischunterricht, den der Diakon

Petroff erteilt hatte, wurde nach seinem frühen Tod 1831 nicht mehr fortgesetzt.

Für die ehemaligen russischen Sänger und nunmehrigen Kolonisten des russischen Dorfes Alexandrowka bedeutete die Weihe der Kirche vor allem, dass das bauliche Ensemble „Kolonie Alexandrowka" vollendet war. Feuerlöschbestimmungen, die Wahl eines für jährlich 66 Taler und 5 Taler Stiefelgeld angestellten Nachtwächters für die Kolonie (1829), die Instruktionen für den militärischen und zivilen Vorstand (1829), die Bestimmung, dass die Schornsteinreinigung prinzipiell Sache der Bewohner sei (1829) sowie kleinere bauliche Veränderungen (z. B. das Setzen des Zaunes um die Kapelle (1831), das Aufstellen von Warntafeln gegen das Rauchen (1831), erste Reparaturen von Holzschäden an den Häusern wegen Hausschwamms und andere kleinere Reparaturen (1831), die Anbringung von Namenstafeln an den Häusern (1834)) ergänzten das Erscheinungsbild der Kolonie als „russisches Dorf", beeinflussten aber das Leben der Kolonisten wenig. Da die Alexandrowka offiziell noch kein Teil Potsdams war, führte die Bevölkerungsstatistik des Jahres 1830 die erwachsenen Bewohner der Kolonie zwar mit auf, nannte sie aber in einer eigenen Rubrik:

1) Civil – Einwohner	23 901
2) actives Militär	6 492
3) Militär – Angehörige nebst Gesinde	3 002
insgesamt	33 395
4) Colonie Alexandrowka	29
Totalsumme	33 424

Der Kaufkontrakt über das Gelände der Kolonie wurde am 29. Juni 1836 zwischen der Regierung, Abteilung Steuern, Forsten und Domänen, und dem Kommandeur des 1. Garderegiments zu Fuß in Vertretung

Friedrich Wilhelms III. geschlossen und nach Prüfung der Hausgesetze der Hohenzollern am 10. Oktober 1836 durch das Ministerium des königlichen Hauses genehmigt. Gerichtlich bestätigt wurde das Eigentum der Krone am 2. Juni 1837 und der Verkauf des Landes für rund 3 761 Taler an den König von Preußen im Grundbuch eingetragen.

Tatsächlich wusste lange Zeit niemand, der nicht zum engeren Kreis der Vertrauten um den König zählte oder bei der Grundsteinlegung zur Kirche anwesend gewesen war, dass es sich bei der Errichtung des „russischen Dorfes" und der „russischen Kirche" um ein Denkmal handelte. Keine öffentliche Bekanntmachung erschien in den Zeitungen, keine feierlich enthüllte Widmung oder Tafel und kein Sinnspruch auf einem Gedenkstein wurden jemals errichtet, und im Gegenteil zu allen anderen Denkmalen Friedrich Wilhelms III., die außerordentlich wortreich seine Stiftungsabsichten verkündeten, hüllte er sich bei der Stiftung der Kolonie in Schweigen. Auch keine allgemeine Beteiligung der Potsdamer an umfangreichen Einweihungsfeierlichkeiten, wie sie bei früheren Denkmalssetzungen stattgefunden hatten, und die über die Kolonie als Denkmal der Freundschaft aufgeklärt hätten, wurde organisiert. Erst 1840 fand sich in einem Bildwerk des Majors von Thümen über Uniformen der preußischen Garden der erhellende Hinweis, denn Thümen hatte auch die Uniformen und die Geschichte der russischen Sänger gezeichnet und beschrieben, hatte die verschiedenfarbigen Namenstafeln für die lebenden (schwarz auf weiß) und verstorbenen (weiß auf schwarz) Kolonisten an den Kolonistenhäusern entworfen und 1830 die Verhandlungen mit den Sängern wegen neuer Überrücke geführt. Stolz und traditionsbewusst hatten sich dabei die ehemaligen Kriegsgefangenen für blaue, die aus Russland überstellten Grenadiere aber für grüne Röcke entschieden.

Die dem 1. Garderegiment zu Fuß attachierten Russischen Sänger, um 1830

Thümen war überhaupt von der Kolonie tief beeindruckt. Seit 1829 mit dem Aufbau der neuen preußischen Schlossgarde betraut, wurde ihm am 24. Juni 1837 gewährt, seinem Wunsche gemäß und „nach dem Beispiel der Russischen Kolonie Alexandrowka in Potsdam" Kolonistenstellen einzurichten, die die Altersversorgung seiner Schlossgarde-Veteranen sichern sollten. Er verwendete dazu den Gewinn aus dem Verkauf seines Bildwerks, das er um 1834 gezeichnet hatte, teilte von seinem Gut bei Caputh zwei Grundstücke am Ufer des Sees ab und errichtete dort zwei einfache Holzhäuser mit Gärten, die am 13. Februar 1844 in den Besitz der Schlossgarde übergingen. Wirtschaftliche und administrative Schwierigkeiten behinderten allerdings den weiteren Ausbau des Projektes, und auch die zwei realisierten Kolonistenstellen wurden 1874 von den Thümenschen Nachfahren wieder zurückgekauft.

Die Kolonistenhäuser bei Caputh, um 1937

Nach der durch Thümen 1840 ersten Veröffentlichung über die russischen Sänger folgten 1842 dann insgesamt ausführlich und reichlich ausschmückend die Aufzeichnungen des langjährigen Bischofs der Hofund Garnisonkirche von Potsdam und Vertrauten des Königs, Friedrich Ruhlemann Eylert. Seine Erinnerungen an die Geschichte der Sänger und der Kolonie enthalten einige grobe Ungenauigkeiten, legte Eylert eben weniger Wert auf historische Wahrheit als vielmehr auf die Schilderung der gottesfürchtigen Haltung sowohl des Königs als auch des verstorbenen Zaren sowie seiner eigenen, zentralen Berater- und Vertrauensstellung. Dass aber die Kolonie ein Denkmal war, wusste und schrieb auch er, war er doch einst bei der Grundsteinlegung zur Kirche zugegen. Die Verschönerung der Landschaft zwischen Sanssouci und dem Neuen Garten und die Schaffung eines idealen „russischen" Dorfes zur Erinnerung an die Freundschaft hatten dabei eindeutig den Vorrang vor landwirtschaftlichen Überlegungen. Sprach Friedrich Wilhelm III. nämlich Tiroler Glaubensflüchtlingen später großzügige Felder, Wald, Wiesen und

Ackergrundstücke freimütig zu, verblieben den Potsdamer Kolonisten nur ihre unterschiedlich großen Gärten im Innern des Ensembles als zusätzliche Einkommensmöglichkeit zu ihrem militärischem Sold. Zahlreiche Promenaden und Wege sollten zudem durch die Gärten gezogen werden, die wiederum dicht mit Obstbäumen bepflanzt wurden. Die Oberaufsicht über das Gartenreich verblieb außerdem bei der königlichen Gartendirektion, die über die Beibehaltung der vorgesehenen Anzahl von Bäumen und Sträuchern wachte. Ein Gemüseanbau oder eine umfangreiche Heuernte, um etwa Vieh durch den Winter zu bringen, waren daher nur in geringem Umfang möglich, und die Kuh, die ursprünglich zum Inventar jeder Stelle gehörte, gaben die meisten Kolonisten schließlich nach kurzer Zeit wieder zurück, weil sie sie nicht ernähren konnten. Als lebendiges Denkmal bot die Kolonie den romantisch verklärten Eindruck einer vorbildhaften Harmonie russischer Kultur und Lebensart, von einer inszenierten gegenseitigen Ergänzung aus Religion, Landwirtschaft und Militär und von vorgeblich zufrieden zu Füßen ihrer Kirche lebender

Landeskinder. Allein das von der Anhöhe der Kapelle im Norden herabströmende Regenwasser ließ die im Norden der Kolonie lebenden Kolonisten bereits nach kurzer Zeit über ihre durch Überschwemmungen ruinierten Ernten klagen, denn das Wasser sammelte sich in der Niederung der Gärten und laugte den Boden aus. Als 1844 die bis dahin alle zwei Jahre durchgeführte Aussaat von Rasen auf dem Exerzierplatz des Bornstedter Feldes eingestellt wurde, wehten von dort außerdem Unmengen von Sand auf die angrenzenden Gärten. Besorgt wandte sich Peter Joseph Lenné im Frühjahr 1844 deshalb an den Regimentskommandeur: *Zu den Übelständen, welche seit einer Reihe von Jahren in der Russischen Kolonie die Bestellung des Landes teilweise beeinträchtigend fühlbar gemacht haben, d. h. zu den alljährlich statt habenden Überschwemmungen einiger Grundstücke, hat sich in diesem Frühjahr durch die eingetretene Versandung mehrerer Besitzungen ein neuer wesentlicher Feind gesellt, der einen anderen Teil der Kolonisten mit sehr empfindlichen Verlusten und überhaupt das freundliche blühende Ansehen dieser von Sr. Majestät dem König begünstigten Anlagen bedroht.*

König Friedrich Wilhelm III., als Eigentümer der Kolonie zuständig für die Anliegen seiner Kolonisten, wurde nicht nur von seinem königlichen Gärtner, sondern auch von den Bewohnern der Alexandrowka oft um Unterstützung gebeten und half mit Geldspenden, wann immer er einen Antrag berechtigt fand, doch lediglich die Kolonistenstellen im südlichen Teil der Kolonie fanden wohl ein dauerhaft gutes Auskommen. Brachte eine Gartennutzung in der Kolonie einen Gewinn von 60 Talern im Jahr galt der Garten bereits als gut bewirtschaftet und ertragreich.

1854 wohnte der russisch-deutsche Übersetzer August von Viedert als Sommergast in der Alexandrowka und schilderte die Lebensverhältnisse der Kolonisten in den blühendsten Farben: *Von außen weisen die Häuser tatsächlich eine rein-russische Architektur auf aber die Innenausstattung hat nichts von der russischen Nationalität. Von außen sind die Häuser mit halbierten Baumstämmen verkleidet, während das Haus selbst aus Ziegelsteinen erbaut ist. ...*

Im Gründungsjahr der Kolonie wurde auf der Nordseite auch der Grundstein für die orthodoxe Gedächtniskirche Alexander-Newski gelegt. Ihr Bau wurde im Jahre 1828 beendet und geweiht wurde sie 1829 von dem damaligen Erzpriester Tschudowskij. Sie ist bis zu den 5 Kuppeln aus Stein und hat nur einen Altar. Die Kirche steht auf einer Anhöhe, die über Potsdam thront und sich in ihrer Architektur deutlich von den einheimischen abhebt.

Die Kolonie wird auf Kosten des Königs unterhalten und als Erwerbsquelle dienen den Kolonisten die Gärten und die Vermietung der Wohnungen, besonders in der Sommerzeit. Die zweistöckigen Häuser bringen im Jahr bis zu 130 Talern und die einstöckigen bis zu 60 Talern Verdienst. Die Gärten sind reich an Sauerkirsch- und Apfelbäumen, Beeren und Gemüse. Diese Gärten können in einem guten Jahr dem Eigentümer 100–200 Taler Gewinn bringen.

*Die Lage der Alexandrowka ist außerordentlich schön und erinnert mit ihren weiten Ebenen, Hügeln, Wäldchen an das bei Moskau liegende Ostankino. Überhaupt weist das Äußere der Kolonie viel Russisches auf; an ihrer Einfahrt ist ein Stamm mit der russischen Aufschrift „Село Александровское" (Dorf Alexandrowka) aufgestellt, an der Vorderfront eines jeden Hauses steht auch auf Russisch der Name seines Eigentümers geschrieben: **Иван Яблоков, Николай Шишков, Григорий Вавилов** usw. ...*

Schon ein Jahr später hätte Viedert einen ganz anderen Eindruck erhalten, denn 1855 waren die Wasserschäden und die Anzahl der abgestorbenen Bäume, Sträucher und Früchte wieder einmal besonders hoch.

Ausgerechnet der Pächter der Schischkoffs, bei denen Viedert zur Untermiete gewohnt hatte, erhielt von allen geschädigten Kolonisten sogar die höchste Entschädigungszahlung wegen seiner Ernteverluste.

Unter der abkürzenden Bezeichnung „Russische Kolonie" wurde die Kolonie Alexandrowka dennoch schnell zu einem Teil der empfohlenen Sehenswürdigkeiten Potsdams. Bereits ein Reiseführer des Jahres 1833 lobte die Anlage ausführlich. Verständlicherweise irrte sich der Autor über einige Details z. B. weshalb die Kolonie errichtet und welchem Zweck sie zugedacht war, denn dass die Kolonie ein Denkmal war, war eben kaum bekannt. Seine Erklärung hingegen, die Kolonie sei errichtet worden für die russischen Sänger des Königs, findet sich in zahlreichen Reiseführern des 19. Jahrhunderts – und teilweise bis heute.

Wenn man von dem neuen Garten, der auch schon in diesen Blättern einem eigenen Capitel unterworfen worden ist, nach Potsdam zurückkehrt, so sieht man vor dem Jägerthore, am Mühlenberge, eine Reihe von Häusern, die durch ihr fremdartiges Äussere sogleich ins Auge fallen. Die Form der Dächer, die architektonischen Verzierungen sind ganz anders, als das Auge hier zu sehen gewohnt ist, und eine Kapelle, wie sie auf dem Mühlenberge selbst steht, enthält orientalische und griechische Elemente, so wunderbar verschmolzen, daß der Anblick dieser Baulichkeiten einen ähnlichen Eindruck, wie der Besuch einer ganz fremden noch nie gesehenen Gegend hervorbringt. Es ist aber auch ein fremdes Leben, mit seinen Häusern und seinem Gottesdienste von den Ufern der Newa, oder noch weiter, in unsre Havelgegend versetzt, und hier einer Russischen Colonie von der Gnade Sr. Majestät des Königs ein Platz für Bet- und Wohnhaus angewiesen.

Elf Häuser sind erbaut für die russischen Sänger des ersten Garde-Regiments, ganz in der Art, wie sie dieselben in ihrer Hei-

math gewohnt sind. Eine Wohnung für den Pope dieser Colonie ist in der Nähe der Capelle, und ein Wirthshaus im Dorfe selbst dient als Versammlungsort der Russen zu den gemeinsamen Vergnügungen, denen sie sich hier auf vaterländische Weise gern und häufig hingeben sollen. ... Auf einem fast viereckigen Fundament erhebt (die Kapelle) sich zu einer nicht bedeutenden Höhe, aber desto leichter und anmuthiger in ihren Formen. Der Grundstein zu dem Bau derselben wurde am 11. September 1826 gelegt und in den folgenden Jahren zur Vollendung gebracht nach den Rissen, welche Ihre Majestät die Frau Kaiserin aus Russland selbst eingesendet hatte. Auch das Innere der Capelle wurde durch die Freigebigkeit der Kaiserin zum griechischen Gottesdienste eingerichtet und ausgeschmückt.

So häufig wie in den ersten Jahren – bis zur Fertigstellung der Kirche – war Friedrich Wilhelm III. wahrscheinlich nie mehr in der Kolonie oder der Kirche zu Gast. Höchstens ein- bis zweimal, ausnahmsweise dreimal im Jahr 1831 notierte er seine Besuche meist unspezifisch nur mit der Ortsangabe „Alexandrowka", mit „Thee in Alexandrowka" oder als Besuch der Kirche in seinem Tagebuch. Wesentlich häufiger besuchte er Nikolskoë. Er entdeckte ab dem 8. Mai 1839 noch das Vergnügen, mit der 1838 eröffneten ersten preußischen Eisenbahnverbindung zwischen Berlin und Potsdam zu fahren und notierte akribisch genau seine Reisezeiten. Ebenfalls mit der Bahn anreisend, besuchte er am Nachmittag des 26. September 1839 zum letzten Mal die Kolonie Alexandrowka. Friedrich Wilhelm III. starb am 7. Juni 1840.

Das übertriebene Bild des großzügigen Königs, der sich der Sorgen und Nöte der Kolonisten annahm und keine Mühen oder Kosten scheute, zeichnete zuerst Bischof Eylert 1842: *Die Bewohner aus fernen Län-*

dern, begünstigt und geliebt, sind glückliche Leute, die in der Fremde eine behagliche Heimath wiederfanden. Man sieht es ihnen an, daß es ihnen wohlgeht; sie leben in ihren zutraulichen Häusern ohne Nahrungssorgen ... Hier, in dieser Umgebung, war auch oft und gern der König. Man sah Ihn am Abend in Seinem gewöhnlichen gelben offenen Wagen wenigstens die Woche einmal durch das Dorf den Berg hinan, wo die Griechische Kapelle stehet, fahren. Hier stieg Er aus und sah sich um. Langsam ging Er dann nach dem benachbarten Hause; setzte sich auf der Gallerie, und sah die Sonne untergehen. Die Russen nannten ihren Königlichen Wohlthäter: Väterchen; und dann sprach Er mit ihnen vom heimgegangenen Kaiser Alexander.

Die Bewohner der benachbarten Stadt und auch Fremde gehen gern hin, und kehren, auszuruhen und sich zu erfrischen, in den dortigen Russischen Gasthof ein.

Friedrich Wilhelm III..
Im Hintergund die russische Kirche und Kolonie, um 1828

In den durch alle breiten, trockenen Straßen des Dorfes Alexandrowska sich hinziehenden Alleen sieht man Lustwandelnde mit fröhlichen Kindern. Das Fremde im Vaterlande hat einen eigenthümlichen Reiz, von dem man sich gern angezogen und gefesselt findet, und man nimmt gern den Weg dahin.

Doch der König verweigerte auch manche Reparatur, wenn sie ihm zu teuer erschien. Als nach dem Frühjahr 1829 deutlich wurde, dass die Wassermengen, die den nördlichen Teil der Kolonie überschwemmten, ein langfristiges Problem sein würden, schlug der betroffene Kolonist Alexieff die Aushebung eines Bassins in seinem Garten vor. Dessen Garten, so bestätigte Lenné, sei die tiefste Stelle der Kolonie und das Wasser könne daher nicht abfließen, doch ein Bassin reiche nicht aus. Er empfahl die Anlegung eines tieferen Grabens, der das Wasser über den Neuen Garten ableiten sollte, doch der König lehnte den Plan, dessen Erfolg ihm zudem ungewiss erschien, ab. Lediglich die regelmäßige Instandhaltung des bereits vorhandenen Entwässerungsgrabens wurde genehmigt, und Friedrich Wilhelm III. entschied, lieber pro Bittgesuch und nur auf Nachfrage an die betroffenen Kolonisten jeweils Gnadentaler zur Entschädigung ihrer Ernteverluste zu zahlen. Auch gegen die Sandwehen, die vom Exerzierfeld aus die angrenzenden Kolonistengärten bedeckten, wurde nach 1844 lediglich ein kleiner Wall aufgeschüttet, der bis zu 8 Zoll (20,92 cm) hoch liegende Sand durch Gartenarbeiter Lennés abgetragen und wieder Entschädigungszahlungen je nach Umfang der nachweislichen Ernteverluste geleistet.

Den Tenor des spendablen Königs übernehmend, ergänzte Oberst z. D. Bogislaw von Puttkamer 1866 und 1867, dass die Russen lieber Wodka tranken und in der Sonne lagen, statt hart in ihren Gärten zu arbeiten und sich die Liebe des Königs zu verdienen. Erst diese Veröffentlichungen, die erstmals durch Akteneinsicht und Recherchen im Militärarchiv die Geschichte der russischen Sänger und der Kolonie rekonstruierten und detailliertes Faktenwissen über Baukosten, Arbeitsabläufe und Planungsphasen verrieten, fanden in den folgenden Jahren eine gewisse Verbreitung. In historisch interessierten Kreisen setzte sich durch sie allmählich eine bessere Kenntnis der tatsächlichen Umstände dieser ungewöhnlichen Gründung und der Geschichte der russischen Sänger des Königs durch. Als Angehöriger einer Zeit allerdings, in der Russland längst nicht mehr nur leuchtendes Vorbild war und der große Anteil Russlands an den Befreiungskriegen von einigen Preußen sogar bestritten wurde, formulierte Puttkamer auch Ressentiments und Vorurteile. Schon ein Reiseführer des Jahres 1854 hatte über die russischen Häuser der Kolonie geschrieben, dass *die germanische Abneigung gegen alles Russenthümliche gerechtfertigt erscheint*", fand allerdings deren Bauart für ländliche Wohnungen doch immerhin nachahmenswert. Zudem war der Alkoholismus, den Puttkamer bei den russischen Kolonisten negativ hervorhob, ein insgesamt weitverbreitetes Übel zu Beginn des 19. Jahrhunderts. Bis 1831 erhöhte sich der pro-Kopf-Verbrauch von Branntwein in Preußen sprunghaft von etwa 3 Quart im Jahr 1805 (1 Quart = 1,15 Liter) auf mindestens 8,1 Quart im Jahr 1831 und die in der Bevölkerung bis etwa Mitte des Jahrhunderts zunehmende Trunksucht war ein in alle Lebensbereiche hineinwirkendes Problem. Zum Zeitpunkt von Puttkamers Veröffentlichung, 1866, lebte zudem bereits keiner der ursprünglichen Sänger und ersten Kolonisten mehr und Puttkamers Urteil fußte darum vor allem auf Hörensagen.

Doch nicht nur das Bild Friedrich Wilhelms III. als eines idealen, fürsorglichen Herrschers war einseitig geschönt und übertrieben, auch die Leistungen der Sänger bzw. Kolonisten waren nicht ohne weiteres mit denen märkischer Bauern zu vergleichen. Seit teilweise 20 Jahren und mehr im Militärdienst und als Sänger verpflichtet,

waren sie im Durchschnitt zum Zeitpunkt ihres Einzugs schon 45 Jahre alt. Die Landarbeit war ihnen ebenso fremd wie der Potsdamer Boden und wie schon vordem ihren preußischen Kameraden, die sich als Landarbeiter an der Idee der Militärkolonien versucht hatten, fehlte ihnen jede Übung im Umgang mit Saat und Ernte. Überschwemmungen im nördlichen Teil der Kolonie ruinierten außerdem schon im ersten Jahr die dortigen Anpflanzungen und langfristig sogar das gesamte dortige Terrain, dem die preußischen Kolonieaufseher schließlich einen hoffnungslos ausgelaugten Zustand bescheinigten. Auch wegen der Kuh, die zum lebenden Inventar gehörte, bestätigte der damalige Regimentskommandeur, dass die Kolonisten sie nicht nur aus *„Unordnung"*, sondern auch aus *„Unkunde in der Wirtschaft"* – zu schweigen von der unzureichenden Größe der Gärten für die Heuernte – kaum ernähren konnten. Über das Kleinvieh von Hühnern, Schweinen, Ziegen und Schafen, das die Kolonisten hielten, beschwerte sich aber sogleich Peter Joseph Lenné, da die Tiere sein Gartenkonzept buchstäblich auffraßen. Es verwundert daher nicht, dass die ersten Kolonisten bereits kurz nach ihrem Einzug den König um Erlaubnis baten, zur Aufbesserung ihres Einkommens Teile ihres Gartenlandes und Zimmer in ihren Häusern vermieten zu dürfen, wie es in Potsdam üblich war. Der König willigte ein.

Im Februar 1828 wurde im „Potsdamschen Wochenblatt" für das zweistöckige Haus des Feldwebels Wawiloff zum ersten Mal eine Wohnungsvermietung angezeigt, die mangels eindeutiger Nummerierung genau die Lage des Hauses beschrieb. Werbewirksam und vertraueneinflößend nannte Wawiloff darin auch seinen militärischen Rang: *Anfangs April d. J. ist die belle Etage in der Wohnung des russischen Feldwebels zu Alexandrowka, da gelegen, wo die Jäger- und Nauener Allée zusammenstoßen,* als Sommerwohnung oder fürs ganze Jahr an eine Ruhe liebende Familie zu vermiethen. Wawiloff.

Feldwebel Wawiloff, ab 1829 auch der Unteroffizier Thimafeiff, blieben die einzigen Kolonisten, die ihren militärischen Rang angaben, um Interessenten auf sich aufmerksam zu machen. Der einfache Soldat Schischkoff bezeichnete sich stets nur als Sänger, da der Begriff „russischer Sänger" wohl als allgemein bekannt vorausgesetzt werden durfte, Alexieff aber nannte seinen bürgerlichen Beruf, Mützenmacher, womöglich um Berührungsängste potenzieller Mieter zu mindern. Wenige Jahre später hatte fast jeder Kolonist mindestens einmal eine Sommerwohnung annonciert und vermietete soviel Zimmer wie möglich an erholungsuchende Gäste aus Potsdam und Berlin, wobei eine Miete von 50 Talern für zwei Stuben, eine Kammer, Küche und Gartenlage für einen Sommer in Potsdam durchaus üblich war. Adlige Damen, wie etwa eine Frau von Bismarck oder eine Frau von Puttkamer, gehörten zu den Gästen, die die sommerliche Idylle, die Nähe zum Königshof oder zur Garde suchten oder es mieteten sich Unteroffiziere ein, die berufsbedingt in Potsdam zu tun hatten. Junge Beamte, die in einer der zahlreichen Behörden Potsdams ihre Ausbildung vollendeten, nahmen gern hier Quartier, in der überwiegenden Mehrzahl aber mieteten bürgerliche Familien, Handwerksgesellen, Arbeiter oder Reisende wie August von Viedert die preiswerten Zimmer. Auch Dauermietverhältnisse mit ständig in der Kolonie lebenden Mietern stellten sich bald ein.

Ungeklärt muss die Identität eines „russischen Sängers Zayeoff" bleiben, über den es keine Hinweise gibt außer seinem Mietsgesuch im „Potsdamschen Wochenblatt" im Jahr 1838: In einer beliebigen Gegend der Stadt wird zu Johannis eine Wohnung, bestehend aus Stube und Kammer gesucht; von wem? ist zu erfragen in der russischen Colonie bei dem russischen Sänger Zayeoff.

Die Hohenzollern und ihr Denkmal

Preußen und Russland, Friedrich Wilhelm III. und der Nachfolger Alexanders auf dem Zarenthron, Nikolaus I., hielten auch nach dem Tod Zar Alexanders noch ein besonderes Verhältnis zueinander aufrecht. Neben der gemeinsam durchkämpften Vergangenheit beruhte dies vor allem auf ihrer in der „Heiligen Allianz" beschlossenen, konservativen Rolle als *beharrende Kräfte im Osten gegen die westliche Neuerungssucht*, denen ihre gottgegebene Rolle als Monarchen und ihre väterliche Fürsorge für ihre Völker mehr galt als deren Wunsch nach Verfassungen und Bürgerrechten. Es war typisch für Friedrich Wilhelms III. Auffassung von Monarchie und Repräsentation, dass er nicht nur auf musikalischem Gebiet Vorbilder aus dem bewunderten russischen Militär für seine Armee übernahm. Auch Anregungen in der Uniformierung und die 1827 entstandene Idee Nikolaus' zur Gründung einer eigenen Schlossgarde entsprachen seinem Ideal. Für diese zunächst als „Garde-Unteroffizier-Kompanie" gegründete und der Garnisonkompanie des Gardekorps zugeordnete Einheit erbat sich Friedrich Wilhelm III. 1829 vom Kommandeur der russischen Palastwache sogar eine Abschrift von dessen Regelwerk, denn er wollte sich „eine der russischen möglichst ähnliche Haustruppe" schaffen.

Trotz anfänglich aufrichtiger Sympathie verschlechterten sich die Beziehungen zwischen Preußen und Russland aber im Nachgang der europäischen Interessenkonflikte. So war der Anlass der ersten Reise des Zarenpaares nach Potsdam nach ihrer Thronbesteigung zwar vorderhand die Vermählung des Prinzen Wilhelm im Jahre 1829, doch verband Nikolaus I. auch politische Hoffnungen mit seinem Besuch beim Schwiegervater, wollte er doch dessen Unterstützung im Balkankrieg.

Eine Hofdame erinnerte sich später an das großartige „Fest der weißen Rose", das zum Geburtstag der Zarin am 13. Juli 1829 in Potsdam aufgeführt wurde, und an die folgenden Ereignisse: *Es fiel in die Zeit des Krieges von Rußland mit der Türkei ... Es bildete auch den Endpunkt der wahren, alten, russisch-preußischen Allianz, denn mit dem Jahre 1830 begannen die politischen Ansichten des Königs und seines Schwiegersohnes auseinanderzugehen und alle Bemühungen des letzteren haben von der Zeit an nur dürftig im Äußeren zusammengehalten, was innerlich nicht mehr zueinander paßte.*

Politisch klug trat Nikolaus darum in Preußen in erster Linie als Schwiegersohn, Bruder Alexanders und Kampfgefährte der Befreiungskriege auf. Seine Einladung, an der Einweihung der Alexandersäule in St. Petersburg im Jahr 1834 solle eine Abordnung verdienter preußischer Veteranen aus den Befreiungskriegen – darunter auch zwei russische Sänger des Königs – teilnehmen, entsprang diesem Geist.

(Nikolaus) *sprach den Wunsch aus, daß auch Preussische Krieger an der Feier der Einweihung des Denkmals Theil nehmen möchten. Eingedenk des gnädigen Wohlwollens, das der Kaiser Alexander dem Preussischen Heere stets gewidmet hatte, brachten seine Majestät der König diesen Wunsch gern in Ausführung. ...*

So bestand das unter die obere Führung Sr. Königlichen Hoheit des Prinzen Wilhelm, Sohn Sr. Majestät, gestellte Detachement ... aus 18 Offizieren und aus 38 Mann, indem jedes Infanterie-Regiment 3 Mann, jedes Kavallerie-Regiment 2, das Garde-Jäger- und Garde-Schützen-Bataillon jedes 1, die Garde-Artillerie-Brigade 3, die Garde-Unteroffizier-Compagnie 2, das Garde-Reserve-Armee-Gensd'armerie-Kommando 1, die dem ersten Garde-Regiment zu Fuß attachirten Russischen Sänger 2, und das sechste Kürassier-Regiment (genannt Kaiser von Russland) 2 Mann dazu stellten.

Die Alexandersäule in St. Petersburg 1834

Prinz Wilhelm hatte zwar bei der Präsentation der Mannschaft beklagt, *„einige hätten mehr décorirt und besser ausgewählt sein können"*, musste aber zugeben, dass angesichts des inzwischen 20 Jahre zurückliegenden Krieges *„vielmehr garnicht zu wählen gewesen (ist), weil sich größtentheils nur die drei und zwei vorschriftsmäßigen im Kriege gedienten Feldwebel etc. per Regiment vorgefunden haben"*. Am 2. September 1834 preußischer Zeitrechnung wurde das Detachement dem Zaren vorgestellt, am 3. September der Zarin. Wieder am Gedenktag Alexander Nevskijs, am 11. September, fand die Weihe der Säule statt. Bei der anschließenden Parade durfte das preußische Detachement gemeinsam mit den russischen Garden am Denkmal vorüberziehen, nachdem Nikolaus sie bereits vorher mit besonderen Auszeichnungen geehrt hatte: *Am Vorabend dieser Feier hatte des Kaisers Majestät die Gnade, sämmtlichen Offizieren, so wie der Mannschaft des Detachements Kaiserliche Orden und Ehrenzeichen als Beweis des Allerhöchsten Wohlwollens zu verleihen, diese Huld aber dadurch noch zu erhöhen, daß gleichzeitig die, von dem höchstseligen Kaiser Alexander im Jahre 1814 für die Einnahme von Paris gestiftete und nur an die Kaiserlich Russischen Truppen, welche derselben beigewohnt hatten, vertheilte Kriegs-Denkmünze, als ein Zeichen der innigen Verbindung beider Armeen, an sämmtliche, als Stellvertreter der Preussischen Armee nach Petersburg Kommandirten ertheilt wurde.*

Friedrich Wilhelm III. war mit dem Auftritt des Detachements zufrieden. Er gewährte der Abteilung nach ihrer Rückkehr am 6. Oktober die Gnade, sich der mittlerweile in Potsdam weilenden Zarin nochmals präsentieren zu dürfen. Sie nahm die Gelegenheit ihres Besuchs wahr, am 12. Oktober 1834 zum zweiten Mal einen Gottesdienst in der Alexander-Nevskij Kirche der russischen Kolonie zu besuchen, und Nikolaus lud, wieder zur Erinnerung an die Waffenbrüderschaft von 1813–15, für das folgende Jahr zu russisch-preußischen Manövern bei Kalisch. Spätestens aber 1838 konnte das Zarenpaar am Hof und in der Gesellschaft Ablehnung spüren. Schließlich antwortete Friedrich Wilhelm III. seiner Tochter auf eine Bemerkung über ausgetauschte Geschenke mit Bildern der preußischen und russischen Armee trotzig kühl: *Wenn es demselben (Nikolaus) beliebt, sich auf die verbindlichste Weise über das lebhafte Interesse auszudrücken, welches ich an seiner Armee nehme, so ist dies zu fest begründet, um sich ändern zu können.*

Als Friedrich Wilhelm III. dann im Sommer 1840 starb war der politische Riss zwischen Russland und Preußen unübersehbar geworden. Für die Kolonie Alexandrowka in Potsdam zeigte sich dies vor allem im nachlassenden Interesse des nunmehrigen Eigentümers der Kolonie, Friedrich Wilhelm IV., an den Pflanzungen, den Bauten und den Bewohnern. Von sentimentalen Bindungen an Russland weniger beeindruckt als sein Vater, löste dieser neue König 1846 sogar einen südlichen Teil unbebauten Koloniegeländes an der Jägerallee aus dem Besitz der Schatulle: *Ich will Meinem Kammerdiener Tiedke auf dem zur Colonie Alexandrowka gehörigen, früher dem Tataren Gemaloff zur Nutznießung überwiesen gewesenen, jetzt unbenutzten Grundstück von 2 Morgen 15 1/2 QRuthen, welches Ich ihm zum Eigentum überlasse, ein Haus nebst Zubehör zu dem in dem beiliegenden Auftrage berechneten Betrage von 13 037 Taler 19 Silbergroschen 8 Pfennige erbauen lassen, und habe den Finanzminister ermächtigt, diese Baukosten auf den reservierten Potsdamer Immediat-Bau-Fonds zu übernehmen, und davon 5 000 Taler sogleich und die übrigen 8 037 Taler 19 Silbergroschen 8 Pfennige in den Jahren 1844 und 1845 in gleichmäßigen Teilzahlungen dem Baurat Persius zu überreichen.*

Der „*Tatare Gemaloff*" (auch: „*Gemailoff*") aus Kazan war 1813 nach Preußen gelangt, als Gärtnergehilfe in Sanssouci angestellt und 1823 evangelisch getauft worden. Zu seinen Taufzeugen gehörte unter anderem der König von Preußen, Friedrich Wilhelm III., in höchsteigener Person, weshalb die Taufe des vom Islam zum Christentum konvertierenden Gärtnergehilfen „Achmet" auf die Namen „Friedrich Conrad Ludwig Diedrich" „*in Gegenwart Se. Majestät des Königs, der sämmtlichen Prinzen und Prinzessinnen und des ganzen Hofes; – Ihrer Majestät der Königin der Niederlande; – Ihrer Königl. Hoheit der Frau Kurfürstin von Hessen – Kassel; – Ihrer Königl. Hoheit der Frau Herzogin von Anhalt – Dessau pp.*" stattfand. Gemailoff starb in den 1830er Jahren. Die Umnutzung des Geländes für den Bau der Villa Tiedke sowie die dann erfolgende Verlegung der Straßenführung am südlichen Teil der Kolonie fanden 1866 Anerkennung im Urteil von Puttkamers: *Durch diesen Bau, so wie den daneben liegenden späteren für den Küchenmeister Piechofsky und seit 1860 für den pensionierten königlichen Kammerdiener Arend, ist eine äußerst gefällige Abgrenzung des Stadtgebiets gegen die Kolonie gewonnen und schliesslich mittelst Umlegung des chaussierten Weges nach dem Neuen Garten, hart an letztgenanntem Grundstück vorbei, eine Modifikation der ursprünglichen Anlage bewirkt worden, welche den Wagenverkehr erleichtert.*

Auch in anderer Weise zeigte sich die im Vergleich zu der demonstrativen Anhänglichkeit seines Vaters distanziertere Haltung des neuen Königs gegenüber Russland. Als am 22. August 1848 der Kolonist Uschakoff ohne berechtigten Erben starb, wurde seine Stelle nicht mehr mit nachgeborenen Söhnen von Sängern besetzt, wie es Friedrich Wilhelm III. gehalten hatte, sondern wurde auf Wunsch des neuen Königs einem „verdienten" Soldaten gegeben. Sie ging ab dem 1. April 1849 auf Lebenszeit an den Invaliden Peters vom Königsregiment in Stettin, dessen Chef Friedrich Wilhelm IV. war. Das 1. Garderegiment zu Fuß, dem einst der russische Sängerchor zugeordnet war und das immer noch die Oberaufsicht über die Kolonie innehatte, entwickelte sich angesichts dieser neuen Politik ihres Königs alsbald zu einem vehementen Anwalt der Kolonie, indem seine Kommandeure einerseits auf den baulichen Erhalt des Denkmals und die Fürsorge für ihre Bewohner im Sinne Friedrich Wilhelms III. als auch auf die Besetzung freier Stellen durch Mitglieder der Garde-Einheiten drängten.

Parallel zur politischen Abschwächung der preußisch-russischen Bündnispolitik lockerten sich auch die familiären Bindungen zwischen Russland und Preußen, verteidigte Charlotte/Alexandra doch als Zarin die Politik ihres Mannes. Nach dessen Tod im Jahr 1855 und der Thronbesteigung ihres Sohnes als Zar Alexander II. zog sie sich aus dem öffentlichen Leben zurück. Sie starb im Oktober 1860 im Alter von 62 Jahren. Weniger als ein Jahr später, am 27. Juni 1861, starb mit Dimitrij Sergeeff auch der letzte der ehemaligen russischen Sänger des Königs. Die Einschätzung des Oberst Puttkamer aus den 1860er Jahren, die Kolonie habe durch das Aussterben der russischen Sänger ihr militärisches Wesen inzwischen ganz verloren und werde nunmehr überwiegend von Zivilisten bewohnt, ist verständlich, denn von den acht Nachfahren der Sänger, die zu seiner Zeit Kolonistenstellen in der Alexandrowka innehatten, arbeiteten sieben in zivilen Berufen und waren die anderen Stellen mit Invaliden oder bürgerlichen Pächtern besetzt.

Puttkamer rechnete aus: *Die Zahl der Bewohner der Russischen Kolonie Alexandrowka als Kolonisten oder reguläre Mieter beträgt im Sommer 1865: 62 Personen, die ständig in der Kolonie leben, im Sommer zudem noch 20 fremde Familien als Som-*

Die Geschichte des 1. Garderegiments zu Fuß in Bildern 1854.
Links, Siebentes Bild von oben: Die Alexander-Nevskij-Kirche,
Rechts, Drittes Bild von oben: Die russischen Sänger des Königs

mergäste, so daß ca. 140 Personen sich im Sommer 1865 in der Alexandrowka aufhalten.

Erst nach Puttkamers Aufsätzen, im Oktober 1872, zog mit dem Feldwebel der Schlossgarde-Kompagnie Karl Friedrich Krause der erste Kolonist derjenigen militärischen Einheit ein, die dann bis zum Ende der Monarchie wieder einen militärischen – und Dank ihrer Gründungsgeschichte auch an Russland erinnernden – Charakter in der Alexandrowka prägte.

Doch bereits Friedrich Wilhelm III. schien nicht nur Freude an seinem eigenwilligen Denkmal gehabt zu haben. So hatte er sich von der Königlichen Porzellanmanufaktur Berlin (KPM) schon im Juli 1825 ein Service mit verschiedenen Motiven von Schlössern in Berlin und Potsdam, darunter auch vom „Russischen Haus bei Potsdam", d. h. von Nikolskoë, für seinen Sommerwohnsitz in Teplitz/Schlesien anfertigen lassen, und für verschiedene Pretiosen, Teller und Vasen taucht Nikolskoë dann in der Folge als Motiv königlicher Geschenke auf. Nach

Feldwebel der Schlossgarde und Pächter der Stelle Nr. 8 Karl Bohnert und Frau, um 1910

1827, nach der Errichtung der Russischen Kolonie Alexandrowka, änderte sich die Bezeichnung für Nikolskoë in den Kontobüchern der KPM in „Russisches Haus bei der Pfaueninsel". Ein Motiv „Russische Kolonie" bzw. „Alexandrowka" aber findet sich in den frühen Jahren der Kolonie nicht in den Büchern. Erst mit der Bestellung einer Vase für Prinzessin Luise 1834 und einer weiteren Vase unbekannten Bestimmungszwecks 1835 wurde wenigstens die Kirche der Kolonie in das Repertoire der königlichen Manufaktur aufgenommen. Im Wesentlichen aber tauchte die Kolonie seit ihrer Gründung fast ausschließlich als Kostenpunkt für die königliche Schatulle auf. Einschließlich aller Nachbesserungen, erster Reparaturen, Entschädigungen für Vorbesitzer und Anrainer während der Bauzeit und Erweiterungen innerhalb der ersten zwei Jahre, dem Bau der Kapelle für fast 20 000 Taler und dem Ausbau der Chausseen für 2 500 Taler war die Gesamtsumme der angefallenen Kosten im Jahr 1831 auf über 72 000 Taler angestiegen. Jährlich lagen die Kosten zur Unterhaltung der Kirche, für Reparaturen, die Hege der Grünanlagen und den Ersatz von Inventar in den Häusern bei etwa 1000 Talern. Die durch Wetterschäden oder mangelnde Pflege außerdem

nötigen Nachpflanzungen von 50, 100 oder fast 200 Obstbäumen pro Jahr waren keine Seltenheit. Zusätzlich hatte die königliche Schatulle für die Kolonie alle Grund- und Gebäudesteuern und Abgaben für die Landwirtschaftskammer der Provinz Brandenburg zu zahlen und war gegenüber der Stadt Potsdam zu Entschädigungszahlungen verpflichtet, da entgegen der sonst in Potsdam üblichen Praxis in der Kolonie selbst während der großen Manöver keine Soldaten einquartiert werden sollten. Durch die laufenden Kosten für die Gehälter der Nachtwächter, der Aufseher der Kolonie und des Landhauses bei der Kirche, den Entschädigungen für die mit den Verwaltungsschreiben befassten Regimentsschreiber und für die mit etwaigen Reparaturaufträgen beschäftigten Bauräte addierten sich die Ausgaben der königlichen Schatulle nach der Währungsreform von 1873 (1 Mark = 10 sgr = 1/3 Taler) zu einer permanenten Belastung von etwa 5 000–6 000 Mark pro Jahr. Größere Instandsetzungsarbeiten, wie der Anstrich eines Hauses einschließlich der Ausbesserung von Holzteilen, wurden 1913 auf durchschnittlich rund 1000 Mark pro Haus veranschlagt.

Schon am 13. Mai 1862 entledigte sich König Wilhelm I. daher in einer erneuerten Stiftungssatzung vor allem der Fürsorgepflicht für die Kolonisten und betonte stattdessen ihre Verantwortung sowohl für ihr eigenes Wohlergehen als auch für das äußere Erscheinungsbild der Kolonie. Das einst über 100 Posten zählende Inventar jeder Kolonistenstelle wurde auf 30 Posten reduziert. Am 18. Mai 1872 verfügte der inzwischen zum deutschen Kaiser gekrönte Monarch die Auflösung auch dieses letzten Inventariums und am 16. Oktober 1883 verkündete er, dass ihm der Unterhalt der Bäume des Denkmalensembles ebenfalls zu teuer sei. Ab diesem Zeitpunkt waren die Kolonisten für den Erhalt ihrer Gärten und Bäume selbst zuständig, nur die Bäume und Sträucher der öffentlichen Wege wurden noch durch die königliche Gartendirektion gehegt. Wenige Jahre später verordnete Wilhelm I. weitere drastische Einsparungen für die Kolonie, da er die enormen Reparaturkosten *„nur wegen des russischen Stils"* nicht mehr akzeptierte – und dabei hatte gerade Wilhelm in seiner Jugend den Zaren Alexander innig verehrt und aufrichtig betrauert.

Bereits seit 1858 war die sofort nach dem Einzug der Kolonisten als mangelhaft erkannte und dennoch beibehaltene „russische" Verschalung der Dächer mit Holz aufgegeben und Undichtigkeiten mit Steinpappe oder Holz geflickt worden. Ein Kompromiss zwischen dem für die Kolonie eintretenden Garderegiment und der königlichen Schatulle bewirkte dann immerhin die schrittweise Erneuerung aller Kolonistenhäuser in englischer und deutscher Schieferdeckung ab 1882. Auch die orthodoxen Gottesdienste in der Alexander-Nevskij-Kirche, die der Kaiser einstellen wollte, wurden auf Drängen des Garderegiments weiterhin abgehalten. Der Hinweis, man müsse sonst den letzten drei russisch-orthodoxen Gläubigen der Kolonie Fahrten nach Berlin zu den Gottesdiensten in der dortigen Gesandtschaftskapelle finanzieren, überzeugte. Auch nähmen *„noch andere hiesige Einwohner, sowie im Sommer häufig die Mitglieder der russischen Botschaft und durchreisende Russen an den Gottesdiensten theil"*, die wiederum ohnehin nur alle vier Wochen durch Personal und auf Kosten der russischen Gesandtschaft stattfänden, so dass sich die Ersparnis im Vergleich zu den drohenden Kosten und der moralischen Vernachlässigung der Gläubigen nicht lohne. Die 1897 folgende Idee des Schatullverwalters Geheimrat Miessner, die Kosten für den Unterhalt der Kirche und des Kirchenaufsehers der russischen Gesandtschaft zu übertragen, fand keine Ausführung.

Unter Kaiser Wilhelm II. wurde dann im Jahre 1892 erstmals über einen Verkauf der

Kaiser Wilhelm I., mit Friedrich (III.), links, Wilhelm (II.), rechts, und Urenkel Wilhelm, 1882

Kolonie bzw. einzelner Parzellen nachgedacht, wobei die ursprüngliche Stiftungsabsicht des hohen Verstorbenen nicht mehr als Hindernis angesehen wurde: *Die Stiftungsurkunde vom 10. April 1826, welche es allerdings als die Absicht König Friedrich Wilhelm III. kund gibt, mit der Gründung der Kolonie ein bleibendes Denkmal der Erinnerung an die Bande der innigen Freundschaft mit Kaiser Alexander I. von Russland zu stiften, wird einem solchen Vorgehen gleichwohl nicht entgegenstehen, nachdem beide Herrscher seit länger als einem halben Jahrhundert das Zeitliche gesegnet haben, und nachdem der ursprüngliche Zweck der Stiftung, den damals dem Ersten Garderegiment z. F. überwiesenen 12 Sängern ein Asyl zu gewähren, mit dem Aussterben dieser Leute und zum Teil auch bereits ihrer Nachkommen naturgemäß immer mehr verloren gegangen ist.*

Die Absicht des Schatullverwalters scheiterte zwar, doch wurde das langfristige Ziel nicht aus den Augen verloren. Ab 1893 verlieh man freiwerdende Stellen vorsorglich nicht mehr auf Lebenszeit, sondern verpachtete sie nur noch für die Dauer von 12 Jahren.

Wenn auch gegen Ende des 19. Jahrhunderts vereinzelt Hinweise auf den Denkmalcharakter der Anlage in der Literatur vorhanden waren und das „Inventar der Bau- und Kunstdenkmäler der Provinz Brandenburg" unter Verweis auf die Aufsätze Puttkamers die Kolonie und ihre Kirche 1885 „ als bleibendes Zeichen seiner (Friedrich Wilhelms III.) freundschaftlichen Beziehungen zu Kaiser Alexander von Russland" auflistete, so hatte sich doch dieses Wissen bei den Potsdamern und in den Reiseführern für die Residenz nie durchgesetzt. Eine noch vergleichsweise ausführliche, dafür außergewöhnlich falsche Beschreibung erlitt die Kolonie in der 1876 veröffentlichten Schrift „ Berlin – die deutsche Kaiserstadt nebst Potsdam und Charlottenburg": ... der Pfaueninsel gegenüber, liegt die russische Colonie Nikolskon, allmälig entstanden aus einem Blockhause, welches Friedrich Wilhelm dem russischen Kutscher der Königin Luise erbauen ließ. Die brüderliche Freundschaft, welche der König für den Kaiser Alexander empfand, bewog ihn zur Anlegung eines Dorfes für eine Anzahl Russen, welche nach Preussen übersiedelt waren. Bald erhob sich hier unter herrlichen alten Linden eine Gruppe solider Häuser aus Holz, nach russischem Vorbilde, und auf der Anhöhe eine nach Schadow's Plane erbaute Peter-Paulskirche, in byzantinisch moskowitischem Styl.

In den meisten Reiseführern hatte sich als Ursache der Koloniegründung bereits von Anfang an die – falsche – Überzeugung durchgesetzt, der König habe seinen russischen Sängern „ einen ihrer Heimath entsprechenden Wohnsitz" anweisen wollen, wobei die Anzahl der Kolonistenhäuser zumeist mit 11 angegeben wurde, da weder das lange Zeit als Gasthaus fungierende Haus des Unteroffiziers Jablokoff, noch das Aufseherhaus des preußischen Feldwebels und das Haus bei der Kirche mitgezählt wurden. Diese Zahl 11 und der knappe Hinweis, Friedrich Wilhelm III. habe geeignete Wohnungen für seine Sänger schaffen wollen, fand sich schließlich ab 1880 auch im Baedeker für die Stadt Potsdam, wurde in dieser Kürze für folgende Reiseführer übernommen und setzte sich als vermeintliches Standardwissen über die Koloniegründung durch. Jenseits dieser Überlegungen blieb das Denkmal für die Potsdamer „russisches Dorf" und „russische Kirche", ein zwar exotischer, jedoch längst nicht mehr fremder Teil in ihrer von Holländern, Franzosen und königlichen Phantasien geprägten Stadt. Populär blieb der Genuss der hübschen Idylle, in der man Erholung finden konnte, und diese Beliebtheit der Kolonie als Naherholungsgebiet ließ die Erforschung ihrer Gründungsgeschichte oder das Gedenken an die russische Waffenbrüderschaft nebensächlich werden. Wegen der zahlreichen Spaziergänger beantragte die Stadt Potsdam im Jahre 1899 für die Kolonie Alexandrowka sogar die Aufstellung einer modernen, öffentlichen Bedürfnisanstalt, was der Schatullverwalter allerdings empört ablehnte, da es ihm nicht passend erschien „an einer Stelle der Kolonie Alexandrowka, welche die Allerhöchsten Herrschaften zu Wagen und zu Fuß häufiger passieren, eine Bedürfnisanstalt anzulegen."

Das Gartenreich war vollständig in das Erscheinungsbild Potsdams integriert. Eine verwahrloste Ecke fiel nach 1900 den Potsdamern so negativ auf, dass sich ein „Gartenverschönerungsverein" 1905 anbot, den grünen Platz „zwischen der Spandauerstr. und der Alleestrasse, welcher zur Kolonie Alexandrowka gehört", durch Aufstellung eines Gitters zu verschönern. Verhandlungen mit dem Königlichen Gartendirektor wurden empfohlen, doch weiter gediehen die Pläne nicht.

Trotz ihrer Beliebtheit aber war das Vermietungsgeschäft innerhalb der Kolonie spätestens ab 1900 deutlich weniger einträglich. Die zunehmende Erschließung und Bebauung der Nauener Vorstadt seit der Mitte des 19. Jahrhunderts entwickelte sich zu einer nahen Konkurrenz. Die modernere und komfortablere Ausstattung der neuen Häuser senkte das Mietniveau, das die Kolonisten für ihre Stuben und Latrinensitze auf dem Hof fordern konnten, und Aufseher Paar konstatierte in einem Schreiben von 1912, *„die Mieten für moderne Wohnungen sind zwar in den letzten Jahren etwas gestiegen, für ältere dagegen nicht."* Zusätzlich gab er zu bedenken, dass die Nachfrage nach Sommerwohnungen in der Kolonie seit der um 1870 erfolgten Errichtung der Kaserne für das 3. Garde-Ulanen-Regiment in der Jägerallee stetig zurückgehe, da *„das häufige Geknatter der Maschinengewehre, (der) Staub vom Bornstedter Feld"* auf die Erholungsuchenden abschreckend wirke. Zwar blieb die Vermietung von vergleichsweise billigen Sommerwohnungen in der Kolonie üblich, doch hatte inzwischen jeder Bewohner auch einen regulären Beruf und fast jeder dauernde Untermieter, die sein Einkommen aufbesserten.

Um 1900 ließ Kaiser Wilhelm II. schließlich Aufsicht und Pflege der Königlichen Gartendirektion über das Lennésche Ensemble einstellen, und 1901 ging die Verwaltung auch der Straßen innerhalb der Kolonie Alexandrowka in die Verwaltung der Stadt Potsdam über. Wenigstens im südlichen Teil der Kolonie standen zu diesem Zeitpunkt bereits hohe alte Bäume und dichte Hecken, von denen schon der Reiseführer von 1854 geschwärmt hatte: *Das Dorf selbst ist sehr der Betrachtung werth. Alleen von herrlichen alten Linden und Ulmen*

Blick auf Haus Nr. 9 mit Kolonistenkindern und Arbeitern anlässlich einer Baumfällung, um 1917

Lilo Anisimoff im begrünten Hof des Hauses Nr. 9, um 1835

durchziehen es; die Häuser sind dicht von Grün umgeben...

Den Kolonisten wurde nun erlaubt, ihre Gärten nach eigenem Geschmack zu bepflanzen und Modernisierungen wie Gas-, Wasser- und Stromanschluss auf eigene Kosten vorzunehmen. Der Ingenieur, der um 1913 die Verlegung von Wasserleitungen im Auftrag des Garderegiments prüfte, machte in seinem Bericht auch Angaben über die erstaunlich hohe Anzahl der seiner Zählung nach ständig in der Kolonie vorhandenen Kolonisten, Gartenpächter und Mieter nebst ihren Kindern: *Die 14 zur Russ. Kolonie ge-*

hörigen Häuser wurden nach Angabe des statistischen Hauses in Berlin bei der letzten Volkszählung von 253 Menschen bewohnt, sodaß auf jedes Grundstück rd. 18 Menschen kommen …

Eine intensive Überholung aller Häuser, Dächer, Schornsteine, Herde, Öfen und Dachrinnen, wurde auf Initiative und Kosten der Schatulle um 1912 zur Rettung der Bausubstanz begonnen, hatte aber womöglich nicht nur einen wohltätigen oder kunstsinnigen Hintergrund. Denn nachdem die Überlegungen aus dem Jahr 1892, die Parzellen der Kolonie einzeln zu verkaufen, gescheitert waren, überlegte Wilhelm II. die Überführung des gesamten, teuren Denkmalsensembles in den von Rohdich'schen Legatenfonds, einer privaten wohltätigen Stiftung für Bedürftige der Garde. Er beauftragte den letzten Friedenskommandanten des Garderegiments, Oberst von Friedeburg, der sich wiederum an den königlichen Schatullverwalter wandte, die Einzelheiten der Stiftungsgrundsätze und eventuelle Hindernisse zu erörtern. Terminschwierigkeiten und der Beginn des Weltkriegs verhinderten weitere Schritte in dieser Richtung und am Ende des Krieges schätzte Wilhelm II. auch wieder seine kleine grüne Oase in Potsdam. Er verfügte, dass ebenso wie nach der Revolution von 1848 verdiente Soldaten bevorzugt und bei freiwerdenden Stellen künftig *„in erster Linie solche Unteroffiziere berücksichtigt werden sollen, die durch den Krieg schwer an der Gesundheit geschädigt und einer besonderen Fürsorge durch Überweisung einer Stelle bedürftig befunden werden."*

Die Ereignisse nach dem verlorenen Krieg, die Abdankung des Kaisers, Auflösung des Garderegiments und die Ausrufung der Republik beendeten schließlich die Verfügungsgewalt der Hohenzollern über ihr königliches Erbe und über ihr Denkmal der Freundschaft mit Russland.

Die Kolonie wird Staatseigentum

Nach anfänglichen Verwirrungen zwischen dem aus dem Kriege zurückgekehrten, dann aufgelösten 1. Garderegiment zu Fuß, dem Kriegsministerium und dem Finanzministerium, wurde die für die Kolonie zuständige Stelle Anfang 1919 ein Hofrat Nitz, Anfang der 1920er Jahre dann „Der Generalbevollmächtigte des vorm. Königs" und schließlich die „Schatull- und Vermögensverwaltung Seiner Majestät des Kaisers und Königs Wilhelm II.". Gemäß der letzten Anordnung ihres Dienstherrn bevorzugte diese Verwaltung nun bei der Vergabe freiwerdender Stellen in der Alexandrowka versehrte Unteroffiziere des verlorenen Weltkrieges und setzte wie früher, aber in bescheidenerem Umfang, die Reparaturarbeiten an den Häusern und an der Kirche der Kolonie fort. Kolonieaufseher Paar listete 1925 auf, welche Instandsetzungsarbeiten bei den Wohnbauten nötig geworden waren, dass die hölzernen Außentreppen zu reparieren, die Holzzäune, die Dunggruben und die Balkons auszubessern seien. Um Kosten zu sparen schlug er vor, dass *„hierzu an Stelle des Kiefernholzes vorzugsweise Akazien- oder Eichenholz genommen würde, das bedeutend haltbarer ist"*. Auch könnten durch die Durchforstung des Kapellenbergs und des Grundstücks bei Haus Nr. 11 aus den geschlagenen Bäumen sogleich einige Bretter und Balken zu den Reparaturarbeiten gewonnen werden, da eine solche Durchforstung bereits seit 25 Jahren nicht mehr stattgefunden habe, allein schon aus Gründen der Sicherheit aber sehr wünschenswert sei.

Die Stadtverwaltung Potsdam unternahm inzwischen einige Anstrengungen, die Kolonie stärker der Struktur der anderen Bezirke der Stadt anzugleichen, doch empfanden die Kolonisten ihre Heimat nach wie vor als einen besonderen Teil Potsdams und verteidigten bauliche Eigenheiten ihrer fast hundertjährigen Geschichte:

Potsdam, den 25. April 1920

Nachdem die Polizeiordnung betreffend Nummernschilder und Pfeile an den Wohnhäusern, wie ich bei der persönlichen Rücksprache mit dem Herrn Polizeirat am 23. d. M. vernommen habe, auch für die Kolonie Alexandrowka durchgeführt werden soll, gestatte ich mir zu bemerken, daß hierdurch keine Vereinfachung und Erleichterung für den Verkehr sondern geradezu eine große Verwirrung hervorgerufen würde ... Die Nummerierung der Häuser ist so angeordnet, daß man eine 8 abläuft, wenn man von 1 beginnend die Nr. bis 13 verfolgt. Nr. 14 liegt außerhalb der Straßen auf dem Kapellenberge neben der Griechischen Kapelle. Diese Anordnung ist die einzig mögliche, da die Häuser an 2 Straßen, die ein Andreas Kreuz darstellen und 2 Rundungen liegen. Durch Anbringen eines Pfeils würde es kommen, daß z. B. jemand der von Nr. 7 nach Nr. 13 will, den Umweg von den Häusern Nr. 8 bis 12 erst machen müßte, während die Nr. 7 und 13 direkt benachbart liegen. ...

Vielleicht läßt sich eine bessere Anordnung dadurch ermöglichen, daß bei Herausgabe eines neuen Adreßbuches dem Verleger empfohlen wird, an entsprechender Stelle des Straßenverzeichnisses eine Skizze einzufügen, aus der die Anordnung des Hausnummern ersichtlich ist. Unkundige mögen nachfragen.

Paar, Feldwebel und Aufseher

Paar setzt seine Argumente durch und der Polizeipräsident antwortete am 9. Mai 1921 kompromissbereit: *Ich bin damit einverstanden, daß es bei der bisherigen Numerierung der Häuser der Kolonie Alexandrowka bis auf weiteres sein Bewenden behalten soll. Auf die Anbringen von Schildern entsprechend der Polizeiverordnung vom 27. April 1920 kann jedoch nicht verzichtet werden, da diese Maßnahme im Interesse der öffentlichen Ordnung notwendig ist und* ihre Durchführung für den gesamten Stadtkreis Potsdam – also auch für die Kolonie Alexandrowka gleichmäßig vorgesehen ist. Ausnahmen können dabei nicht gewährt werden. Das Schild hat dem bei der Polizeidirektion ausgelegten Muster mit der Maßgabe zu entsprechen, daß ein Pfeil auf den Schildern nicht angebracht zu sein braucht. Die bisher vorhandenen Nummernschilder sind zu entfernen, die Namensschilder können mit Rücksicht auf ihren historischen Wert bestehen bleiben ...

Zur besseren Orientierung für Unkundige wurde gemäß dem Vorschlag Paars fortan im Adressverzeichnis Potsdams tatsächlich eine kleine Zeichnung der Kolonie mit der besonderen Nummerierung der Häuser eingefügt. In einer anderen Angelegenheit aber konnte sich Paar nicht erfolgreich behaupten. Im Jahr 1925 ließ die Stadt Potsdam die Querstraße durch die Kolonie für den zunehmenden Autoverkehr teeren, und von der Zunahme des Verkehrsaufkommens wurde das Idyll schlichtweg überrollt. Aufseher Paar beantragte daher bei der Polizeiverwaltung Potsdams, den Autoverkehr in der gesamten Kolonie zu sperren. Am 30. Juli 1925 begründete er gegenüber dem Polizeipräsidenten Potsdams seinen Antrag ausführlich und erklärte, dass der Autoverkehr gerade an Sonnabenden und Sonntagen in unerträglichem Umfang zugenommen habe. Er selbst sei *„nicht in der Lage, an solchen Tagen den Straßendamm zu überschreiten. Die Kolonie verliert hierdurch ihren Charakter als Erholungsstätte vollständig."* Dennoch wurde der Antrag von der Polizeiverwaltung am 13. August 1925 abgelehnt, weshalb sich Paar kurz darauf – vergeblich – an die Schatullverwaltung um Abhilfe wandte.

Zu diesem Zeitpunkt, 1925, hatten bereits alle Häuser bis auf das Haus Nr. 2 des Pächters und ehemaligen Feldwebels der Schlossgarde, Leutnant a. D. Karl Zschiesche, und das Haus Nr. 11 des erbberechtigten Georg Schischkoff eigene Wasserleitungen. Bereits 1921 hatten die betroffenen Kolonisten und Pächter ihr Einverständnis gegeben, den „Reservebrunnen" gegenüber dem Haus Nr. 1, der seit über 10 Jahren bereits verfallen und unbrauchbar war, zuzuschütten und zu beseitigen. Alle Kolonisten und Pächter bis auf Zschiesches in Haus Nr. 2 hatten sich mittlerweile auf eigene Kosten auch einen Stromanschluss in ihre Häuser legen lassen.

Als weitere bauliche Veränderung des äußeren Erscheinungsbildes der Kolonie wurde am 17. Mai 1923 in großer Feierlichkeit und unter starkem Publikumsinteresse am südlichen Ende der Kolonie, bei Haus Nr. 10, ein Denkmal für die im Krieg gefallenen Soldaten des 3. Garde-Ulanen-Regiment errichtet.

Auch die Nachfahren der russischen Sänger waren für Deutschland im Krieg. Ein

Denkmal des 3. Garde-Ulanen-Regiments, um 1945 verschollen

Sohn Jablokoffs hatte bei eben dem 3. Garde-Ulanen-Regiment gedient, Adolf Anisimoff war im Landsturm und beim Lazarettdienst gewesen, Georg Schischkoff diente zunächst bei den Garde-Jägern in Potsdam und nach 1918 als Fahnenträger im Verein ehemaliger Garde-Jäger. Nur wenig Gemeinsamkeiten verbanden diese ehemaligen Nachfahren russischer Soldaten noch mit dem Land ihrer Väter. Diese Entwicklung wohl berücksichtigend, erfuhr die Kolonie in den Lokalanzeigern Potsdams eine ausführliche Würdigung zu ihrem hundertjährigen Jubiläum. Am 22. April 1926 erschien im Berliner Lokal-Anzeiger ein Artikel von J. Haeckel und erinnerte an die bewegende Geschichte der königlichen Stiftung, betonte aber gleichzeitig, dass die einst russischen Kolonisten inzwischen „gute Deutsche geworden (sind), die in den Kriegen dem Vaterlande gedient haben. ..."

1919–1922 wurde die Alexander-Nevskij-Kirche zwar wieder als „Russische Kirche griechisch-orthodoxer Konfession" im Adressbuch Potsdams notiert, doch in einem Reparaturantrag des Aufsehers Paar vom 18. Juni 1925 berichtete er auch über die raren Tätigkeiten in der Kapelle nach dem Weltkrieg: Seit September 1924 ist zwar noch kein Gottesdienst wieder abgehalten worden, auch noch keine Nachfrage gewesen.

Am 1. April 1927 – fast auf den Tag 100 Jahre nach dem Einzug der russischen Sängersoldaten – wurde die Kolonie Alexandrowka aufgrund der Enteignung der Hohenzollern Staatseigentum und fortan vom Regierungspräsidenten des Regierungsbezirks Potsdam, III. Abteilung bzw. dem Hochbauamt 1 in Potsdam verwaltet. Dem bisherigen Aufseher Paar wurde angeboten, als Mieter in der Stelle Haus Nr. 1 zu verbleiben und einen Mietvertrag abzuschließen, doch er zog kurz danach aus. Ein Mietvertrag wurde auch Franz Dessow und seinen Schwestern für das Erdgeschoss der

Stelle Haus Nr. 14 (Kastellanswohnung des ehemaligen königlichen Landhauses bei der Kirche) angeboten, doch verließen auch sie bald das Haus. Die Privilegien der erbberechtigten Kolonisten und inzwischen „guten Deutschen" blieben hingegen in Kraft. Im November 1931 wurde vom Hochbauamt Potsdam bestätigt, dass die „Russenabkömmlinge Schischkoff, Anisimoff, Griegorieff und Jablokoff" weder Miete (Pacht) noch Steuern zahlten und dass sämtliche Abgaben, Steuern sowie Kosten für die bauliche Unterhaltung der Kolonie vom Staat getragen würden.

Auch 1932, im Zuge eines Briefwechsels zwischen der Regierung und der Stadt Potsdam über die Zuständigkeit für die Instandhaltung der Wege und Straßen, wurde bekräftigt: *Der Besitzer der Russischen Kolonie ist der Preussische Staat (früher die Krone). Für die Bewohner der Russischen Kolonie besteht ein besonderes Privileg, wonach die Grundstücke wieder an den Staat zurückfallen, sobald die betreffende Familie mit ihren männlichen Nachkommen ausstirbt. Die Bewohner sind somit nur Nutzniesser der Grundstücke. Der Preussische Staat ist im Grundbuch von Potsdams Nauener Vorstadt Blatt 134, in dem die Russische Kolonie verzeichnet steht, als Eigentümer eingetragen.*

Nach der Machtübernahme der Nationalsozialisten 1933 änderte sich an dieser Privilegierung der erbberechtigten Bewohner der Kolonie nichts. 1932 war die Russische Kirche im Adressbuch Potsdams das letzte Mal als eigenständige Kirche aufgelistet worden als „Russische Kirche griechisch-orthodoxer Konfession (Kolonie Alexandrowka)". 1934 wurde schlicht vermerkt, dass die Gemeinde „Kolonie Alexandrowka" nunmehr zur „Kaiserin-Auguste-Viktoria-Gedächtniskirche (Pfingstkirche), Große Weinmeisterstr. 49 a, Pfarrer Krummacher", gehöre. 1935 machte sich eine Tageszeitung die Mühe, den nach nationalsozialistischer Leh-

re angeblich nachweisbaren, nur noch geringen Anteil „russischen Blutes" bei den Nachfahren russischer Sänger genauestens nachzurechnen. Milka Fritsch stellte beruhigt fest: *Insgesamt gesehen ist aber in den heute hier Lebenden das deutsche Erbgut so stark vertreten, daß man blutmäßig keine stärkeren Einschläge mehr finden wird, als etwa bei den auch gerade in Potsdam nicht selten vorhandenen Nachkommen holländischer oder französischer Einwanderer.*

Der Artikel bewahrte die Kinder mit den russischen Namen allerdings nicht davor, wegen ihrer Vorfahren gehänselt zu werden.

Die Bewohner der Kolonie, die zu keinem Zeitpunkt eine homogene Gruppe Gleichgesinnter gewesen ist, aus nur noch vier Nachfahren russischer Sänger und sonst aus preußisch-deutschen Pächtern und Mietern bestand, bildeten keine geschlossene Anhängerschaft der nationalsozialistischen Ideologie. So war zwar die Mehrzahl der Bewohner in der NSDAP und einer, der wegen unterlassener Beflaggung gerügt worden war, beeilte sich sogar, schriftlich seine Treue zu den politischen Zielen Adolf Hitlers zu bezeugen. Ein anderer Kolonist beschäftigte während des Krieges auch polnische Kriegsgefangene als Zwangsarbeiter, die seinen Garten bestellen mussten, doch folgte er damit dem in Potsdam weit verbreiteten Beispiel aus Industrie und Handwerk.

Der junge Oberleutnant Dr. Fritzsche aber, der zeitweilig im Haus Nr. 3 der Kolonie wohnte und dem militärischen Widerstand um Graf Stauffenberg nahestand, nutzte seine Wohnung auch für zahlreiche vorsichtige Gespräche mit Kameraden, um den Kreis der Gegner Hitlers zu erweitern.

Den Nationalsozialisten diente die „russische" Kolonie offenbar ebenfalls. Der russische Schriftsteller Dmitri S. Lichatschow berichtete 1997 in seinen Memoiren von einem letzten Treffen mit seinem Freund Sergei Alexejewitsch Askoldow: *Danach habe ich ihn nicht mehr gesehen. Ich hörte nur, die Nazis hätten ihn in Nowgorod aufgegriffen und nach Deutschland gebracht. Er lebte in der Nähe von Potsdam im sogenannten „Russischen Dorf", wo es eine russische Kirche gab. ...*

Die Auflösung und Wiederentdeckung des Denkmals der Freundschaft

Mit dem Sieg der Alliierten und der Besetzung Potsdams durch die Rote Armee erhielt die Kolonie Alexandrowka 1945 zum zweiten Mal in ihrer Geschichte russische Soldaten als Einwohner, diesmal allerdings nicht in freundschaftlicher Anlehnung an gemeinsame Siege und Zeiten. In fast jedem Haus waren russische Soldaten einquartiert, die Mieter und Kolonisten wohnten zumeist in ihren Ställen und durften nicht einmal die Hauptwege der Alexandrowka benutzen. Die Rotarmisten hielten die Kinder in der Kolonie an, für sie Kerzen in der Kirche anzustecken, denn in die Alexander-Nevskij-Kirche war schon am 3. Dezember 1945 wieder ein Seelsorger und damit erstmals ein eigener Erzpriester, der Pfarrer Theodor Giljawsky, eingesetzt worden. Gern gesehen wurde der Besuch der Kirche von den Vorgesetzten der Soldaten jedoch nicht. Als Wohnung erhielt der Pfarrer das ehemalige königliche Landhaus bei der Kirche, das durch Verfügung des Kommandanten der Roten Armee in Potsdam am 20. November 1945 der russisch-orthodoxen Kirche in Potsdam übereignet wurde. Im „Verzeichnis der Einwohner, Firmen und Organisationen von Groß-Potsdam nach Straßen geordnet" wurde die Kolonie Alexandrowka 1947 nun nicht mehr wie bisher unter „A" für „Alexandrowka" geführt, sondern unter „R" für „Russische Kolonie" und die Liste der zur Kolonie zählenden Häuser reichte nur noch von 1 bis 13, da das Haus bei der Kirche nicht mehr zur Kolonie gehörte.

Für die Kolonisten begann mit den bald nach Kriegsende beginnenden Maßnahmen der Bodenreform ein jahrelanger Umbruch, der in zahllosen Briefwechseln und Aktennotizen die unterschiedlichen Auffassungen über den zukünftigen Verwendungszweck der Kolonie belegt. Der Vorschlag der Provinzialregierung des Landes Brandenburg war 1946 zunächst, die Gartengrundstücke in 60 Teile von ca. 1.000 qm aufzuteilen und den Angestellten der Landesregierung, Ausgebombten oder verdienten Antifaschisten als Nutzgärten zur Verfügung zu stellen. Eine Liste aller derzeitigen Bewohner und ihrer Verstrickungen mit den Verbrechen des Nationalsozialismus wurde erstellt und über Stellenenthebung, Neuvergabe und Aberkennung von Erbansprüchen nachgedacht. Freiwerdende Stellen sollten vor allem an Opfer des Faschismus und bewährte Widerstandskämpfer vergeben werden. Denunziation, üble Nachrede und die Chance auf private Vorteile sorgten für Ungerechtigkeiten und Unruhe, doch entsprechend den Vorschlägen der Landesregierung erreichten auch zahlreiche Anträge Ausgebombter, Verfolgter und Gegner des Naziregimes die zuständigen Stellen. Ausführlich begründeten diese Opfer und Gegner Hitlers, darunter der Potsdamer Vorsitzende der Vereinigung der Verfolgten des Naziregimes, ihre Anliegen und baten um Berücksichtigung, wenn die Neuverteilung der Stellen durchgeführt werden würde, doch noch war die Kolonie von der Roten Arme besetzt. Ein halbes Jahr bevor diese ihre Quartiere in der Kolonie räumte, meldete sich am 9. April 1949 der stellvertretende Chef der Sowjetischen Militäradministration, der für die Verwaltung des Landes Brandenburg in Wirtschaftsfragen zuständige Oberstleutnant Ponomartschuk, mit einer eigenen Idee. Er schlug vor, zum Andenken an die deutsch-russische Geschichte und Freundschaft den derzeitigen Kolonisten die Baulichkeiten und sonstigen Vermögen als Eigentum zu überlassen. Der Vorschlag wurde ebenso wie der Antrag der Provinzialregierung zur Teilung des Ensembles in Kleingärten abgelehnt.

Nach der Auflösung des Staates Preußen im Jahr 1947 wurde die Kolonie der neuen Provinzial-Regierung der Mark Brandenburg zugeordnet und am 11. Februar 1948 bestätigte hier das Innenministerium dem Finanzministerium, dass die Russische Kolonie gemäß der Verordnung über die Bodenreform in den Bodenfonds aufgenommen worden sei. Nachdem allerdings ein Streit über die Zuständigkeit und Zulässigkeit dieser Maßnahme entbrannte, einigten sich im Juli 1949 Minister Bechler, die Betriebsgewerkschaftsleitung und die Sowjetische Militäradministration, die Angelegenheiten der Kolonie der Landes-Boden-Kommission bei der Landesregierung und der Kreis-Boden-Kommission beim Rat der Stadt zur gemeinsamen Entscheidung zu unterstellen. Die Einigung verfügte außerdem, dass die Erbpächter in der Kolonie nur bleiben könnten, wenn sie Erwerbsgartenbau betrieben und politisch unbedenklich seien. Nach rund 120 Jahren und drei Regierungsformen endeten damit alle erb- und steuerrechtlichen Sonderregelungen für die Nachfahren der russischen Sänger.

Als die Rote Armee aus der Kolonie im Oktober 1949 abzog, begannen die Vermessungen zur Neuaufteilung des Geländes, und am 25. Februar 1950 wurde die Neuvergabe der Grundstücke zunächst ohne Berücksichtigung der vorhandenen Kolonisten beschlossen. Das Bodenkulturamt in Neuruppin erarbeitete einen Plan, durch die sechs Gärtnerstellen mit jeweils über 1 ha Land und vier sogenannte Hausstellen gewonnen werden sollten. Durch Verfügung des Wirtschaftsministeriums der brandenburgischen Landesregierung wurden danach am 18. September 1950 ca. 1,4 ha Land in Volkseigentum bzw. in insgesamt sechs gewerbsmäßige Gärtnerstellen überführt, de-

ren Rechtsträger die Liegenschaftsabteilung des Finanzministeriums der brandenburgischen Landesregierung war. Der Besitznachweis durch die Vermessungsverwaltung vom 30. Januar 1951 legte fest, sechs Berufsgärtnern ihre Häuser und die Grundstücke als Bodenreformeigentum, d. h. als gärtnerisch zu nutzendes, unverkäufliches und nicht verpachtbares Eigentum zu übergeben, betrieblich ungenutzte Flächen aber in „Eigentum des Volkes" umzuwandeln und die darauf befindlichen Häuser und kleineren Gartenstücke durch die Stadt Potsdam – als deren gesetzliche Eigentümerin – zu vermieten:

bei Stelle Nr. 4
stand der Gärtner Werner Hegemann
bei Stelle Nr. 5
der Gärtner Hans-Joachim Seeger
bei Stelle Nr. 7
der Gärtner Walter Grüttner
bei Stelle Nr. 8
der Gärtner Fritz Hempel
bei Stelle Nr. 10
Marie und Irma Ebert
bei Stelle Nr. 11
Erich Trümper, später Wilhelm Dudzinski.

Am 14. Februar 1951 meldete der Rat der Stadt der Landes-Boden-Kommission, dass die Neuaufteilung der Gartenstellen gemäß der Vorschläge aus Neuruppin beschlossen sei. Damit endete nach den Privilegien für die Bewohner auch die Lennésche Gartenkomposition. Das Landschaftsensemble Kolonie Alexandrowka, als Dorf mit Häusern und jeweiligen Gärten, wurde am 17. Mai 1951 aufgelöst und die Neuaufteilung des Bodens über alle überlieferten Grenzen hinweg durchgeführt.

Auf Beschluss der Sitzungen der Kreis-Boden-Kommission am 8. und am 12. Februar 1952 wurde am 23. Juni 1952 die letzte Neuvergabe der Grundstücke vorgenommen. Eine interne Überprüfung hatte einige Irrtümer bei der Vergabe der Stellen

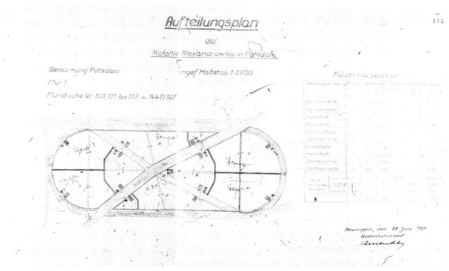

Plan zur Gartenverteilung, 1952

bekanntgemacht und ermöglichte nun Korrekturen, denn ein Kandidat war offenbar nur als zukünftiger Kolonist eingetragen worden, weil er der Neffe der zuständigen Sachbearbeiterin war, ein anderer, ein ehemaliger Kolonist, hatte sich als politisch untragbar erwiesen. Die Nachfahren der Sänger Schischkoff und Grigorieff wurden nun als Kolonisten bestätigt, dem Malermeister Anisimoff aber mitgeteilt, er habe einen Mietvertrag mit dem Ministerium für Finanzen abzuschließen, da er nicht Berufsgärtner sei und darum auch nicht Inhaber einer der Gärtnerstellen werden könne. Doch der besonderen Geschichte der Kolonie Alexandrowka blieben auch einige andere, ehemalige Bewohner verbunden. 1955 meldete sich der Enkel des letzten königlichen Aufsehers der Kolonie, Kurt Koch, aus Wuppertal-Vohwinkel, indem er in der seit 1954 in Westberlin erscheinenden „Potsdamer Tageszeitung" einen langen Artikel über die allmählich in Vergessenheit geratende Kolonie Alexandrowka und über seine Erinnerungen an die Kolonie veröffentlichte. Dazu

angeregt worden war er wiederum durch einen Leserbrief von Gertrud Schischkoff, der 1899 geborenen Tochter des Nicolaus Wassiliwitsch Georg Schischkoff, die inzwischen in Hamburg wohnte. Ebenso wie Karl Brasch aus Berlin-Grunewald, der seine Jugend in der Kolonie im Haus Nr. 13 verbracht hatte, und Else-Cita Dörries, geborene Jablokoff, die inzwischen in Mainz wohnte, nutzten diese ehemaligen Bewohner der Kolonie die „Potsdamer Tageszeitung" zur Erinnerung an die Heimat.

Der Tenor des Artikels, der in eben dieser Zeitung zur 150. Wiederkehr des Einzugs der russischen Sänger in Potsdam veröffentlicht wurde, dürfte ihnen aus dem Herzen gesprochen haben: ... *Es ist nicht bekannt, daß einer der russischen Soldaten wieder nach Rußland zurückgekehrt war. Nachforschungen sollen ergeben haben, daß sie alle ihre letzte Ruhe in Potsdam fanden. Es sei uns vergönnt, abschließend zu wünschen, die jetzt auf den Straßen Potsdams marschierenden Russen mögen in Rußland ihren Lebensabend beschließen ...*

58

Erst in den letzten Jahren der DDR rückte die Kolonie wieder stärker in das öffentliche Bewusstsein. 1977 wurde sie unter Denkmalschutz gestellt, zum „Schinkeljahr" 1981 wurde die russische Kirche restauriert, und die Schlösser- und Gartenverwaltung der DDR nahm das Bau- und Gartendenkmal „Russische Kirche" und „Russische Kolonie Alexandrowka" in ihre Listen sehenswerter Bauwerke der Schinkelzeit auf. Pläne zur weiteren Zerstückelung des Ensembles wurden nicht mehr realisiert, und seit Mitte der 1980er Jahren reiften schließlich Pläne zu einer umfassenden Restaurierung des Denkmals, die mittlerweile durch das zuständige Denkmalamt in Potsdam mit großem Engagement – wenn auch mit einigen Fehlern bezüglich der historischen Zusammenhänge – begonnen wurde.

Mit dem Einigungsvertrag zwischen der DDR und der BRD 1990 entstand keine radikal neue Situation für die Kolonie, allein die Einschränkungen des Bodenreformeigentums wurden zu Gunsten der vollständigen Verfügungsgewalt über das Eigentum abgelöst und einige der früher durch die Stadt vermieteten Häuser wurden verkauft. Seit 1999 ist die Kolonie Alexandrowka Teil des Weltkulturerbes, doch immer noch ist die Unkenntnis über ihren wirklichen Stiftungshintergrund verbreitet. Neben der populären Vermutung, die Kolonie sei errichtet worden für die russischen Sänger des Königs, liest man vereinzelt, sie sei eine Erinnerung Friedrich Wilhelms III. an seine Tochter Charlotte, die Großfürstin und Zarin Alexandra, sei ein Geschenk von ihr oder sogar des Zaren Alexander selbst gewesen oder sei eine bauliche Reminiszenz an die Revolutionsarchitektur Frankreichs, der die länglich-runde Form der Kolonie geschuldet sei. Diese Form, dies „Hippodrom", so die These, entspreche nämlich der Form des Pariser Marsfeldes von 1790, auf dem der erste Jahrestag der Französischen Revolution gefeiert worden war und auf dem am

10. April 1814 dann die Siegesparade über Napoleon stattgefunden habe. So einleuchtend die Theorie zunächst klingt, ist sie doch nur ein weiterer Irrtum über die Motive zur Gründung der Kolonie Alexandrowka, denn die Alliierten feierten ihren Sieg 1814 ja nicht auf dem staubigen Sand des abgelegenen Marsfeldes, sondern auf dem Platz Ludwig XV. bzw. der Place de la Concorde und den prächtigen Boulevards im Herzen von Paris. Prinz Wilhelm von Preußen und später Charles Vernet überliefern anlässlich einer Fahnenweihe auf dem Marsfeld im Jahr 1815 außerdem keine länglich-runde, sondern eine ganz und gar rechteckige Form für das seit 1790 häufig umgestaltete Feld.

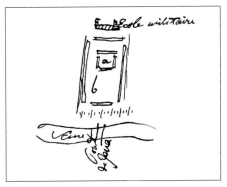

Handzeichnung Prinz Wilhelms anlässlich der Fahnenweihe auf dem Pariser Marsfeld 1815

Das friedliche Dorf Alexandrowka hat alle diese Irrtümer über seine Gründung und alle Wogen der Geschichte überdauert. Es ist ein Denkmal, wie Bischof Eylert die romantische Idee seines Königs verklärte, *„wie es aus Seinem liebevollen Gemüthe einfach und wahr hervorging und wie kein hoher Herr je dem andern in dieser Art es gesetzt hat. Es ist nicht prunkvoll und prächtig, aber gemüthlich und ansprechend; nicht imponierend, aber sinnig, so daß man Ihn daraus wieder erkennt und Ihn noch mehr lieb gewinnt ..."* – ein lebendiges Bild für die Sehnsucht des Königs nach Harmonie und Frieden und nach der Kraft des unbesiegbaren russischen Reiches auch im eigenen Land. Es ist ein blühendes Zeugnis einer besonderen Freundschaft zweier Monarchen in einer besonderen Zeit, in dem auch heute noch Nachfahren der russischen Sänger des Königs leben.

Die russischenSänger
in der Kolonie Alexandrowka

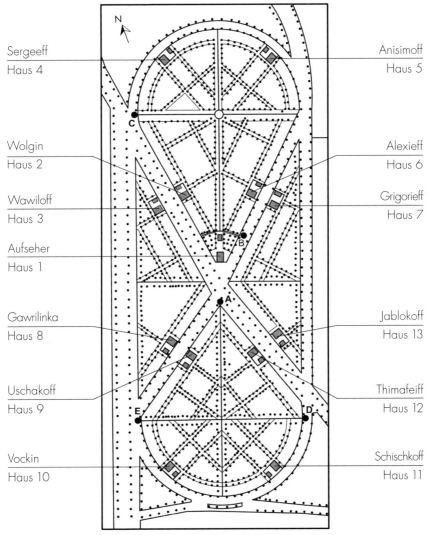

Schema der Stellenverteilung 1827 und der Lage der Brunnen A, B, C, D, E
auf der Basis des sog. Fintelmann-Plans, 1828

Familie Peter Alexieff

Aus den biographischen Angaben der Alexander-Nevskij-Kirche:

Name und Rang: Alexieff, Peter, Gemeiner
Geburtsort: Dorf Turgenjew bei Podolsk, Gouv. Moskau
Geburtstag: 20. Dezember 1786
Personenstand: verh. Potsdam (Hof- und Garnisonkirche) 10. Oktober 1826
Kinder: 1 Sohn, 1 Tochter
Todestag: 15. September 1859 (Grenadier-Lazarett)

Beginn der Dienstzeit im russischen Heer: 18. 2. 1807
die Länge der Dienstzeit in Russland: 5 Jahre 10 Monate
die Größe nach Zoll und Strich: 4,3 (zuzügl. 5 Fuß Standardmaß = 1,68 m)
an welchen russischen Feldzügen teilgenommen: 1809–12
an welchen preußischen Feldzügen teilgenommen: 1813–15

Der Leibkompagnie des 1. Garde-Regiments am 14. November 1812 zugeteilt.

Peter Alexieff kam als Kriegsgefangener des Feldzugs von 1812 nach Potsdam und wurde hier am 14. November 1812 zum russischen Sängerchor des preußischen Königs überstellt. Wegen tadelsfrei zurückgelegter 20 Dienstjahre beim russischen Militär wird ihm am 18. Februar 1828 das Ehrenzeichen des St.-Annen-Ordens verliehen, das nach seinem Tod nach Russland zurückgeschickt wird. Ob er russische oder preußische Gedenkmünzen für seine Teilnahme an den Kriegen 1812–1815 besaß, kann nicht mehr festgestellt werden.

Als einer der letzten russischen Sänger verheiratete er sich am 10. Oktober 1826 mit **Friederike Wilhelmine Ulrich** (1788–min. 1870). Es ist zu vermuten, dass den Sängern die Stiftungsbestimmung des Königs vom 10. April 1826 bekannt war, die nur verheirateten Sängern den Einzug in eine ei-

gene Kolonistenstelle in der Kolonie Alexandrowka erlaubte. Am 2. April 1827 bezieht er mit seiner Frau die ihm angewiesene Kolonistenstelle Nr. 6 (heutige Zählweise) in der Kolonie Alexandrowka. Er erhält an Gehalt monatlich 3 Taler 2 sgr 6 Pf außerdem Kleidung, Brot und kleine Montierungs-, d. h. Uniformstücke. Durch die Anfertigung und den Verkauf von Mützen ist er zudem als Handeltreibender ausgewiesen.

Kinder:

- <u>Nikolaus</u> **Petrowitsch**, geboren am 3. Dezember 1827 (griech.), Pate ist Se. Majestät der König, der 2 Friedrich d'Or Patengeschenk (20 Taler) überreichen lässt. Er erhält später evangelischen Unterricht und wird evangelisch konfirmiert.
- Wilhelmine Auguste, geboren am 17. April 1829 (ev.), die Patenschaft für sie lehnt der König ab, überreicht auch nur ein kleines Gnadengeschenk von 5 Talern.

Bereits im Juli 1828, im April 1829 und danach erst wieder 1844 annonciert Alexieff im „Potsdamschen Wochenblatt", dass er eine Sommerwohnung „nebst Balcon an einen einzelnen Herrn oder eine Dame" zu vermieten habe, wobei er als Hausnummer die Nummer 5 angibt und sich selbst als „Mützenmacher" bezeichnet. Im September 1829 ist Alexieff – nach Sergeeff im Vorjahr – der zweite Kolonist, der wegen erheblicher Wasserschäden in seinem Garten vom königlichen Gartendirektorium 74 neue Kirschbäume und vom König außerdem 10 Taler Entschädigung bekommt.

Ob seine Wohnungsanzeigen zu den gewünschten Vermietungen geführt haben, ist schwerlich nachweisbar, unbestritten ist, dass er nicht in jedem Jahr Pächter oder Mieter hatte. Er versucht, auch auf andere Weise sein Einkommen aufzubessern. In der Rubrik „Verkaufsgegenstände" des „Potsdamschen Wochenblatts" annonciert er im März 1838 ohne Namensnennung den Verkauf von Kartoffeln und eines Sofas.

Im Februar 1841 wird Alexieff gemeinsam mit Stierakoff und Vockin zum Kommandeur der Leibkompanie bestellt, denn in einem Streit war der Vorwurf erhoben worden, Alexieff habe bei Uschakoff Äpfel und Birnen gestohlen. Mit einer dringenden Verwarnung, alle drei Streitparteien im Falle wiederholten, geringfügigen Streits in Arrest zu nehmen, wird die Angelegenheit beigelegt. Nachdücklich bittet der Kommandeur des Regiments, ihn mit derlei Zankereien unter den Kolonisten zukünftig in Ruhe zu lassen und wenn nötig nur den Kommandeur der Leibkompanie zu Hilfe zu rufen.

Wohlfeil hingegen formuliert Alexieff ein Bittgesuch, Abhilfe gegen die Überschwemmungen in seinem Garten zu veranlassen:

Hochwohlgeborener Herr!
Besonders hochzuehrender Herr Obrist und Kommandeur, Gnädiger Herr!

Euer Hochwohlgeboren wollen mir gnädigst erlauben nachstehendes Gesuch gehorsamst vortragen zu dürfen.

Vor mehreren Jahren wurde zur Entwässerung der niedrig gelegenen Gärten der Russischen Colonie ein Abzugsgraben nebst Bassin längs des Gartens des Grenadiers Uschakoff angelegt und derselbe späterhin in grader Linie an meinem Garten entlang bis zum Schragen verlängert. Dieser Graben sowohl als auch das Bassin hatten zwar die Bestimmung meinen Garten und die Gärten meiner Nachbarn vor Überschwemmung zu sichern, allein die große Wassermasse, welche im Frühjahr bei eintretendem Tauwetter, nicht nur von dem Pfingst- und Kapellenberge sondern ganz besonders von dem Bornstädter Felde (?) über den Fahrweg nach der Colonie strömte, konnte in dem Bassin und Graben nicht Platz finden und überschwemmte daher die angrenzenden Gärten alljährlich mehr oder weniger. In dem Zeitraum von 14 Jahren, in welchem ich in der Colonie wohne, ist mein Garten zwar alle Frühjahr überschwemmt gewesen, allein in dieser Zeit viermal so bedeutend,

daß mir ein großer Schaden an meinen Obstbäumen erwachsen ist. Denn vor etwa 8 Jahren verlor ich durch das angesammelte Wasser, welches mehrere Monate lang beinahe zwei Fuß hoch in dem größten Teil meines Gartens gestanden hatte, einige 70 tragbare Obstbäume. Ich erhielt zwar damals eine gleiche Anzahl junger Bäume frei geliefert, allein nicht nur diese sondern auch noch mehrere größere Bäume gingen im nächsten Frühjahr durch das hohe Wasser wieder ein und da mir fernerhin keine jungen Bäume mehr bewilligt wurden, so mußte ich solche auf meine Kosten wieder anschaffen. Dasselbe Unglück traf mich zum drittenmal vor etwa 4 Jahren, wo mir abermals durch das hohe Wasser einige 60 schöne Bäume eingingen, die bereits schon 5 bis 6 Jahre reichlich Früchte getragen hatten. Auch diese mußte ich, wenn ich Nutzen aus meinem Garten ziehen wollte, durch junge Bäume ersetzen und letztere ebenfalls für mein Geld ankaufen. Kaum waren diese indes soweit herangewachsen, daß ich mir einen geringen Ertrag daraus versprechen konnte, so wurden leider durch das hohe Wasser in diesem Frühjahr wieder einige 40 Stück davon vernichtet und damit war alle meine Mühe und Kosten wieder verloren. Der Herr Feldwebel Riege wird die Wahrheit meiner Aussage bezeugen können, da derselbe sich zum Öfteren davon durch Augenschein überzeugt hat. Ich bin zwar sehr gerne bereit, in die Stelle der in diesem Frühjahr eingegangenen Bäume wiederum junge auf meine Kosten anzukaufen und keine Mühe und Arbeit zu scheuen, um meinen Garten wieder in gehörigen Stand zu setzen, wenn ich nur die Gewißheit hätte, daß mein Garten für die Folge vor Überschwemmungen gesichert werden wird.

Euer Hochwohlgeboren erlaube ich mir daher ganz gehorsamst zu bitten, es gnädigst zu veranlassen, daß diesem Übelstande für die Folge abgeholfen und der andrängenden Wassermasse ein geeigneter

Abfluß verschafft werde. Ich glaube, daß dies mit wenigen Kosten zu erreichen sein wird, wenn ein Graben auf der linken Seite längs der Jäger-Allee bis zum Elysium hin verlegt und am Ende der Colonie, in der Gegend des Schragens ein Bassin ausgegraben würde, in welches das von dem Bornstädter Felde strömende Wasser Aufnahme finden wird.

In der frohen Hoffnung, daß Euer Hochwohlgeboren meine gehorsamste Bitte gnädigst berücksichtigen werden, verharre ich in tiefster (?)

Euer Hochwohlgeboren gehorsamster Diener
Grenadier Alexieff, Kolonie Alexandrowka, den 11. Oktober 1841

Auch Lenné äußert sich zu dem Vorschlag, gibt aber zu bedenken, dass ein Bassin von wirklich ausreichender Größe gar nicht anzulegen sei. Er schlägt vielmehr vor, einen tieferen Abzugsgraben auszuheben, der dann durch den neuen Garten des Königs bis zum See führen solle, doch lehnt der König die Idee ab. Sie ist ihm zu teuer. Alexieff, solle sich wieder an ihn wenden, wenn er finanzielle Einbußen hätte wegen des Wassers.

Peter Alexieff gilt als außerordentlich fleissig und ordnungsliebend, der sich gut führt, doch ist er in Potsdam nicht heimisch geworden. Am 30. Juni 1855 stellt er beim Garderegiment den Antrag, seinem Sohn bereits zu diesem Zeitpunkt die Stelle zu übertragen und ihn selbst finanziell bei seinem Wunsch zu unterstützen, nach Moskau zurückzukehren. Er begründet seine Bitte damit, in der Heimat sterben zu wollen, um in russischer Erde beerdigt zu werden. Der Antrag wird abgelehnt.

1856 erhalten Alexieffs 20 Taler wegen eines Brandschadens, vermutlich im Zusammenhang mit dem niedergebrannten Nachbarhaus Nr. 7 (heutige Zählweise).

Der russische Übersetzer August von Viedert, der 1855 über seine Erlebnisse in der Kolonie berichtete, erwähnt den russischen Sänger Alexieff nur am Rande: ... *Die Sache ist die, daß von den ursprünglichen Kolonisten nur 2 alte Männer übrig geblieben sind: Sergejef und Aleksejef. Alle Kinder der russischen Siedler weisen nichts Russisches mehr auf.*

Nicht nur, daß sie kein Wort Russisch verstehen, sie sind auch in jeder anderen Beziehung zu Deutschen geworden, was ganz natürlich ist, weil ihre Mütter Einheimische waren. Sergejef und Aleksejef sind auch mit deutschen Frauen verheiratet.

Ersterer, der wahrscheinlich nie ein tapferer Soldat war, steht jetzt, wie man sagt, unter dem Pantoffel seiner Frau, einem zänkischen, geizigen Weib. Kinder hat er keine. Aleksejef hat einen Sohn. Für ihn ist die russische Sprache, wie für die gesamte übrige junge Generation der Kolonie, etwas Wundersames.

Am 15. September 1859 stirbt Peter Alexieff im Grenadier-Lazarett in Potsdam am Schlagfluss. Dem Sohn Peter Alexieffs, dem Schneider **Nikolaus Alexieff**, wird die Stelle Russische Kolonie Nr. 6 fünf Tage nach dem Tod seines Vaters, am 20. September 1859, übergeben. Nach dem Bericht des Kolonieaufsehers Riege gilt er bei sonst guter Führung als etwas arbeitsscheu. Er bezieht als Schneider ein Gehalt von 54 Talern im Jahr. Außer ihm als Kolonisten und Stelleninhaber steht im Adressbuch der Stadt Potsdam für das Jahr 1861 auch die Assessor-Witwe Meinert als Mitbewohnerin der Stelle Haus Nr. 6. Seine Mutter wohnt vermutlich ebenfalls noch in dem Haus, und nach einem Eintrag im Melderegister der Stadt Potsdam zieht am 6. Oktober 1869 auch deren Schwester, Minna Ulewsky, mit ihren drei Töchtern zu ihr. Alle Ulewskys und auch die Witwe Wilhelmine Alexieff verlassen am 2. April 1870 das Haus Stelle Nr. 6. Ihr weiteres Schicksal ist unbekannt.

Der Kolonieaufseher Riege bestätigt, dass das einstöckige Haus in einem guten Zustand ist und früher höchstens für die Sommermonate für ca. 50 Taler vermietet war. Nikolaus Alexieff vermietet ebenfalls Sommerwohnungen, für die er je nach der Anzahl der gemieteten Räume und die Dauer des Mietverhältnisses zwischen 90 und 130 Taler im Jahr erhält. Der Garten aber, laut Riege früher der beste in der ganzen Kolonie und ausgezeichnet bewirtschaftet, sei durch mannigfache Überschwemmungen ruiniert. Er sei, so Riege, inzwischen fast baumleer, und sein Reinertrag könne auf höchstens 30 Taler jährlich veranschlagt werden, dennoch kann Nikolaus Alexieff ihn schließlich für 30 Taler jährlich verpachten.

Da Nikolaus keinen berechtigten Erben hat, verzichtet er auf das Privileg, sein Leben in der Kolonie zu beenden und zieht mit Einverständnis des Kaisers und Königs am 25. Januar 1877 in die nahe Eisenhartstraße. Am 13. Februar 1877 wird dem Feldwebel im 1. Garderegiment zu Fuß, Heinrich Wachholz, die Stelle auf Lebenszeit übergeben. Im Adressbuch Potsdams für das Jahr 1882 wird Nikolaus Alexieff nicht mehr erwähnt.

Familie Peter Anisimoff

Aus den biographischen Angaben der Alexander-Nevskij-Kirche:

Name und Rang: Anisimoff, Peter, Gemeiner
Geburtsort: Dorf Beklemischew bei Dimitriewsk, Gouv. Moskau
Geburtstag: 21. Dezember 1775
Personenstand: verh. Berlin (Russische Gesandtschaftskapelle) 5. September 1824
Kinder: 1 Sohn, 1 Tochter
Todestag: 26. Dezember 1827

Beginn der Dienstzeit im russischen Heer: 7. April 1807

die Länge der Dienstzeit in Russland: 8 Jahre 7 Monate
die Größe nach Zoll und Strich: 5,0 (zuzügl. 5 Fuß Standardmaß = 1,70 m)
an welchen russischen Feldzügen teilgenommen: 1812; 1813–15
an welchen preußischen Feldzügen teilgenommen: −

Der Leibkompagnie des 1. Garde-Regiments am 15. November 1815 zugeteilt.

Peter Anisimoff gehörte dem russischen Grenadier-Regiment „König von Preußen" an und wurde erst nach dem zweiten Feldzug gegen Napoleon zum russischen Sängerchor des Königs überstellt. Für seine Verdienste erhielt er die russischen Gedenkmünzen des Feldzugs von 1812 und der Einnahme von Paris 1814. Wegen tadelsfrei zurückgelegter 20 Dienstjahre beim russischen Militär wurde ihm am 18. Februar 1828 postum auch das Ehrenzeichen des St.-Annen-Ordens zuerkannt und nach Bekanntwerden seines bereits erfolgten Ablebens vorschriftsmäßig nach Russland zurückgeschickt. Auch der ehrenvolle Abschied aus russischen Diensten erreichte ihn 1830 nicht mehr.

Es scheint, dass Peter Anisimoff sich bald nach seiner Überstellung nach Potsdam mit **Luise Mückenheim** anfreundete, sie allerdings nicht heiratete. Obwohl kein Geburtseintrag für seinen ersten Sohn in den Hof- und Garnisonkirchenbüchern Potsdams existiert, beweist die spätere Anerkennung des Sohnes als Erben die frühe Vaterschaft Anisimoffs im Jahr 1817. Auch seine erste Tochter wird unehelich geboren, doch steht für sie in den Büchern trotz einiger Verwirrung über ihren Namen, ihr Geschlecht und den Namen ihres Vaters eindeutig Peter Anisimoff eingetragen, denn „Zum Vater erklärt sich persönlich Peter Anisimoff, Russischer Sänger beim 1. G. Rgt z. Fuß".

Luise Mückenheim bekommt zwischen 1817 und 1824 insgesamt vier uneheliche

Kinder, von denen nachweislich wenigstens zwei von Peter Anisimoff waren.

Kinder:
Karl Friedrich, geboren am 17. November 1817 (ev.)
Auguste Wilhelmine, geboren am 16. November 1820 (ev.)
Paul Friedrich Albert (1822–9. Januar 1823) und eine totgeborene Tochter (14. Juli 1824)

Am 5. September 1824 heiratet Peter Anisimoff Luise Wilhelmine Mückenheim in der Kapelle der russischen Gesandtschaft in Berlin. Gemeinsam bekommen sie nur einen ehelich gezeugten Sohn, der am 29. September 1825 in den Hof- und Garnisonkirchenbüchern Potsdams als *„Totgeborener Sohn des russischen Sängers Anisemo"* notiert wird. Trotz seines langjährigen unmoralischen Verhältnisses wird Anisimoff von König Friedrich Wilhelm III. mit einer Kolonistenstelle in der Kolonie Alexandrowka bedacht und zieht mit seiner Familie am 2. April 1827 in das einstöckige Haus Nr. 5 (heutige Zählweise). Er erhält monatlich 3 Taler Gehalt.

Bereits im Winter des Jahres bittet seine Frau wegen der schweren Krankheit ihres Mannes um Unterstützung und erhält diese auch, doch Peter Anisimoff erholt sich nicht mehr. Als erster Kolonist stirbt er am 26. Dezember 1827. Als Todesursache wird in die Kirchenbücher *„Unterleibsschwindsucht"* eingetragen.

Entgegen der eindeutigen Stiftungsbestimmungen des Königs, nur ehelich gezeugte Nachkommen für die Kolonistenstellen in der Alexandrowka zu akzeptieren, wird **Karl Friedrich Anisimoff** als Erbe anerkannt und seine Mutter verpflichtet, die Stelle bis zur Volljährigkeit des Erben zu bewirtschaften. Es fällt ihr offensichtlich nicht leicht. Eine kleine Militärpension, auf die sie wegen des frühen Todes ihres Mannes hofft, wird ihr nicht bewilligt, sondern auf die Möglichkeit

hingewiesen, sich im Bedarfsfall mit Bittgesuchen an den König zu wenden. Zusammen mit dieser Antwort erhält sie 10 Taler, und der preußische Aufseher der Kolonie, Feldwebel Riege vermerkt, wofür sie das Geld ausgegeben hat:

Ist verwendet worden			
Leinwand zu Hemden	2	Thl	– sgr
Überrock	1	Thl	15 sgr
Halstuch	1	Thl	– sgr
Schuhe	1	Thl	– sgr
Strümpfe 2 Paar			20 sgr
Jacke			20 sgr
Lebensbedürfniß	3	Thl	5 sgr
	10	Taler	

Ihr Ersuchen, außer dem Sohn auch die Tochter ins Militär-Waisenhaus in Potsdam geben zu dürfen, wird am 28. August 1828 abgelehnt. Die Tochter sei derzeit das einzige Kind in ihrem Haushalt, für das die Mutter gemäß der geltenden Gesetze durchaus sorgen müsse.

1845 berichtet der Aufseher Riege anläßlich des Antrags auf finanzielle Unterstützung zur Verheiratung der Tochter, diese sei *„ . . . seit 1839 teils im Dienst bei verschiedenen Herrschaften und teils bei der Mutter. Jetzt im Dienst bei dem Wagenbaumeister Herrn Jacobi, ihre Führung war früher nicht zu loben, denn sie hatte vor ihrer Dienstzeit als junges Mädchen einmal ein Paar Schuhe gestohlen, wofür sie durch des Königs Stadtgericht mit 8 Tagen Gefängnis bestraft wurde. Wie ich vermutete, so hatte die Mutter viele Schuld, von ihren Herrschaften ist mir über ihr Verhalten keine Klage zugegangen, vielmehr ihr Fleiß gelobt."* Die stattgefundene Verheiratung wird am 14. Mai 1846 sorgfältig registriert.

Die Witwe Anisimoff erhält am 10. Juni 1828 die ihr zustehende Inventarien-Kuh, deren Empfang sie mit drei Kreuzen bestätigt. Da sie aber Bedenken hat, das Tier versorgen zu können, gibt sie die Kuh mit Einverständnis des Regiments am 14. Oktober 1828 an den Kirchenältesten Tarnowski weiter.

Als Mieter wohnt seit dem 2. Oktober 1829 der ehemaliger Soldat des 12. Infanterieregiments, der Invalide Friedrich Nickel, mit seiner Frau und vier Kindern bei der Witwe Anisimoff. Um zusätzlich etwas zum Lebensunterhalt zu verdienen, übernimmt sie mit Genehmigung des Garderegiments am 16. Februar 1830 das Lampenanzünden in der Kolonie Alexandrowka, muss diese Aufgabe aber bereits im Mai 1831 wieder aufgeben, da ihr beim Hochklettern zu den Laternen schwindlig wird. Ihr Auskommen scheint sie kaum gefunden zu haben, denn häufig schickt sie Bittgesuche: ... *Beikommend übersende ich Euer Hochwohlgeboren in Allerhöchstem Auftrage das Immidiat-Gesuchs der Witwe des Russischen Sängers Anisimoff um eine Unterstützung als Entschädigung für den Nachteil, welche sie durch den strengen Winter und durch die nunmehrige Überschwemmung ihres Gartens erleiden mußte, mit dem ergebenen Ersuchen, mir Ihre gutachtliche Meinung unter Rückgabe der Anlage gefällig mitzuteilen, ob und wieviel ihr wohl an Unterstützung zu gewähren sein möge. Ich bitte dabei zugleich zu berücksichtigen, daß die Bittstellerin bereits im April 1828 eine Unterstützung von 10 Taler, im Dezember desselben Jahres 5 Taler und im Dezember 1829 wiederum 5 Taler erhalten hat und daß die Entscheidung auf ihr gegenwärtiges Gesuch Bezugnahme zur Folge haben wird.*

Berlin, den 26. März 1830
gez.: von Witzleben

Ihre Geldsorgen scheinen sie lange Zeit begleitet zu haben, denn im „Potsdamschen Wochenblatt" findet sich inmitten der Anzeigen junger Frauen und Mädchen im August 1840 plötzlich auch ein Dienstgesuch der Anisimoff: *Eine Person von gesetzten Jahren, die schon lange gedient und mit der Küche und Hausarbeit, so wie mit der Wäsche Bescheid weiß, sucht bei einer guten Herrschaft ein unterkommen; Näheres zu erfragen in der russischen Colonie nahe am Capellenberg, bei der Wittwe Anisimoff.*

Den gesamten Garten hat die Witwe seit dem 1. April 1837 auf 4 ½ Jahre gegen eine jährliche Pacht von 50 Talern an den Gärtner Grund vermietet, der dem Aufseher als pünktlich zahlender Pächter, als fleißig und ordentlich bekannt ist. Wie die anderen Kolonisten, die im nördlichen Teil der Alexandrowka wohnen, klagt auch Grund wegen der alljährlichen Wasserschäden und erhält daher 1841 eine Entschädigung von 10 Talern.

Als ihr volljährig gewordener Sohn 1841 die Stelle in Besitz nimmt, bittet die Witwe um einen Vorschuss auf die 50 Taler, die den hinterbliebenen Witwen gemäß § 4 der Stiftungsurkunde vom 31. März 1827 bei der Übergabe der Kolonistenstelle zuständen, doch wird das Gesuch abgelehnt, da sich die Witwe über die näheren Bestimmungen der Auszahlung offenbar im Irrtum befand. Die Summer stand nur hinterbliebenen Witwen zu, die das Inventar der Häuser an das Garderegiment zurückgaben, nicht aber Witwen, die die Stelle für ihre erbberechtigten Söhne bewahrt und diesen dann übergeben hatten!

Der erbberechtigte Sohn, **Karl Friedrich Anisimoff**, wird unterdessen im Potsdamer Militär-Waisenhaus erzogen, kommt danach drei Jahre in die Schulabteilung des Lehr-Infanterie-Bataillons, dient 2 Jahre und einen Monat in der 10. Kompagnie des 2. Garderegiment zu Fuß, wird aber 1840 als „unbrauchbar" entlassen. Mit einer **Henriette Adolph** hat er ein uneheliches Kind, das seine Mutter im Dezember 1840 zur Pflege nimmt und das vor 1848 stirbt. Während seiner Militärzeit wird er wegen „Unordent-

lichkeit" mit sechs Monaten Festungshaft bestraft, wobei kürzere Festungshaft wegen Schuldenmachens, längere Haft auch wegen Vergewaltigung, Blutschande, „Sodomiterei" oder Bigamie verhängt wurde und die Arbeit in einer Garnison bei nächtlichem Arrest bedeutete. Kurz vor Vollendung seines 24. Lebensjahres – seiner Volljährigkeit – wird ihm am 2. November 1841 seine Erbfolge für die Kolonistenstelle Haus Nr. 5 zugesichert und Haus und Garten werden ihm im Februar 1842 offiziell übertragen. Außer seiner Mutter, die das Haus auch weiterhin bewohnt, sind als Mieter Karls in dem einstöckigen Haus im Jahr 1842 drei weitere Personen nachweisbar.

Am 24. April 1842 heiratet Karl Friedrich Anisimoff die Mutter seines Kindes, Henriette Karoline Adolph (27. August 1813– 23. September 1853), nach Angaben Karls die Tochter eines verstorbenen Weinbergsbesitzers, nach ihrem Taufschein aber Tochter des Schullehrers Wilhelm Gottlieb Adolph aus der Stadt Prittag (Przytok) im Landkreis Grünberg/Schlesien. Da er als ehemaliger Zögling des Waisenhauses nach den dort 1824 erlassenen Statuten insgesamt sechs Jahre zu dienen verpflichtet ist, muss er 1842 noch drei Jahre und 11 Monate bei der Armee dienen. Er bittet um seine Versetzung zum 1. Garderegiment zu Fuß, um in der Nähe der Alexandrowka stationiert zu sein und seine Stelle Nr. 5 durch seine Frau bewirtschaften zu lassen. Das Gesuch wird abgelehnt, doch ausnahmsweise erhält er vor der Zeit seinen Entlassungsschein. Es wird ihm bescheinigt, dass er *„wegen temporärer Unbrauchbarkeit zur Disposition der Aushebungs-Behörde gestellt sei und in dem Führungsattest war gesagt, daß er in der 2 Jahre und 1 monatlichen Dienstzeit sich die Unzufriedenheit seiner Vorgesetzten zugezogen hat."*

Gemeinsam haben Karl und Henriette nach dem ersten, unehelichen Kind weitere Kinder:

Emma Louise Juliane, geboren am 4. April 1843

Anna Alexandra Rosalie (22. Mai 1845– April 1846)

<u>Gustav</u> Friedrich Carl, geboren am 8. Mai 1847

Friedrich Wilhelm Adolf (26. Juli 1849 – 14. November 1870) Anisimoffs Gesuch, ob der König nicht die Patenschaft für diesen Sohn übernehmen wolle, wird im August abschlägig beschieden, ein Gnadengeschenk von zwei Friedrich d'Or (20 Taler) aber überreicht.

Olga Pauline Clara, geboren am 14. Februar 1853

Das friedliche Zusammenleben der Generationen scheitert. Seine Mutter beschwert sich nachdrücklich beim Aufseher der Kolonie, ein förmlicher Bericht und reger Briefverkehr folgen, den die Witwe mit Hilfe einer *„Frau Götze aus der langen Brücke"* bestreitet, da sie selbst nicht schreiben kann. Sie beklagt unter anderem, dass sie zu Gunsten der Mieter ihres Sohnes ihre Stube räumen und auf dem Dachboden des Hauses schlafen muss.

Am 18. April 1842 erstattet Aufseher Riege der vorgesetzten Dienststelle, dem 1. Garderegiment zu Fuß, ausführlich Bericht: *Bei der Übergabe der Witwe Anisimoffschen Kolonistenstelle an ihren Sohn den Karl Anisimoff ist ihr weder Stube noch Bett bestimmt, ich habe einmal mit demselben hierüber gesprochen und ihm gesagt, daß er als Sohn doch nicht seine Mutter verstoßen würde, denn dem Sohn läge die Verpflichtung ob, wenn die Mutter keine Mittel zu ihrem Unterhalt besitze, nach Maßgabe seines Vermögens dieselbe zu ernähren. Dieses versprach er auch zu tun. Und jetzt habe ich denselben abermals gesprochen und er ließ sich dahin aus, daß er, was seinem Tisch vermöge auch seiner Mutter ernähre, die aber damit nicht zufrieden, sondern auch Geld verlange, welches er zu geben nicht hätte, auch wolle sie willkürlich wirt-*

schaften, was bei seinem dürftigen Anfange nicht ginge, daß er die kleine Stube vermietet, würde man ihm wohl nicht versagen können, da die Mutter in den früheren Jahren dasselbe getan und in den Sommermonaten auf dem Boden gewohnt habe. Seine Lage wäre jetzt zu kümmerlich, als daß man ihr die halbe Miete geben könne. Ich sprach auch mit der Witwe Anisimoff und fragte, ob sie denn von ihrem Sohn nichts zu essen bekäme, sie erwiderte, Essen habe er ihr zwar gegeben aber gestern keinen Kaffee, sie wäre aber in ihren Kleidungsstücken so herunter und die müsse er ihr doch geben. Ich sagte ihr, es sei schwer zu geben, wenn man selbst nichts habe.

Was die Braut des Anisimoff betrifft, so ist mir dieselbe als ein fleißiges und wirtschaftliches Mädchen geschildert und ich habe in der kurzen Zeit ihres Hierseins bemerkt, daß sie ein Streben zeigt vorwärts zu kommen und ihre ökonomische Einrichtung der Schwiegermutter nicht gefallen mag ...

Der Kommandeur des Garderegiments lässt daraufhin der Witwe mitteilen: Moralisch wie gesetzlich liegt den Kindern ob, ihre alten und arbeitsunfähigen Eltern nach Kräften zu erhalten, das wäre also auch in Beziehung des Anisimoff zu seiner Mutter der Fall, wenn sie nämlich arbeitsunfähig wäre. Da sie mir auf der einen Seite nicht in einem vorgerückten Alter erscheint und auch arbeitsfähig mir vorkommt, so tut der Sohn, indem er seine Mutter verpflegt, ihr auch die Wohnung gewährt, die sie früher freiwillig inne hatte, nach seinen Kräften und die Mutter kann keine Geldunterstützungen von ihm verlangen. Um für ihre Bekleidung und andere Bedürfnisse zu sorgen, kann die Mutter auf Arbeit gehen, die hier für fleißige Leute nicht fehlt. Ebenso ist es Sache der Mutter, daß sie sich mit der Schwiegertochter verträgt.

Nach zahlreichen Klagen der Mutter gegen ihren Sohn im Laufe des Jahres 1842 wird der Witwe schließlich beschieden, sie solle endlich Ruhe geben und habe nicht mehr Anspruch als auf Nahrung und Obdach, was sie ja erhalte. Ein Gnadengeschenk von 25 Talern wird ihr ausgehändigt, da sie wirklich sehr verarmt sei. Aus einer Aktennotiz des Aufsehers Riege aus dem Jahr 1847 geht hervor, dass sie auch arbeitet: Die Witwe Anisimoff wird in der Küche der Schulabteilung beschäftigt, wofür sie monatlich 3 Taler und täglich Mittagessen erhält. Hierdurch hat sie ihren Unterhalt und ist nicht in so bedrängter Lage wie sie in dem Immediatsgesuch angegeben. Feuerung braucht sie nicht, weil sie bei ihrem Sohn eine warme Stube, zwar gemeinschaftlich mit demselben hat. Was ihre Kleidung anbetrifft, so ist solche in einem schlechten Zustand, weil sie (?) und nicht ordentlich mit umgeht, Winterkleidung ist ihr allerdings nötig, dieselbe sich selbst zu beschaffen, ist sie aber mittellos.

Weiterer Streit zwischen der Mutter und ihrem Sohn wird nicht mehr aktenkundig. Sie stirbt am 13. Juni 1849.

Karl Anisimoff scheint streitlustig gewesen zu sein, denn auch mit einem seiner Mieter, dem Koch Kückelhahn, hat er 1844 Ärger. Julius Kückelhahn bezieht als früherer Koch des verstorbenen Herzogs Carl von Mecklenburg-Strelitz eine stattliche Pension von monatlich 20 Talern. Der Zwist um ausstehende Mietzahlungen, denen Familie Kückelhahn den Vorwurf des Diebstahls durch Anisimoff entgegenhält, endet schließlich vor dem Potsdamer Stadtgericht. Aufseher Riege bescheinigt dem Anisimoff bei dieser Gelegenheit ein zänkisches, leicht erregbares Gemüt und immerhin habe er ja bereits früher eine sechsmonatige Festungshaft erhalten. Dieses Mal aber, so urteilt Riege, hätten die Kückelhahns provoziert. Anisimoff gewinnt den Prozess und im Oktober 1844 ziehen Kückelhahns aus. Bei einem weiteren Streit um die Vermietung einer Wohnung im Sommer 1873 an eine Witwe Eplinius und deren Tochter, eine *„figurierte Pflugmacher geborene Eplinius"*, entscheidet sich auch der nunmehrige Aufseher Jahn, die Partei Anisimoffs zu unterstützen, denn er selbst kenne ihn nur als *„ordentlichen Kolonisten"*, der wisse, was sich gehöre. Die Tochter der Eplinius aber unterhalte ein uneheliches Verhältnis, das weder Anisimoff noch er duldeten.

Der Garten der Stelle Nr. 5 bleibt durch die fortgesetzten Überschwemmungsschäden wirtschaftlich fast unbenutzbar und wiederholt zahlt das 1. Garderegiment Entschädigungen. Zwar ermahnt Kommandeur von Gayl den Anisimoff zu mehr Wirtschaftlichkeit, weiss aber auch, dass der Garten ruiniert ist. Er bestätigt in einem Schreiben aus dem Jahr 1844, dass *„ Anisimoff, solange er im Besitz der Stelle steht, noch nie zu einem verhältnismäßigem Ertrag derselben gelangt"* ist, obwohl er in der letzten Zeit äußerst fleißig war. Der Grund für den schlechten Zustand des Gartens könne darum nicht allein in der Person des Kolonisten oder seiner Gartenpächter liegen *„ … da namentlich der letzte Pächter erhebliche Verbesserungen, nicht allein durch angelegte Bewirtschaftung, sondern auch durch verstärkte Anpflanzung von Birnen bewirkt hat, sondern er ist in den fast jährlich im Frühjahr eingetretenen Überschwemmungen zu suchen, die den Boden unfruchtbar machen, die Bestellung und das Gedeihen der Früchte hindern und das Ausgehen sämtlicher, nun schon fünfzig nachgepflanzten Obstbäume bewirken."* Auch Aufseher Riege bestätigt, dass der Garten der Anisimoffs nicht durch schlechte Bewirtschaftung in einem elenden Zustand ist, sondern *„durch die Überschwemmungen, die mit wenigen Ausnahmen fast jährlich nach beendigtem Winter eintraten, den Garten ruiniert* (haben)*, wodurch auch die Bäume ausgegangen und der Boden ausgezehrt wurde … Solange diesem Übel, den Überschwemmungen, nicht abgeholfen ist, können Bäume auch*

nicht fortkommen." Riege schließt seinen Bericht mit dem Gedanken: *„Es wäre wohl zu wünschen, wenn für das Grundstück was geschehe, damit es gegen die anderen Kolonisten Gärten nicht so kahl aussehe, zur Instandsetzung desselben fehlen ihm alle Mittel und auch die Lage erforderliche Kenntnis."*

Um seine Familie zu ernähren vermietet Anisimoff nicht nur Haus und Garten, sondern arbeitet auch als Tagelöhner. Von der Witwe Grigorieff pachtet Karl außerdem für jährlich 2 Taler noch ein Stück Land hinzu, dennoch wendet sich seine Frau in ihrer Verzweiflung über die wirtschaftlichen Verhältnisse der Familie am 25. Mai 1847 an den Kommandeur des Regiments:

Hochwohlgeborener! Hochzuverehrender Herr Oberst Leutnant! Gnädiger Herr!

Verzeihen Euer Hochwohlgeboren meiner Dreistigkeit, daß ich es wage, diese Zeilen an Sie zu richten. Meine traurige Lage und die schreckliche Aussicht in diesem Jahr veranlaßt mich als Frau die Feder zu ergreifen und Euer Hochwohlgeboren um dero Gnädigen Beistand zu flehen. Wir besitzen nämlich in der Russischen Colonie ein Grundstück, das mein Mann vor 5 Jahren, nach der Verpflichtung beim Militär, von seiner Mutter übernommen hat, wo wir mit Schulden unseren Anfang haben machen müssen, indem die Mutter meines Mannes als Witwe und schwächliche Frau der Wirtschaft nicht so vorstehen konnte, und vieles vernachlässigt werden mußte, so daß wir von Anfang uns nur kümmerlich darin ernährt haben. Mein Mann hat es zwar schon zweimal gewagt, an Sr. Majestät unseren Allergnädigsten König zu schreiben und um eine Summe als Vorschuß zu bitten, um uns aus unserer traurigen Lage zu reißen, die wir gern erbötig sind, wieder zu erstatten, wenn nur Zeit gelassen wird, uns zu erholen, wo uns aber jedesmal durch den Herrn Feldwebel bekannt gemacht wurde, daß es uns abge-

schlagen wäre. Durch den Herrn Feldwebel erhielten wir zwar das eine Mal durch die Gnade Sr. Majestät unseren allergnädigsten König 10 Taler, die uns zwar zum Einkauf der Aussaat mit zur Hilfe kamen, aber nicht hinreichten alles zu bestellen. Mein Mann ist, um uns bei der Teuerung nicht dem Hunger preiszugeben, als Arbeitsmann und bei dem schweren Winter für einige Groschen des Tages in Arbeit gegangen, jeden Dreier, den ich noch erübrigen konnte, habe ich mit zur Aussaat verwendet, jede Kartoffel, die wir gegessen haben, habe ich erst die Keime ausgestochen und jetzt in die Erde gelegt, sie gingen alle auf und ich dachte, wenn die Kartoffeln davon auch nur Schwächlinge werden, so wird es doch etwas werden. Erbsen, Bohnen, kurz jedes Korn zur Aussaat mußte für Geld angeschafft werden, dadurch nun kamen wir zwar in Schulden, ich hatte aber immer die Hoffnung, daß wir in diesem Jahr endlich nunmal nach so vielen Jahren trauriger Aussicht unsere Mühe belohnt werden würde. Aber Gott hat es mit uns anders beschlossen, unsere Prüfungszeit soll noch nicht vorüber sein. Denn am vergangenen Himmelfahrtstage bei dem fürchterlichen Regenguß ist uns jede Hoffnung zu Grunde gerichtet. Das Wasser kam von allen Seiten wie eine Schleuse auf unser Grundstück zugestürzt, der Graben, der an unser Grundstück weggeht, trat über und riß dadurch aus und jede Hoffnung zur Rettung war verloren, jeder Keim, jedes Korn wurde mit weggespült. Es war das zweitemal, daß uns das Unglück in diesem Jahr traf, solange wie wir die Wirtschaft haben, haben wir das Unglück mit dem Wasser gehabt, so daß es nicht möglich ist, einen Baum auf dem untersten Teil des Gartens fortzubringen, indem kein Düngen dabei hilft, da das Wasser jede Kraft auszieht. Auf dem oberen Teil, wo es abläuft, hätten wir so gerne schon die ganzen Jahre Spargel angelegt, aber alle Jahre, so lange wir das Grundstück haben, haben wir mit Trockenheit oder Nässe zu kämpfen ge-

habt, so daß uns immer die Mittel dazu fehlen. Die Abhilfe mit dem Graben ist uns schon die ganzen Jahre versprochen worden, aber bis jetzt ist noch nichts geschehen. Seit 2 Monaten hat mein Mann nicht können auf Arbeit gehen, um den Garten zu bestellen, weil ich hochschwanger nicht alles vorstehen konnte, wo also nichts verdient wurde. Dazu kam noch, daß meine Entbindung auch vor 14 Tagen eingetreten ist, wo ich trotz meiner Schwäche täglich nach Futter außer unserem Bereich für unsere eine Kuh, die wir noch haben, gehen muß. Eine Kuh haben wir schon im vorigen Herbst verkaufen müssen, weil wir gar nichts aus unserem Garten der Trockenheit wegen gewinnen konnten, die hätte uns auch den Winter mit ernähren können. Die Kuh, die ich noch behielt, hat auch keine Milch gegeben, da sie mit uns den Hunger teilen mußte. Auch verlor ich durch den Tod eines meiner Kinder, was recht gut aufgehoben ist, aber nur dadurch, daß es nicht im vorigen Jahr seine Abwartung hatte, da ich die ganze Wirtschaft, den Garten, das Vieh und alles allein zu besorgen hatte, indem mein Mann auf Arbeit ging und meine Kinder sich selbst überlassen waren. Mein Ältestes hat jetzt das Fieber, ich bin aber nicht im Stande, die Medizin machen zu lassen, um es davon zu helfen. Das Neugeborene hat noch nicht die Taufe erhalten können, da ich kein Geld habe, es taufen zu lassen. Dazu kommt noch, daß ich die Wohnung, die ich mitunter als Sommerwohnung vermietet habe, auch noch leer zu stehen habe.

Meine untertänigste Bitte geht nun dahin, Euer Hochwohlgeboren um die Gnade anzuflehen, sich unserer dringenden Not zu erbarmen, ein gutes Wort zu unserer Hilfe und Unterstützung einzulegen. Ich bin überzeugt, wenn unsere Lage nur Ihro Majestät unserem Allergnädigsten König von der richtigen Seite dargestellt wird, daß Ihro Majestät uns dero Gnade und Hilfe nicht versagen wird, wir unterwerfen uns jeder Unterstützung.

Nochmals Euer Hochwohlgeboren um gnädige Nachsicht bittend, daß ich es gewagt habe dieses Schreiben an Euer Hochwohlgeboren zu übersenden, und sollte ich einen Verstoß in diesem Schreiben gemacht haben, so wird Euer Hochwohlgeboren gewiß mit Nachsicht und Gnade denken, es ist eine Frau, die es geschrieben und die Fülle ihres Herzens die Feder geführt hat.

Durch dero Hochwohlgeboren Gnade recht baldige Hilfe erwartend verharre ich zusein
dero untertänigste Dienerin
Henriette Anisimoff

Dazu erfolgt am 27. Mai 1847 der Bericht des Aufsehers Riege an den seit dem 27. März 1847 nun zuständigen Regimentskommandeur Oberst Herwarth von Bitterfeld, worin er ihr Elend und die unglückliche Lage ihres Gartens zwar bestätigte, gleichzeitig aber zählte er auch auf, dass das Ehepaar bereits viermal Unterstützung erhalten hätten. Anisimoffs erhalten schließlich wiederum ein Geldgeschenk, doch eine endgültige Lösung des Problems, eine endgültige Verbesserung ihrer Sorgen um den Garten wird nicht herbeigeführt. Auf seinen Wunsch und mit königlicher Erlaubnis tauscht Karl Friedrich Anisimoff darum am 25. Januar 1848 seine Stelle Haus Nr. 5 gegen die seit 1843 vom russischen Soldaten Iwanow Jahn bewohnte Stelle Stelle Nr. 9. Er vermietet die zwei nach vorne liegenden Zimmer seines neuen, ebenfalls einstöckigen Hauses Nr. 9, wofür er ab 1856 zwei dauernde Mieterinnen, 1864 die Untermieterin Witwe Meinert, geborene Klein, gewinnt. Der besser gelegene Garten wird nun ebenfalls gut gepflegt und bewirtschaftet und gibt laut Eintragungen in den Akten einen Reinertrag von jährlich 60 Talern.

Henriette Anisimoff, geborene Adolph, stirbt am 23. September 1853. Karl Friedrich Anisimoff heiratet 1854 erneut und erhält dazu 20 Taler Unterstützung aus der Königlichen Schatulle. Seine zweite Frau wird **Juliane Louise Caroline Adolph** (3. November 1810 Prittag/Schlesien–1882 Potsdam). Aufgrund eines (Fuß-)Leidens seiner nunmehrigen Frau bittet er am 17. Dezember 1855, den fast neunjährigen Sohn Gustav aus 1. Ehe in das Annaburger Erziehungsinstitut geben zu dürfen, doch altersbedingt wird seine Aufnahme frühestens für den 4. Dezember 1856 in Aussicht gestellt. Nach nochmaliger Prüfung der Angelegenheit wird das Gesuch 1857 vom Kriegsministerium abgelehnt, denn die Karl seinerzeit erteilte Erlaubnis zur vorzeitigen Entlassung aus dem Militärdienst spricht nun gegen die Aufnahme seines Sohnes in eine privilegierte Anstalt.

Karl Friedrich Anisimoff stirbt im 65. Lebensjahr am 8. März 1882. Am 5. Mai 1882 werden gemäß der Neuregelung über das Inventar die verbliebenen Inventarstücke der Stelle Haus Nr. 9. verkauft, und die Witwe Anisimoff erhält 150 Mark als Gnadengeschenk. Sie verlässt das Haus am 30. Mai 1882 und zieht in die Spandauerstr. 17.

Ihrem ältesten Sohn, <u>Gustav</u> Friedrich Carl Anisimoff, wird die Stelle am 1. Juni 1882 zugesprochen. Er hatte in Berlin das Schneiderhandwerk gelernt, kehrte am 24. Mai 1866 vorübergehend nach Potsdam zurück und diente danach fünf Jahre lang beim Garde-Husaren-Regiment. Nachdem er am 22. Juni 1871 als Reservist entlassen wurde, kam er zunächst wieder zurück ins Elternhaus, übersiedelte aber schon am 27. Juni 1871 wiederum nach Berlin, wo er sich mit **Johanna Wilhelmine Caroline (Minna) Jagdmann, verwitwete Hübner,** (18. Oktober 1838–30. März 1926) verheiratete.

In ihrer Wohnung in der Oranienstr. 64 in Berlin kommen ihre beiden Kinder zur Welt:

<u>Adolf</u> Heinrich Carl, geboren am 18. Oktober 1874

Klara, genannt Clärchen, geboren am 10. Mai 1876

Nach der Übernahme der Kolonistenstelle durch die Familie beurteilt der Kolonieaufseher Gustav Anisimoffs Charakter als unbescholten. Nur kurz nach Beendigung seiner Dienstzeit habe er mit seinem Vater und seiner Stiefmutter in Unfrieden gelebt und sei ein Trunkenbold gewesen. Als erste Kolonisten lassen sich Anisimoffs 1911 für die Malermeisterwerkstatt Adolf Anisimoffs Telefon legen und gemeinsam mit anderen Kolonisten erhalten sie 1913 die Erlaubnis, ihr Haus auf eigene Kosten an Elektrizität und an die städtische Kanalisation anschließen zu dürfen.

Gustav Anisimoff stirbt im 69. Lebensjahr am 12. April 1916. Am 25. Mai 1918 wird der Witwe gemäß der Verfügungen aus der Stiftungsurkunde des Jahres 1827 und den Erweiterungsurkunden von 1862 und 1882 150 Mark Übergabegeld ausgezahlt. Sie bleibt in der Stelle Haus Nr. 9 wohnen.

Ihr erbberechtigter Sohn, der Malermeister **Adolf Anisimoff**, heiratete **Klara Selma Anna Grahl** (26. März 1870–26. November 1950), die 1901 einen eigenen Wohnungseintrag für die Nauener Communication 28, 1903 auch für die Moltkestr. 52 hat, und bekommt mit ihr drei Kinder:

Frieda Emma Martha, (12. August 1897–14. Februar 1983)
Lisbeth Frida Emma (Lisa) (15. Dezember 1903–1984)
Carl Adolf Gustav Anisimoff, geboren am 25. Dezember 1905.

Zu seiner Beruhigung erlebt Adolf Anisimoff noch die Bestätigung ihrer Privilegien als Nachfahren der Sänger des Königs nach der Übernahme des einstigen Hohenzollernbesitzes durch die Weimarer Republik. Stolz posiert er am 100. Geburtstag der Kolonie Alexandrowka im Jahr 1827 mit zwei der insgesamt nur noch drei anderen Nach-

fahren russischer Sänger, die zu diesem Zeitpunkt noch in der Kolonie leben, mit Schischkoff und Grigorieff. Er stirbt im 55. Lebensjahr am 19. März 1929.

Sein Sohn, **Carl Adolf Gustav Anisimoff**, war zweimal verheiratet. Seit Juli 1929 zunächst mit **Elisabeth Charlotte (Lilo) Mayenburg** (23. Januar 1902–22. Juni 1985), doch 1937 wird die Ehe geschieden. Ab 1938 ist er mit **Herta Ida Luise Schmidt** (15. Mai 1911–4. Januar 1972) verheiratet. Aus diesen Ehen hat er zwei Töchter:

Alexandra Else Steffi (geboren am 27. April 1935)
Gisela (21. Juli 1941–26. August 1997).
Sein zu früh geborener einziger Sohn **Peter** (3. Januar 1944–16. Januar 1944) stirbt kurz nach seiner Geburt.

Nach den Stiftungsbestimmungen des Jahres 1827 drohte der Familie nun mit dem Tod Carl Anisimoffs der Verlust der Stelle.

Insgesamt haben die Anisimoffs in jenen Jahren keine Untermieter, die im Adressbuch der Stadt Potsdam als reguläre Mitbewohner verzeichnet wären. 1932 taucht außer der Witwe Klara (Clärchen) Kallweit, geborene Anisimoff, noch der Name des Versicherungsbeamten Gerhard Stiebe auf, der Carls Schwester Lisbeth heiratet und während der Nazizeit Mitglied der SS wird. Nach 1945 in Kriegsgefangenschaft, verschwindet er eines Tages spurlos, und Lisbeth zieht daraufhin zurück in ihr Elternhaus.

Carl Anisimoff ist 1933–35 für kurze Zeit Mitglied der SA, aus der er allerdings wegen mangelndem Engagement ausgeschlossen wird. 1939 wird er Mitglied der NSDAP. Während des Krieges ist er Hilfspolizist für den Luftschutz in Potsdam und wird daher nicht zur Wehrmacht eingezogen. Er baut mit Genehmigung des Regierungspräsidenten und auf eigene Kosten seine Kolonistenstelle aus. Zunächst erhält er am 4. Januar 1936 die Genehmigung zur „superinventarischen" Errichtung einer Garage auf dem Grundstück, dann im Herbst 1941 die Genehmigung zum Bau eines Luftschutzkellers im Anschluss an den vorhandenen Keller. Nach dem Krieg zieht die Familie zunächst in den Stall, da die Rote Armee das Haus beschlagnahmt. Nach deren Auszug im Oktober 1949 wird die Kolonie in die Bodenreform einbezogen und alle Kolonisten auf ihre politische Zuverlässigkeit hin überprüft. Zwar kann Carl Anisimoff kein überdurchschnittliches Engagement für die Nazis nachgewiesen werden, doch gibt es Denunziationen gegen ihn aufgrund der SS-Zugehörigkeit seines Schwagers. Da er zudem kein Gärtner ist, werden seine Privilegien und sein Gartenland eingezogen zur Neuaufteilung der Kolonie im Sinne der Bodenreform. Anisimoff versucht vehement, sich und seiner Familie das Haus und den Garten zu erhalten. Gemeinsam mit den nur noch zwei anderen noch lebenden Nachfahren russischer Sänger in der Kolonie, Schischkoff und Grigorieff, beschwert er sich am 25. Oktober 1950 über die Missachtung ihrer besonderen Geschichte und ihrer über 100 Jahre alten Rechte, moniert am 29. Oktober d. J., dass üble Nachrede und unrichtige Behauptungen über ihn verbreitet worden seien und unterschreibt mit anderen langjährigen Kolonisten am 3. September 1951 eine gemeinsame Klage wegen der Neuaufteilung der Grundstücke in der Kolonie. Doch anders als Grigorieff und Schischkoff wird Anisimoff per Bescheid vom 8. Februar 1952 kein zusätzliches Gartenland zuerkannt, sondern festgestellt, dass er einen regulären Mietvertrag für das Haus abschließen muss. Er weigert sich beharrlich. Nach einem letzten Protest wird Carl Anisimoff am 29. April 1953 durch den Rat der Stadt Potsdam schriftlich mitgeteilt, dass sämtliche Privilegien der Kolonisten und der Kolonie Alexandrowka bereits seit der Verordnung der Bodenreform vom 6. September 1945 erloschen seien. Er kauft darum

das Haus Nr. 9 im Jahr 1956, geht aber bereits 1958 nach Berlin (West). Seine Frau und beide Töchter folgen 1960 und das verwaiste Haus wird fortan durch die Stadtverwaltung Potsdam vermietet.

Carl Anisimoff, der letzte männliche Erbe des russischen Sängers Peter Anisimoff, stirbt im 61. Lebensjahr am 13. Mai 1966.

Seit dem Ende der DDR kämpfen seine Töchter Gisela und Alexandra um die Rückübertragung ihres väterlichen Erbes an ihre Familie. Am 4. Oktober 2002 wird seiner Tochter Alexandra Anisimoff die Rechtmäßigkeit ihres Anspruchs auf Rückübertragung des enteigneten Besitz zuerkannt und ihr und den Söhnen Alexander, Peter und Nicolai, ihrer mittlerweile verstorbenen Schwester Gisela, das Eigentum am Haus Nr. 9 übertragen. Seit 2003 wohnen hier wieder Nachfahren Anisimoffs.

Familie Jesim Osipoff Gawrillinka

Aus den biographischen Angaben der Alexander-Nevskij-Kirche:

Name und Rang: Gawrillinka (Gawrilenko, Gawriloff), Jesim Osipoff, Gemeiner
Geburtsort: Dorf Stimowitsch bei Werhodneprowsk, Gouv. Jekaterinoslaw
Geburtstag: 26. Dezember 1785
Personenstand: verh. Berlin (Russische Gesandtschaftskapelle) 14. April 1825
Kinder: –
Todestag: 28. Mai 1835

Beginn der Dienstzeit im russischen Heer: 24. November 1806
die Länge der Dienstzeit in Russland: 5 Jahre 11 Monate
die Größe nach Zoll und Strich: 4,0 (zuzügl. 5 Fuß Standardmaß = 1,68 m)
an welchen russischen Feldzügen teilgenommen: 1812
an welchen preußischen Feldzügen teilgenommen: 1813–15

Der Leibkompagnie des 1. Garde-Regiments am 18. Oktober 1812 zugeteilt.

Jesim Gawrillinka kam als Kriegsgefangener des Feldzugs von 1812 nach Potsdam und wurde hier am 18. Oktober 1812 zum russischen Sängerchor des preußischen Königs überstellt. Laut Aktenlage erhielt er die russischen Gedenkmünzen für den Feldzug von 1812 und die Einnahme von Paris 1814, außerdem die preußische Gedenkmünze für das Jahr 1813. Wegen tadelsfreier 20 Dienstjahre beim russischen Militär erhält er am 18. Februar 1828 das Ehrenzeichen des St.-Annen-Ordens, das nach seinem Tod nach Russland zurückzuschicken ist. Er erhält monatlich 3 Taler Gehalt.

Über das Leben Gawrillinkas und seiner Familie ist kaum etwas bekannt. Auch er heiratet vergleichsweise spät, allerdings noch vor der Gründung der Alexandrowka, doch der Name seiner Frau konnte nicht ermittelt werden. Am 2. April 1827 zieht er mit ihr in die ihnen zugewiesene einstöckige Stelle Haus Nr. 8 (heutige Zählweise) in der Kolonie. Im Januar 1833 erhält Frau Gawrillinka zwei Tage mittleren Arrest, weil sie Holz vom Zaun gebrochen hat, wobei Vockins sie sahen und Anzeige erstatteten. Mittlerer Arrest ist „der Vollzug des einfachen Gefängnisses, wobei aber 3 Tage lang nur Wasser und Brot gereicht wird, erst am 4. Tag wieder reguläre Speisung erfolgte".

Die wirtschaftlichen Verhältnisse der Familie scheinen eher schlecht gewesen zu sein, denn das Holz sollte als Feuerholz dienen.

Ein unehelicher, nirgends sonst erwähnter Sohn oder Stiefsohn Gawrilinkas verstirbt offenbar vor 1848, da sich in jenem Jahr dessen Witwe, eine geborene Bliß, bemüht, bei einem Stellentausch innerhalb der Kolonie berücksichtigt zu werden. Ihr wird abschlägig beschieden, da nur ehelich gezeugte Söhne einen Anspruch auf die Kolonistenstellen hätten.

Gawrillinka stirbt am 28. Mai 1835 an „Leberentzündung". In den Hof- und Garnisonkirchenbüchern Potsdams steht sein Tod allerdings vermerkt mit der Todesursache „Halsentzündung".

Seiner Witwe wird erlaubt, noch bis zum September des Jahres zu ernten, was sie ausgesät hat. Da kein berechtigter Erbe für seine Stelle Nr. 8 vorhanden ist, wird diese am 19. August 1835 im „Potsdamschen Wochenblatt" öffentlich zur Pacht ausgeschrieben. Sie wird am 1. Oktober 1835 dem minderjährigen, zweiten Sohn des Unteroffizier Jablokoff, Nikolaus, zugesprochen und bis zu dessen Volljährigkeit für zunächst sechs Jahre und jährlich 70 Taler Pacht an den königlichen Hoflakaien Bieberstein verpachtet. Die Witwe Gawrillinkas verlässt am 11. Oktober 1835 die Kolonie und zieht nach Strelitz.

Familie Iwan Grigorieff

Aus den biographischen Angaben der Alexander-Nevskij-Kirche:

Name und Rang: Grigorieff (Gregorieff), Iwan (Johann), Gemeiner
Geburtsort: Dorf Nikolsk bei Wolowsk, Gouv. Saratow
Geburtstag: 28. Dezember 1776
Personenstand: verh. Potsdam (Hof- und Garnisonkirche) 24. Oktober 1826
Kinder: 3 Söhne
Todestag: 18. September 1831

Beginn der Dienstzeit im russischen Heer: 3. Dezember 1808
die Länge der Dienstzeit in Russland: 3 Jahre 11 Monate
die Größe nach Zoll und Strich: 4,3 (zuzügl. 5 Fuß Standardmaß = 1,68 m)
an welchen russischen Feldzügen teilgenommen: 1809–12
an welchen preußischen Feldzügen teilgenommen: 1813–15

Der Leibkompagnie des 1. Garde-Regiments am 14. November 1812 zugeteilt.

Iwan Grigorieff kam als Kriegsgefangener des Feldzugs von 1812 nach Potsdam und wurde hier am 14. November 1812 zum russischen Sängerchor des preußischen Königs überstellt. Er besitzt die russischen Gedenkmünzen von 1812 und der Einnahme von Paris 1814, außerdem die preußische Gedenkmünze für den Feldzug 1813. 1829 erhält er das Ehrenzeichen des St.-Annen-Ordens wegen tadelsfrei zurückgelegter 20 Dienstjahre.

Als einer der letzten russischen Sänger heiratet er am 24. Oktober 1826 **Friederike Wilhelmine Platow**, geboren 1805. Es ist zu vermuten, dass den Sängern die Stiftungsbestimmung des Königs vom 10. April 1826 bekannt war, die nur verheirateten Sängern den Einzug in eine eigene Kolonistenstelle in der Kolonie Alexandrowka erlaubte. Grigorieffs Berufsbezeichnung im Heiratsregister lautet *„Garde Grenadier und russischer Sänger"*, sein Alter wird mit 50 Jahren angegeben. Er erhält monatlich 3 Taler Gehalt und zieht am 2. April 1827 mit seiner Frau in die einstöckige Stelle Nr. 7 (heutige Zählweise) der Kolonie Alexandrowka.

Kinder:

Iwan Iwanowitsch, geboren am 6. November 1827 und „griechisch", d. h. im russisch-orthodoxen Glauben getauft. Taufpate ist Se. Majestät der König, der zwei Friedrich d'Or (20 Taler) als Patengeschenk überreichen lässt.

Peter Iwanowitsch, geboren am 1. Oktober 1828 und ebenfalls „griechisch" getauft. Taufpate ist wieder der König, der auch wieder zwei Friedrich d'Or als Patengeschenk aushändigen lässt.

Eine Tochter Grigorieffs wird am 7. Oktober 1829 tot geboren.

Paul Iwanowitsch, geboren am 4. September 1830 und „griechisch" getauft. Taufpate ist auch für ihn der König und wieder erhält die Familie zwei Friedrich d'Or als Patengeschenk.

Es existiert außerdem ein Stiefsohn, Karl Platoni, geboren 1825, sowie zwei uneheliche Töchter, die nach dem Tod Griegorieffs 1835 und 1839 geboren werden.

Iwan Grigorieff stirbt am 18. September 1831 am Nervenfieber. Über sein Leben als Sänger des Königs und Kolonist ist nichts bekannt. Für den minderjährigen Erben Iwan Iwanowitsch Grigorieff wird verfügt, dass bis zu seiner Volljährigkeit seine Mutter die Stelle führen und bewirtschaften soll. Bereits im Herbst 1831 hatte Frau Grigorieff um finanzielle Unterstützung zum Einbau eines zweiten Ofens für die Flurkammer des Hauses beantragt und 10 Taler erhalten. Das Feuerholz aber, das früher ihr Mann erhielt, wird ihr nun verweigert. Sie hat als Mieter zunächst seit dem 2. Oktober 1833 den Hadersammler Karl Hahs (Haß) nebst Familie und seit dem 2. Oktober 1835 den Nachtwächter der Kolonie, Jakob Breschik, im Haus. Neben Sommergästen, die sie in ihrem Haus hat, existiert für 1842 ein Nachweis über Gartenpächter. Dass in der Stelle Haus Nr. 7 übrigens Ziegen gehalten wurden – durch die Witwe Grigorieff oder ihre Pächter – ist vorbehaltlich einer womöglich anderslautenden Nummerierung in jenen Jahren aus einer entsprechenden Anzeige im „Potsdamschen Wochenblatt" vom 9. Oktober 1844 ersichtlich.

Im Wohnungs-Anzeiger der Stadt Potsdam von 1847 ist die Witwe Grigorieff für die Stelle Haus Nr. 7 als „Kolonisten-Witwe" zusammen mit einem Untermieter eingetragen, 1848 wird sie im Zuge des Tauschs mehrerer Stelleninhaber in der Kolonie als alleinige Stelleninhaberin aufgeführt. Ihre Verhältnisse werden wie folgt beschrieben: *Witwe Grigorieff, ein einstöckiges Haus, hat 3 Söhne von ihrem Mann im Alter von 21, 20, 18 Jahren und einen Sohn im 23. Jahr und 2 Töchter – im 13. und 9. Jahr – außer Ehe und hat die Kinder alle bei sich.*

Drei Jahre später zieht die Witwe in das Haus Nr. 3 in der Kolonie zur Untermiete, denn ihr Sohn Iwan tritt am 6. November 1851 sein Erbe an. 1863 steht die Witwe Grigorieff im Allgemeinen Wohnungsanzeiger für die Stadt Potsdam als wohnhaft in der Gärtnerstr. 25. Danach verliert sich ihre Spur.

Iwan Iwanowitsch Grigorieff war seit dem 6. November 1834 Zögling im Potsdamer Waisenhaus und wurde trotz seiner russischorthodoxen Taufe mit Zustimmung der Mutter und des Aufsehers Riege evangelisch konfirmiert. 1844 heißt es in einem Bericht des Kolonieaufsehers, dass der Junge eine Drechslerlehre mache. Mutmaßlich kurz vor seiner Übernahme der Stelle im November 1851 verheiratet sich Iwan Grigorieff mit **Louise Drewes** (27. März 1826–17. Juli 1870) und bekommt mit ihr den Sohn:

Otto Ferdinand Ludwig Griegorieff, geboren am 21. April 1852

Iwan Iwanowitsch Grigorieff stirbt überraschend bereits am 14. März 1853. Er hinterlässt für die Kolonistenstelle in der Alexandrowka den erbberechtigten, minderjährigen Sohn, für den nun die junge Witwe Louise Grigorieff die Bewirtschaftung der Stelle übernimmt.

Wenige Monate später kommt Iwans Tochter zur Welt: Franziska Pauline Emma, geboren am 4. August 1853. Sie heiratet später den Vergolder Martin Herrmann Friedrich Wilhelm Fröschler, der schon am 30. August 1877 in Potsdam stirbt. Erst nach seinem Tod bekommt sie am 21. November 1877 die gemeinsame Tochter Franziska Bertha Frida. Ihre Wohnung befindet sich zu diesem Zeitpunkt in der Behlertstr. 19. 1884 zieht sie für kurze Zeit wieder zurück in ihr Vaterhaus in der Kolonie Alexandrowka, bevor sie im Sommer 1885 in die Jägerallee 7 zieht. Ihre Nachfahren wohnen heute in Potsdam und bewahren das Andenken an ihre Vorfahrin.

Im Adressbuch der Stadt Potsdam für das Jahr 1856 ist die 27jährige Witwe Grigorieff als Stelleninhaberin eingetragen, als Mitbewohner der Schneider Drewes, der vermutlich ihr Vater ist, und die Witwe „Ivanoff-Jahn". Der Schneider August Drewes, geboren am 25. August 1802, wird bis zu seiner Einweisung ins Krankenhaus im September 1870 bei der Familie wohnen bleiben, doch ist im Adressbuch der Stadt für das Jahr 1861 die Witwe Louise Grigorieff als Stelleninhaberin lediglich mit dem Mitbewohner Siegert, Bureau-Angestellter, eingetragen. Außerdem hatte sie stets auch Sommergäste in wechselnder Anzahl und Regelmäßigkeit. Der Gartenertrag der Stelle wird vom Kolonieaufseher Riege als mittelmäßig eingeschätzt, nur ca. 25 Taler jährlich könnten erwirtschaftet werden, und die Witwe verpachtet daher ihren Garten in einzelnen Teilstücken für Preise zwischen 2 und 8 1/2 Talern jährlich.

In der Nacht vom 26. zum 27. September 1856 brennt das einstöckige Haus vollständig ab und wird, unter Benutzung der Originalpläne von 1827, sofort neu errichtet. Schon am 29. Juli 1857 wird es der Witwe Grigorieff übergeben, und als Entschädigung für ihr verbranntes Hab und Gut erhalten die Grigorieffs 30 Taler. Der letzte Mieter zahlte jährlich 45 Taler und auch nach dem Wiederaufbau des Hauses vermietet die Witwe wieder, wobei der Preis je nach der Anzahl der gemieteten Räume und der Dauer des Mietverhältnisses zwischen 30 und 140 Talern liegt. Wo die Familie zu diesem Zeitpunkt lebt, ist unklar, doch haben sie es vermutlich anderen Kolonisten gleich getan und sind mit ihren persönlichen Habseligkeiten unter das Dach ihres Hauses gezogen – ohne Fenster und als reine Holzkonstruktion errichtet war dies ein im Sommer sicher zweifelhafter Genuss.

Die junge Witwe wird in den Berichten des Kolonieaufsehers als ein „höchst leichtsinniges Frauenzimmer" geschildert, da sie 1863 und 1868 zwei uneheliche Kinder bekommt, doch unberücksichtigt bleibt bei dieser Einschätzung die Tatsache, dass sie ihr Wohnrecht in der Alexandrowka bei einer erneuten Verheiratung verloren hätte. Sie stirbt im Alter von nur 44 Jahren am 17. Juli 1870 im städtischen Krankenhaus und ihre beiden unehelichen Kinder werden am 11. August 1870 ins Armenhaus gegeben.

Vom 1. Oktober 1870 bis zum 1. April 1873 wird die gesamte Stelle des noch minderjährigen Erben **Otto Grigorieff** für jährlich 140 Taler an einen Herrn Giese verpachtet, der seinen Vertrag sogar bis zum 1. April 1874 verlängern kann. Da Otto Grigorieff inzwischen Vollwaise ist, wird ihm ausnahmsweise bereits am 25. September 1873, noch vor seiner Volljährigkeit, die Stelle Haus Nr. 7 übergeben. Otto hatte das Schneiderhandwerk gelernt und war seit dem 3. Juli 1870 bis wenigstens 1872 Füsilier im 1. Garderegiment zu Fuß. 1874 verheiratet er sich mit **Antonia Schiepan**, geboren am 4. August 1851 in Potsdam. Von ihren sechs Kindern, die sie zwischen 1874 und 1881 bekommen, sterben vier noch im Kindbett bzw. wird eines tot geboren, einzig zwei Töchter und ein Sohn erreichen das Erwachsenenalter:

Helene (?) Johanna Margarethe, geboren am 17. Dezember 1876
Anna Louisa Martha, geboren am 10. Juni 1878
Paul, geboren am 15. November 1883

Als Dauermieter leben 1877 ein Herr Dolge mit Ehefrau und zwei Kindern mit im Haus. Ein Jahr später zieht auch die älteste Tochter des zweitgeborenen Sohnes Peter Grigorieffs und ab 1882 auch die Witwe Peter Grigorieffs mit ihren beiden jüngsten Kindern in die Stelle Haus Nr. 7. Durch diesen reinen Familienzuzug bedingt, steht Otto Grigorieff in der Folge stets als alleiniger Stelleninhaber in den Adressbüchern Potsdams, und erst 1925 und 1927 ist als

Mitbewohner der Stelle Haus Nr. 7 der Polizeioberwachtmeister Ernst Kaiser mit eingetragen. Ab 1932 ist dann Ottos inzwischen 49jähriger Sohn offizieller Mitbewohner der Stelle, dazu ein August Weller, Ingenieur. Die Bewirtschaftung des Gartens hatte Otto Grigorieff selbst übernommen. Er stirbt am 7. Mai 1933.

Sein erbberechtigter Sohn, **Paul Grigorieff**, ist Straßenbahnschaffner und tritt 1933 offiziell sein Erbe an. Am 21. Januar 1911 war Paul Vater eines Sohnes, **Kurt**, geworden, der wiederum bis 1949 in der Friedrich-Ebert-Str. 69 wohnt, da er finanziell auf eigenen Füßen steht.

1945 ziehen auch in das Haus der Grigorieffs Soldaten der Roten Armee, am 3. Oktober 1950 wird außerdem vorübergehend ein Herr Grüttner eingemietet, während Grigorieffs sich im Stall einzurichten haben. Grigorieff fühlt seine angestammten Rechte durch die lokalen Behörden so sehr missachtet, dass er sich nicht nur gemeinsam mit den anderen Nachfahren der russischen Sänger am 25. Oktober 1950 bei der Kreis-Boden-Kommission Potsdams beschwert, sondern sich am 19. Dezember 1950 sogar direkt an den Präsidenten der DDR, an Wilhelm Pieck, wendet. Seinem Beispiel folgend, schreibt am 20. Juli 1951 auch Schischkoff an Pieck. Gemeinsam mit anderen langjährigen Kolonisten beklagen Grigorieffs in einer Eingabe an die Staatliche Kontrollstelle des Landes Brandenburg am 3. September 1951 die neu angeordneten Grundstücksgrenzen. Als die Bodenkommission bestätigt, dass bevorzugt gelernte oder wenigstens gewerbsmäßige Gärtner bei der Stellenvergabe berücksichtigt werden, bietet Paul Grigorieff der Kommission an, seinen Beruf aufzugeben und wird daraufhin am 8. Februar 1952 als einer von insgesamt sechs Berufsgärtnern der Kolonie Alexandrowka bestätigt.
Er stirbt am 9. März 1961. Haus und Garten gehen an seinen Sohn **Kurt Grigorieff**

und nach dessen Tod an den Sohn und jetzigen Stelleninhaber **Joachim Grigorieff**, geboren am 15. September 1937.

Peter Iwanowisch Grigorieff
(1. Oktober 1828–5. November 1881)

Für die einstöckige Stelle Haus Nr. 10, die Vockin 1834 gegen die frei gewordene Stelle Nr. 9 tauschte, wird im Januar 1834 zunächst via Zeitungsanzeige ein *„Pachtlustiger"* gesucht, und am 1. April 1834 dem zweiten Sohn des russischen Sängers Iwan Grigorieff, **Peter Iwanowitsch Grigorieff**, auf Lebenszeit verliehen. Da der Sohn noch minderjährig ist, geht die Stelle für drei Jahre und für 46 Taler jährlich zunächst an den Meistbietenden. Den Zuschlag erhält der Gärtner Joh. Gottfr. Rüsicke (auch: „Rusicke", „Riesicke") mit der strengen Auflage, den *„national-russischen"* Stil nicht zu beschädigen. Als Mieter hat Rusicke seit dem 15. März 1835 die unverehelichte Emilie Dunk mit ihren zwei Kindern, deren Miete nach Auskunft des Kolonieaufsehers ein Rittmeister Krülle vom 1. Garde-Ulanen-Regiment zahlt. Die nach drei Jahren erneut fällige Verpachtung wird wieder im „Potsdamschen Wochenblatt" angezeigt und auch später wird der Pachtvertrag für Grundstück und Haus (ohne Inventar) erst nach öffentlicher Ausschreibung in der Zeitung verlängert, obwohl die Wahl stets auf Rusicke fällt. Bis einschließlich 1849 ist Rusicke im Adressbuch Potsdams als alleiniger Inhaber der Stelle Haus Nr. 10 eingetragen. Im Mai 1843 bietet auch er im „Potsdamschen Wochenblatt" eine Sommerwohnung, *„ein freundliches Stübchen"* für *„einen einzelnen Herrn oder eine Dame"* in seinem Haus an.

Erst am 1. Oktober 1852 nimmt der eigentliche Stelleninhaber, **Peter Iwanowitsch Grigorieff**, die einstöckige Stelle Haus Nr. 10 in Besitz. Er ist Schneidergeselle, verheiratet mit **Auguste Friederike Drewes**, geboren am 10. November 1827, hat insgesamt sieben Kinder (fünf Töchter, zwei Söhne) und ein gutes Auskommen. Der Garten ist in einem guten Zustand und ergibt nach der Einschätzung des Kolonieaufsehers einen jährlichen Ertrag von 50 Talern. Die straßenseitigen Zimmer des Hauses sind für monatlich 5 1/2 Taler vermietet, eines der beiden rückseitigen Zimmer für 2 Taler. Im Adressbuch der Stadt Potsdam für das Jahr 1856 werden außer dem Kolonisten Grigorieff und zwei Mietern auch P. Grigorieff, Anstreicher (Paul Iwanowitsch Grigorieff, 1830 als dritter Sohn des Sängers Grigorieff geboren) genannt. Grigorieff bevorzugt dauerhafte Mietverhältnisse, und so bewohnt seit dem 3. Juni 1858 bis etwa 1864 ein Prediger Stip für jährlich 70 Taler ein Quartier, ein Professor Richartz mietet im Sommer 1871 das gesamte Haus für 130 Taler.

Peter Iwanowitsch Grigorieff stirbt am 5. November 1881 und die nur auf Lebenszeit verliehene, nicht vererbbare Stelle fällt zurück zur Verfügung des Königs.

Seine zweitgeborene Tochter, geboren am 7. Juni 1859, heiratet den Feldwebel Friedrich Reuschel, der 1902 in die Stelle Haus Nr. 12 ziehen wird und taucht dort als Witwe Anna Reuschel das letzte Mal 1934 im Adressbuch der Stadt Potsdam auf.

Familie Peter Iwanow Jahn

Aus den biographischen Angaben der Alexander-Nevskij-Kirche:

Name und Rang: Jahn, Peter Iwanow, Gemeiner
Geburtsort: Dorf Busterlinsky v. Bavrawe bei Baginsky, Gouv. Simbirsk
Geburtstag: 15. Dezember 1781
Personenstand: 1.) verh. Grüningen bei Ziesar 27. November (tatsächlich März!!) 1815, daraus 1 Sohn, 3 Töchter; 2.) ebenda 24. April 1832, daraus 4 Söhne, 3 Töchter
Kinder: 5 Söhne, 6 Töchter

Todestag: 20. September 1852

Beginn der Dienstzeit im russischen Heer: Februar 1802
die Länge der Dienstzeit in Russland: 10 Jahre 4 Monate und 30 Jahre 4 Monate a. D.
die Größe nach Zoll und Strich: 6,0 (zuzügl. 5 Fuß Standardmaß = 1,73 m)
an welchen russischen Feldzügen teilgenommen: 1805–12
an welchen preußischen Feldzügen teilgenommen: –

Der Leibkompagnie des 1. Garde-Regiments am 1. Oktober 1843 zugeteilt.

Jahn war weder ein ehemaliger Kriegsgefangener des Feldzugs von 1812, noch wurde er 1815 zu den russischen Sängern des Königs überstellt. Er diente bis Juni 1812 bei der russischen Armee, lebte aber spätestens ab 1815 als freier Mann in Preußen. Unter welchen Umständen er nach Brandenburg gekommen ist, ist nicht zu klären.

Nach den Kirchenbüchern für Wollin, Grüningen und Gräben in Wollin heiratet Peter Iwanow Jane (auch: „Jahn", „Jahne"), ein *„Schneidergeselle und Handarbeiter in Grüningen"*, am 27. März 1815 die Tochter des Handarbeiters Fr. Schulze aus Grüningen, *Anna Maria Elisabeth Schulze* (27. November 1791–7. Dezember 1831). Er gibt an, er sei der zweite Sohn des *„ Fedor Iwanow, Friedr. Jane, Ackermann zu Bisterlin bei h. Siberia"*. Sein Alter beziffert er auf 27 Jahre.

Zwischen 1815 und 1830 bekommen Jahns acht Kinder, von denen zwei tot geboren werden, eines im Alter von sechs Jahren an der Bräune und eines mit eineinhalb Jahren an Auszehrung stirbt. Seine Frau, Anna Elisabeth, erliegt am 7. Dezember 1831 im Alter von 40 Jahren und 10 Monaten einer *„Geschwulst, begleitet von hitzigem Fieber"*. Sie wird am 10. Dezember 1831 in Grüningen beigesetzt.

Jahn, *„Handarbeiter und Schneider, griechischer Confession. Ein Wittwer, aus Russland gebürtig"*, heiratet am 24. April 1832 erneut, nämlich die *„ Tochter eines verstorbenen Garnwebermeisters"* aus Wollin, die *„ Jungfer Friederica Kanzler, evangelisch, geboren am 2. März 1807, Alter 25 Jahre"*. Mit seiner zweiten Frau bekommt Peter Iwanow Jahn zwischen 1833 und 1851 weitere acht Kinder, von denen der Erstgeborene sein erstes Lebensjahr nicht übersteht.

Bei beiden Eheschließungen steht neben dem Namen „Peter Jahn" auch „Iwanow" als zusätzlicher Familienname. Bei den Geburtseintragungen der Kinder im Kirchenbuch von Wollin taucht der Zuname „Iwanow" erst 1835 das erste Mal auf. In den Akten der Kolonie Alexandrowka hingegen wird später zumeist der „russische" Name „Iwanow" an erster, der „deutsche" Name „Jahn" an zweiter Stelle stehen.

Wodurch und seit wann Peter Jahn die Idee hatte, Friedrich Wilhelm III. um eine Kolonistenstelle in der russischen Kolonie von Potsdam zu bitten, ist unklar. Nach einer offenbar entsprechenden Anfrage Jahns schickt der König im Februar 1838 dem zuständigen Landrat von Münchhausen in Neuhaus-Leitzkau seine Antwort: *Ich will dem vormaligen russischen Soldaten, Arbeitsmann Peter Iwanow in Grüningen bei Ziesar, auf seine Bitte und in Berücksichtigung des ihm erteilten vorteilhaften Zeugnisses das beigesandte Geschenk von 50 Talern zufließen lassen, kann ihm aber ein Darlehn zum Ankauf eines Grundeigentums nicht bewilligen, auch die Aufnahme in die Colonie Alexandrowka bei Potsdam unter den gegenwärtigen Verhältnissen nicht verheißen, wenngleich Ich nicht abgeneigt bin, dieselbe vielleicht in der Folge, bei sich ergebener geeigneter Gelegenheit, eintreten zu lassen.*

Ich beauftrage Sie, dem Iwanow dies bei Zustellung des ihm bestimmten Geschenks bekannt zu machen.

Im Winter 1842/43 bewerben sich um die Pacht der zweistöckigen Stelle Haus Nr. 3 (die Stelle des kinderlos verstorbenen Feldwebels Wawiloff) in der Kolonie Alexandrowka sowohl der Stiefsohn des Dimitri Sergeeff aus zweiter Ehe, Wilhelm Danzmann, als auch Peter Iwanow Jahn. Im März 1843 bittet überraschend auch Fedor Vockin um die Stelle, dem sie am 19. August 1843 schließlich zuerkannt wird.

Jahn wird am 1. Oktober 1843 die ehemalige Stelle Vockins (vormalige Stelle Uschakoff), nämlich das einstöckige Haus Stelle Nr. 9 mit vier Stuben, Küche und Garten, auf Lebenszeit verliehen. Der Arbeitsmann Peter Iwanow Jahn wird daraufhin am 1. Oktober 1843 in die Leibkompanie des 1. Garderegiments zu Fuß aufgenommen, und seine vielköpfige Familie zieht in die Russische Kolonie Alexandrowka. Ab Januar 1848 taucht in den Akten der Kolonie Alexandrowka *Peter Iwanow (Jahn)"* als *"Russischer Sänger"* auf. Sein Name wird nun prinzipiell mit „Iwanoff" oder „Iwanow" angegeben und in einer Beurteilung aus dem Jahr 1845 durch den Aufseher der Kolonie, Feldwebel Riege, als bescheiden geschildert, der es finanziell allerdings sehr schwer habe. Im März 1846 bittet Peter Iwanow Jahn, dass nach seinem Ableben und gemäß der Stiftungsurkunde vom 31. März 1827 sein Sohn Johann Andreas Anton Iwanow Jahn als männlicher Erstgeborener die Kolonistenstelle mit Zubehör und Inventar zu nutzbarem Eigentum erhalten möge. Obwohl aber Iwanow überall als „russischer Sänger" betitelt wird, wird der Vorschlag abgelehnt, da ihm die Stelle nur auf Lebenszeit verliehen ist.

Am 1. April 1848 kann Peter Iwanow die einstöckige Stelle Nr. 9 gegen das zweistöckige Haus Nr. 12 des verstorbenen Thimafeiff tauschen. Er erhält die Stelle wiederum auf Lebenszeit und bezieht sie mit seinen sechs jüngsten Kindern. Sein letztes Kind, Richard Carl, wird erst 1851 geboren.

Peter Iwanow Jahn stirbt 1852 mit 65 resp. 71 Jahren, denn seinen eigenen Angaben nach ist er 1787 geboren worden, lt. Registereintrag der Kolonie Alexandrowka war sein Geburtsjahr 1781. Seine bei seinem Tod erst 45 Jahre alte Witwe wohnt bis 1856 bei der Witwe Grigorieff in der Stelle Nr. 7 der Kolonie Alexandrowka, im Jahr 1869 steht sie im Adressbuch der Stadt Potsdam als *„Jahn genannt Iwanow, Sänger – Witwe, Waisenstr. 66".* Danach verliert sich ihre Spur.

Familie
Iwan Fedorowitsch Jablokoff

Aus den biographischen Angaben der Alexander-Nevskij-Kirche:

Name und Rang: Jablokoff, Iwan Fedorowitsch, Unteroffizier
Geburtsort: Dorf Palkinow bei Galizk, Gouv. Kostroma
Geburtstag: 4. Dezember 1779
Personenstand: verh. Berlin (Russische Gesandtschaftskapelle) 11. Mai 1815
Kinder: 4 Söhne, 3 Töchter
Todestag: 10. April 1843

Beginn der Dienstzeit im russischen Heer: 8. Dezember 1802
die Länge der Dienstzeit in Russland: 9 Jahre 11 Monate
die Größe nach Zoll und Strich: 6,1 (zuzügl. 5 Fuß Standardmaß = 1,73 m)
an welchen russischen Feldzügen teilgenommen: 1807, 1809, 1812
an welchen preußischen Feldzügen teilgenommen: 1813–15

Der Leibkompagnie des 1. Garde-Regiments am 14. November 1812 zugeteilt.

Iwan Jablokoff kam als Kriegsgefangener des Feldzugs von 1812 nach Potsdam und wurde hier am 14. November 1812 zum russischen Sängerchor des preußischen Königs überstellt. Ob und welche Gedenkmünzen

Unteroffizier Jablokoff für die Feldzüge 1812–1815 erhalten hat, lässt sich nicht mehr feststellen, doch als einzigem der ehemaligen russischen Soldaten und Sänger wird ihm keine Auszeichnung für 20jährigen tadellosen Dienst verliehen.

Während der Befreiungskriege lernt er seine spätere Frau, **Maria Franziska Noel** (3. August 1793, Reims–17. November 1856, Potsdam), kennen, möglicherweise als die antinapoleonischen Truppen am 13. März 1814 in Reims standen. Als Unteroffizier sprach Jablokoff vermutlich französisch. Während der zweiten Mobilmachung gegen Napoleon und am selben Tag wie Unteroffizier Wolgin, der ebenfalls eine Französin heiratet, heiratet er am 11. Mai 1815 in der Kirche der russischen Gesandtschaft in Berlin. An Gehalt bezieht er monatlich 5 Taler Gehalt und auch sie versucht, mit Sprachunterricht etwas zum Unterhalt dazu zu verdienen.

Kinder:
Feodor (Juni 1818–Dezember 1819, gestorben an Stickfluss)
<u>Alexander</u> Iwanowitsch, geboren am 10. August 1820 („griechisch" getauft)
Alexandrine Josephine Albertine, geboren am 20. Februar 1823 (katholisch getauft)
Maria Wilhelmine Clementine, geboren am 29. Januar 1826 (katholisch)
Nikolaus Iwanowitsch, geboren am 28. Mai 1829 („griechisch"). Der König übernimmt die Patenschaft und schenkt seinem Patenkind zwei Friedrich d'Or (20 Taler).
Am 5. Februar 1833 übernimmt der König die Patenschaft auch für eine Tochter Jablokoffs und lässt wiederum zwei Friedrich d'Or überreichen, doch scheint das Kind bereits im Kindesalter verstorben zu sein, da es in den Akten sonst nicht erwähnt wird.
Michael Iwanowitsch, geboren am 12. November 1834 („griechisch" getauft). Pate ist wieder der König, sein Patengeschenk wieder zwei Friedrich d'Or.

Jablokoff wurde am 2. Dezember 1823 Bürger der Stadt Potsdam und ist der einzige der russischen Sänger, dessen Name im Wohnungs-Anzeiger der Stadt Potsdam für das Jahr 1826, also noch vor Errichtung der Kolonie, auftaucht. Als „I. F. Jablokoff" steht er im alphabetischen Teil des Anzeigers als „Restaurateur" (Kneipenwirt) mit der Anschrift Brauerstr. 7, unweit des Stadtschlosses. Vermutlich wegen dieses Gewerbes musste oder wollte er das Stadtbürgerrecht erwerben. Auch gleich nach seinem Einzug in die Kolonie Alexandrowka eröffnet Jablokow in dem ihm zugeteilten Haus Nr. 13 (heutige Zählweise) wieder eine Schankwirtschaft.

Die dazu veröffentlichte Anzeige Jablokoffs ist der einzige schriftliche Hinweis des „Potsdamschen Wochenblattes" auf den Einzug der Kolonisten in die Alexandrowka:

Wohnungs-Veränderungen
Daß ich mein in hiesiger Stadt, Brauerstraße Nr. 7, bisher gehabtes Kaffee-Haus nebst Billard nach meinem Hause in der durch die Allerhöchste Gnade Sr. Majestät des Königs erbauten russischen Colonie – verlegt habe, und daßelbe kommenden Sonntag als den 15 d. M. eröffnen werde, zeige ich einem hochverehrten Publicum hierdurch ganz ergebenst an. Zugleich danke ich für das mir bisher geschenkte Zutrauen, mit der gehorsamsten Bitte, daßelbe auch in meinem neuen Locale mir zu schenken; wozu ich mich durch prompte und reelle Bedienung stets, wie bisher, würdig zu machen bemüht sein werde.

Potsdam, den 10. April 1827.
Jablekow

Im August 1828 annonciert Jablokoff wieder im Wochenblatt und wirbt für seine Gastwirtschaft: Anzeige. *Da den 2. August das Kreuz auf unsere Kirche gebracht wird, so werde ich meinen Gästen mit gutem Abendbrod und Unterhaltungsmusik aufwarten. Jablekow*

Erstaunlicherweise fügt Jablokoff keinerlei Erklärung hinzu, um welche Kirche es sich handelt und wo er Gäste zu Abendbrot und Unterhaltungsmusik einlädt. Es scheint, dass die Potsdamer über die Errichtung der russischen Kirche auf dem Minenberg/Alexanderberg informiert waren und Jablokoffs Gastwirtschaft in der Kolonie bereits gut kannten.

Bereits am 24. Juni 1827 hatte Jablokoff die Genehmigung erhalten, für seine Gastwirtschaft eine Kegelbahn und einen massiven Keller ausbauen zu lassen, 1828 wurden die Arbeiten durch den Maurermeister Blankenhorn ausgeführt. Im Jahr darauf verpachtet Jablokoff seine Gastwirtschaft, und der Pächter Friedrich Seefeld veröffentlicht dies am 18. April 1829 sogleich durch eine Anzeige im Wochenblatt. Er drückt sich ebenfalls so knapp aus, dass tatsächlich von einem hohen Bekanntheitsgrad der Wirtschaft in der Kolonie ausgegangen werden kann. Im Juni und November des Jahres 1829 folgen weitere Anzeigen Seefelds im Wochenblatt, in denen er zu Speisen und Getränken und zu jeden Montag und Donnerstag stattfindender *„Unterhaltungsmusik"* einlädt. Nach diesem Jahr erscheint Seefeld im *„Potsdamschen Wochenblatt"* nicht mehr als Pächter, und offenbar hat Jablokoff die Bewirtschaftung seines Lokals wieder selbst übernommen. Im Mai 1830 – wie bereits im Vorjahr – beantragt Jablokoff den Ausbau seines Stallgebäudes oder des Hofraums mit einer Küche, doch wird ihm dies wegen der Feuergefahr untersagt. Erlaubt wird ihm hingegen im September 1831 der Bau von Fensterläden für die Fenster des zweiten Stockwerkes seines Hauses, wenn er dabei den russischen Stil beachte und den Bau selbst finanziere.

Der Kolonieaufseher Riege notiert in seinen Berichten, dass Jablokoff zunächst seines Bruders Tochter aus Russland bei sich wohnen hat, sie verrichte hier die häuslichen Dienste, sonst hätten Jablokoffs keine Angestellten und zunächst auch keine Mieter.

Während Riege über die sittliche Führung der Ehefrau Jablokoff zu diesem Zeitpunkt nichts Negatives zu berichten hat, beschreibt er den Unteroffizier und Gastwirt Jablokoff als faul, unordentlich und dem Trunke ergeben. Es gehe ihm schlecht und er habe ständig Schulden. Jablokoff ist zudem so eigensinnig, dass er im Oktober 1832 von dem Gesandtschaftsgeistlichen Tschudowsky wegen schlechten Benehmens sogar vom Besuch der Alexander-Nevskij-Kirche ausgeschlossen wird. Im Juni 1833 stellt er darum Anträge auf jährlichen Urlaub nach Russland und Freifahrten zur russischen Gesandtschaft nach Berlin für sich und seinen Sohn, um in der dortigen Kirche am Abendmahl teilzunehmen. Der Urlaub wird gewährt, die Freifahrten nicht. Als einer der beiden Unteroffiziere der ehemaligen russischen Sänger, die 1834 noch am Leben sind, fährt er außerdem vermutlich gemeinsam mit Thimafeiff und der preußischen Militärabordnung zur Einweihung der Alexandersäule nach St. Petersburg.

Außer durch die Gastwirtschaft versucht Jablokoff auch auf andere Art, sein Gehalt aufzubessern. Im Mai 1836 annonciert er im *„Potsdamschen Wochenblatt"* zwei kleine Stübchen, die *„Herr Jablikow"* *„in der Russischen Kolonie"* vermiete, im Oktober 1839 bietet er kurz und bündig vier fette Schweine an, die *„bei Jablikow"* – ohne den Zusatz der Ortsangabe *„Russische Kolonie"* – zu verkaufen seien. Offenbar kannten die Potsdamer ihn, seine finanzielle Lage aber wird dennoch immer ernster. Am 27. April 1840 und wiederholt im Dezember mahnt ihn sogar das Stadtgericht, seine Schulden alsbald zu zahlen. Schließlich vermietet er seinen Garten, allerdings nicht zur gärtnerischen Nutzung, sondern als Verkaufsstelle für den Lebensmittelhändler Blankenstein. In der Rubrik *„Verkaufsgegenstände"* des *„Potsdamschen Wochenblattes"* wirbt Blankenstein in einer aufwendig gestalteten Anzeige am 15. August 1840: *Kirschenverkauf in der russischen Colonie*

Ich habe in diesem Jahre den Garten des Cafetiers Herrn Jablikoff zur Verkaufsstelle eingerichtet, und werde dort stets mit den besten Sorten frisch geplückter Kirschen zu den billigsten Preisen aufwarten; auch können Bestellungen in meinem Hause Nauener Str. 11 angenommen werden.

Es bittet um gütigen Besuch J. H. Blankenstein

1841 mietet Blankenstein den Garten erneut. Da auch in dessen Anzeigen kein Hinweis auf den Ort des Verkaufs steht, war *„ Herr Cafetier Jablokoff "* vermutlich tatsächlich ein stadtbekannter Mann. Und auch ein ehrlicher Mann scheint Jablokoff trotz all seiner Geldsorgen gewesen zu sein, denn im September 1840 macht er im „Potsdamschen Wochenblatt" auf ein Fundstück, einen Ring mit Namen und Zahlen, aufmerksam, das möglicherweise auswärtige Besucher verloren haben könnten, und er nennt darum den selten gebrauchten, korrekten Namen der „Kolonie Alexandrowka".

Die Krise um Jablokoffs Schulden spitzt sich zu als am 18. Februar 1841 der Maurermeister Blankenhorn dem Garderegiment seine immer noch unbefriedigte finanzielle Forderung an den Jablokoff vorträgt. Er, Blankenhorn, habe von Jablokoff für die Ausführung der Arbeiten im Jahre 1828 im Wert von 70 Talern nur einen Schuldschein erhalten, nun aber sei es höchste Zeit, die offene Rechnung zu begleichen. Jablokoff berichtet daraufhin dem Aufseher, die Wirtschaft brächte nur noch wenig und im Winter nichts ein. In zwei Briefen an den Kommandeur des Garderegiments versucht er, seine schwierige finanzielle Situation zu erklären und die Zahlung weiter hinauszuzögern.

Auch der Kolonieaufseher schreibt: … *Was nun die wirtschaftlichen Verhältnisse betrifft, so sind dieselben in der Jablokoffschen Familie von je an nicht die besten gewesen, weil ein jeder auf seine eigene Hand gewirtschaftet hat, daher auch noch*

bedeutende Schulden zu bezahlen sind und namentlich beim Maurermeister W. Blankenhorn, noch 34 rth für einen massiven Keller und beim Weißbierbrauer Bodenstein für entnommenes Bier 30 rth und beim Brettschneider C. Busch, für einen Schweinestall 45 rth diese Schulden hat die Witwe sich anheischig gemacht zu bezahlen obgleich noch nicht abzusehen wann und wie sie bezahlt werden können …

Der Schuldschein wird schließlich durch das Garderegiment beglichen, Jablokoff aber werden zur Begleichung der Schuld vierteljährlich drei Taler aus den Einnahmen des Hauses Nr. 8 abgezogen, das seinem zweiten, minderjährigen Sohn zugesprochen und zur Zeit verpachtet ist. Ein Darlehen in Höhe von 300 Talern, das Jablokoff vom König erbittet, da weder er noch seine Frau in Potsdam Verwandte hätten, an die sie sich wenden könnten, wird mitsamt einer Verwarnung für sein ungebührliches Vorgehen abgeschlagen. 1841 weist Jablokoff in seinen Annoncen plötzlich ausdrücklich auf den Ort *„Colonie Alexandrowka"* hin, wohl um außer Potsdamern auch Touristen anzuziehen. Unter „Vermischte Anzeigen" wirbt er im „Potsdamschen Wochenblatt" im April, Juni und November des Jahres allerdings nicht nur um den Besuch seiner Gaststätte, sondern bietet auch „Runkelrübenpflanzen" zum Verkauf an.

Im Februar 1842 legt Jablokoff dem Garderegiment erneut Ideen vor, seine Schankwirtschaft weiter auszubauen und ein Billard einzurichten, doch stirbt er am 10. April 1843 an der Schwindsucht, vermutlich bevor er seine Pläne in die Tat umsetzen kann. In der Totenliste des „Potsdamschen Wochenblattes" vom 19. April 1843 ist Jablokoff – im Gegensatz zu allen anderen Kolonisten der Alexandrowka – nicht als russischer Sänger eingetragen, sondern nur als Unteroffizier. Als seine Todesursache wird „Abzehrung" angegeben, in den Garnisonkirchenbüchern Potsdams hingegen wird „Schlaganfall" notiert.

Für seine Kolonistenstelle Haus Nr. 13 hinterlässt er den Erben **Alexander Jablokoff**, geboren 1820. Sein und seiner ebenfalls noch minderjährigen Geschwister Vormund wird der Kolonieaufseher der Alexandrowka. Jablokoffs Witwe wird erlaubt, nach Frankreich zurückzukehren, doch bleibt sie in Potsdam im Haus ihres Sohnes. Viel Zeit zur Trauer nimmt sie sich nicht.

Freundlich und ausgesucht formuliert sie bereits im Sommer 1843 die Verkaufsanzeigen für die Kirschen ihres Gartens, und ebenso einladend annonciert sie die Untervermietung, die sie im Frühjahr 1844 anbietet: *Eine Sommerwohnung, bel Etage, bestehend aus 4 Stuben, kann mit und ohne Meubel vermiethet werden in der russischen Colonie bei der Wittwe Jablokoff.*

Das zweistöckige Haus ist nach Auskunft des Kolonieaufsehers Riege in einem guten baulichen Zustand. Die obere Etage war für bis zu 90 Taler, untere Räume für bis zu 45 Taler jährlich vermietet. Auch der Garten gilt als ergiebig, und Riege schätzt dessen Reinertrag bei fleißiger Bewirtschaftung auf mögliche 50 Taler jährlich. Als Untermieter hat die Witwe Jablokoff den Knopfmacher Pechaschek, in den sie sich verliebt. Im Februar 1844 bittet sie das zuständige Garderegiment, auch nach einer Verheiratung mit ihm in der Kolonie Haus Nr. 13 wohnen bleiben zu können – ein Ansinnen, dass wenig Verständnis findet.

Der Kommandeur des Garderegiments von Gayl führt am 4. März 1844 aus: *Sie* (will) *sich zu Ostern dieses Jahres mit dem Knopfmacher Gesellen namens Pechascheck gebürtig aus Lübeck verheiraten ... Ob dies ganze Heiratsprojekt der Witwe Jablokoff, zu ihrem und ihrer Kinder Wohl gereichen würde, bezweifle ich, doch ist sie so von der Leidenschaft hingerissen, daß sie ihre ganze Glückseligkeit von einem Manne erwartet der 27 oder 28 Jahre alt* wird und sie erreicht den 3. August das 51. Jahr.

Auch in den offiziellen Bericht des Regiments vom 11. März 1844 fließen neben einem Hinweis auf die Stiftungsgrundsätze eben diese Bedenken ein. Trotz der Nachteile, die sie zu erwarten hat, heiratet sie Pechaschek. Als *„Maria Franziska geb. Noel, verheiratete Pechaschek, verwitwete Jablokoff"*, stirbt sie am 17. November 1856 in Potsdam. Als loses Blatt wird die Anzeige ihres Todes in die Seelenliste der Kolonie aufgenommen. Pechaschek wiederum ist im Herbst 1864 Untermieter Alexieffs in Haus Nr. 6.

Alexander Iwanowitsch Jablokoff, geboren am 10. August 1820, wird am 10. August 1844 volljährig und offiziell als neuer Inhaber der Kolonistenstelle bestätigt, ist aber als ehemaliger Zögling der Schulabteilung noch bis 1846 wehrpflichtig. Er verpachtet daraufhin die Stelle an seine Mutter, die im Juni 1846 und unter dem Namen „ Jablikow" zum letzten Mal *„frisch gepflückte Kirschen von bekannter Güte"* annonciert. Alexander Jablokoff übernimmt Hof und Garten selbst erst am 1. Oktober 1846. Im Juni 1847 wird allerdings berichtet, dass er das Grundstück erneut, nämlich an einen Herrn Gensicke verpachtet habe, da er sich in Frankreich verheiraten wolle. Gensicke wiederum erhält vom Garderegiment am 30. April 1847 die Erlaubnis zum Betreiben einer Schankwirtschaft im Jablokoffschen Haus. Im „Potsdamschen Wochenblatt" vom Juni 1847 steht auch eine Vermietungsanzeige für eine Wohnung *„in der Russischen Colonie Nr. 13"* ausgeschrieben. Ob und wo Gensicke in dem zweistöckigen Haus gewohnt hat und welche Wohnung *„von einem Saal, 2 Stuben und Küche"* annonciert wurde, ist ungeklärt. Weder Mutter noch Sohn Jablokoff scheinen zu diesem Zeitpunkt im Haus gewohnt zu haben und auch 1848, als von allen Kolonisten ein Dekret unterschrieben werden muss, dass der *„zweck- und beschäfti-*

gungslose" Aufenthalt der *„Gärtnerischen Gesellschaft"* in der Kolonie unterbunden bzw. gemeldet werden soll, unterschreibt kein Jablokoff, sondern ein Herr W. Fürstenow.

Um 1847 scheint sich **Alexander** Iwanowitsch **Jablokoff** mit der Französin **Louise Susanne Monnier** (15. April 1822 Paris oder Lausanne–1882?) verheiratet zu haben. Aus der Ehe gehen sieben Kinder hervor:

Alexander, geboren am 1. Mai 1848
Iwan, geboren am 7. Dezember 1850
Alexandrine, geboren am 11. November 1851
Wassili, geboren am 8. März 1854
Constantin, gestorben als „eines Colonisten Sohn in Alexandrowka" am 4. April 1856 im Alter von 2 Monaten und 17 Tagen an Lungenlähmung
Natalie, geboren am 26. Mai 1860
Constantin, geboren am 19. November 1863

Nach seiner Rückkehr in die Alexandrowka bezeichnet der Kolonieaufseher Jablokoffs Lebenswandel als unordentlich, und seine Familie lebe in Elend. Ein Teil des Gartens ist zunächst verpachtet, doch ab 1859 bewirtschaftet er den Garten selbst. Wohnungen und Stuben des Hauses sind je nach Anzahl der Räume für Preise zwischen 16 und 120 Taler ständig an wechselnde Gäste vermietet. 1860 wird ein „russisches Rohr", vermutlich ein zweiter, schmaler Kamin, eingezogen. In den Adressbüchern der Stadt Potsdam für die Jahre 1856 und 1862 ist je eine dauernde Mitbewohnerin der Stelle eingetragen, doch ab 1864 hat Alexander Jablokoff keine regulären Mitbewohner mehr.
  Er stirbt am 11. Juni 1874 und hinterlässt den berechtigten Erben gleichen Namens. Dieser zweite **Alexander Jablokoff**, geboren am 1. Mai 1848, übernimmt die Stelle nach einer dreimonatigen Gnadenzeit für die Witwe am 23. September 1874 und

zieht am 3. November 1874 ein. Seine Mutter wohnt zunächst Große Weinmeisterstr. 63 und ab dem 5. Februar 1879 vorübergehend in Königsberg. Im Adressbuch der Stadt Potsdam des Jahres 1882 taucht sie als *„Witwe Jablokoff, geb. Monnier, wohnhaft Behlertstr. 18"* das letzte Mal auf.

Der neue Besitzer der Stelle Haus Nr. 13 gilt in den Akten des Kolonieaufsehers zwar nicht als Taugenichts und Trunkenbold, aber als *„Augendiener"*, d. h. Schmeichler, der sogar seine Vorgesetzten angelogen habe. Von Beruf ist er Töpfer. Er heiratet 1874 **Louise Bracklow** (7. Dezember 1848 Potsdam–1904?) und erscheint dem Aufseher seitdem immerhin als etwas zuverlässiger und ordentlicher.

Ihre Kinder sind:
Adolf <u>Max</u> Alexander, geboren am 20. August 1875
Richard Herrmann Gustav, geboren am 5. September 1877
Louise Margarethe Ella (?) geboren am 12. Februar 1880
Reinhold, geboren am 5. Februar 1882
Ernst, geboren am 31. Januar 1884

Auch er vermietet in seinem Haus einzelne Räume und Sommerwohnungen, doch versucht er, langfristige Mietverhältnisse einzugehen. Im Adressbuch der Stadt Potsdam für das Jahr 1882 stehen als reguläre Mitbewohner der Stelle außer ihm ein Rentier Brasch, der mit Ehefrau und zwei Kindern, Helene und Karl, in dem Haus wohnt, sowie die Stiftsdame *„Fräulein Heling"*. Es scheint ein lautes Treiben geherrscht zu haben, denn zahlreiche Beschwerden in den Jahren 1883 und 1884 über den Lärm in Haus Nr. 13 ziehen am 27. September 1883 die Androhung des Regiments nach sich, man könnte dem Kolonisten die Stelle auch entziehen.

Alexander Jablokoff stirbt vor 1891, wobei das Melderegister der Stadt Potsdam als Tag seines *„Abzuges"* den 26. Februar

1883 nennt. Da an diesem Tag seine gesamte Familie das Haus verlässt, wurde die Stelle womöglich tatsächlich aufgrund des Todesfalles geräumt. Im nächsten verfügbaren Adressbuch der Stadt Potsdam aus dem Jahr 1892 wird seine Witwe als wohnhaft in der Nauener Str. 1 aufgeführt, Jablokoffs erbberechtigter, minderjähriger Sohn, **Adolf Max**, zwar als Eigentümer der Stelle Nr. 13 genannt, jedoch ausdrücklich vermerkt, dass er das Haus nicht selbst bewohnt. Vermutlich hatte die Witwe die gesamte Stelle verpachtet, denn Familie Brasch und die Stiftsdame Heling sind als reguläre Mieter des Hauses weiterhin registriert.

Adolf Max Jablokoff, geboren am 20. August 1875, bezieht nach dem Auszug der Familie Brasch die Stelle am 1. April 1896 und holt spätestens 1897 seine Mutter wieder zu sich in das Haus. Sie taucht im Potsdamer Adressbuch für das Jahr 1904 zum letzten Mal als seine Mitbewohnerin auf. Eng verbunden bleibt er auch mit seiner inzwischen großen Verwandtschaft, die als Schuhmacher oder Händler für Militäreffekten und Schuhwaren in Potsdam leben und arbeiten.

Als kinderloser Junggeselle hat Max Jablokoff stets Mitbewohner bei sich, darunter ab 1897 ehemalige Nachbarn aus der Kolonie, nämlich dem Pensionär Wilhelm Kientopf und dessen Tochter. Sie ist die Witwe des Feldwebels Franz Jäger, dem 1893 die Stelle Nr. 2 in der Kolonie auf Lebenszeit verliehen worden war, doch starb ihr Mann am 21. Oktober 1896 und Kientopfs mussten die Stelle nach der üblichen dreimonatigen Gnadenzeit verlassen. Da es ihnen in der Kolonie offenbar gut gefiel, zogen sie zwei Häuser weiter in das Haus Max Jablokoffs, in dem die Witwe Jäger bis 1904, ihr Vater bis mindestens 1912 wohnen bleiben.

Max Jablokoff stirbt am 31. Juli 1941 und gemäss der noch gültigen königlichen Sta-

tuten endet mit seinem Tod nach über hundert Jahren die Erbberechtigung der Familie. Max' Nichte Else-Cita schrieb dazu später: *Der letzte Kolonist des Hauses Nr. 13, Max Jablokoff, starb während des zweiten Weltkriegs. Er war kinderlos. Mein Vater, der zweitälteste der vier Jablokoffs, wäre der nächste Erbfolger gewesen. Er hat sich, als nach dem Tode des älteren Bruders das Koloniehaus zunächst der Familie entfiel, bei der sowjet-russischen Kommandantur bemüht, es wieder in Familienbesitz zu bringen, zumal auch mein Bruder, Walter Jablokoff, mit seiner Familie (drei Söhne und einer Tochter) sowie noch weitere zwei Brüder der vier in Potsdam leben. Von russischer Seite wurden keine Schwierigkeiten gemacht und man schien geneigt, entsprechende Schritte in die Wege zu leiten…*

Das Haus wird der Familie nicht zuerkannt, sondern in die Bodenreform einbezogen.

Nikolaus Iwanowitsch Jablokoff
(28. Mai 1829–24. September 1908)

Der zweite Sohn des Unteroffiziers und Sängers Iwan Fedorowitsch Jablokoff, Nikolaus Iwanowitsch, geboren am 28. Mai 1829, erhält 1835 durch königliche Bestimmung die durch den Tod des ohne berechtigten Erben verstorbenen Gawrilinka freigewordene Stelle Haus Nr. 8 auf Lebenszeit. Da er noch minderjährig ist, wird die Stelle bis zu seiner Volljährigkeit zu seinen Gunsten verpachtet. Der Hoflakai Bieberstein erhält den Zuschlag und zahlt für die Stelle jährlich 70 Taler. Am 1. Oktober 1841 wird der Vertrag auf weitere sechs Jahre verlängert. Zwar beklagt Bieberstein im Jahr 1844 die Überhäufung seines Grundstücks mit Sand vom nahen Exerzierplatz, wenigstens aber das einstöckige Haus Nr. 8 ist nach Auskunft des Kolonieaufsehers in einem guten, baulichen Zustand. Im März 1847 werden Haus und Garten erneut öffentlich ausgeschrieben. Den Zuschlag erhält nun ein Herr

Schröder, der für sich allerdings nur den Garten will und das Haus ab 1849 für jährlich 60 Taler an den evangelisch-lutherischen Prediger G. C. H. Stip vermietet. Stip hatte zuvor bei der Witwe Uschakoff in Haus Nr. 2 gewohnt, bis diese das Haus im April 1849 räumen musste.

Erst am 1. Oktober 1853 zieht Nikolaus Iwanowitsch Jablokoff in sein Erbe ein. Er ist Posamentier, Compagnon der Potsdamer Firma eines Herrn Jesbraschek, und gilt laut Akten des Kolonieaufsehers als früher leichtsinnig aber nunmehr „gesetzter" und „ordentlicher". Seit 1856 ist er mit der „stillen und ordentlichen" **Augusta Schleiff (oder Schlett?)**, geboren am 18. Januar 1831 in Berlin, verheiratet und hat mit ihr acht Kinder:

Olga Betty, geboren am 3. Mai 1858
Nicoline (?) Auguste Elisabeth, geboren am 14. Juli 1860
Franziska Martha Zoe (?), geboren am 20. Dezember 1861
Nicolaus August Max, geboren am 19. Februar 1863
Friedrich Wilhelm Paul (2. Juni 1864 – 20. Februar 1867)
August Ludwig (…) (20. April 1865 – 16. November 1867)
(…) Albert, geboren am 11. November 1866
Josephine Augusta Hedwig, geboren am 23. März 1868

Ein Erich Jablokoff, geboren am 20. Januar 1870 und mit einer früheren Wohnadresse Brandenburgerstr. 49, wird zu der Familie genommen, und auch der Prediger Stip ist 1856 wieder als Mitbewohner Jablokoffs verzeichnet. Seit Oktober 1859 ist das Haus nicht mehr insgesamt, sondern nur noch für den Sommer vermietet und im Adressbuch der Stadt Potsdam 1861 ist Nikolaus Jablokoff als alleiniger Nutzer und Stelleninhaber eingetragen. Nach 1857 bewirtschaftet er auch den Garten weitgehend wieder selbst.

Ein am 5. März 1866 erteilter, abschlägiger Bescheid wegen eines geplanten Ausbaus seines Stalls mit einer Küche, deutet auf weiterreichende Vermietungswünsche Jablokoffs hin, dessen zahlreiche Familie wohl nur unter großen Schwierigkeiten gemeinsam mit Mietern in dem einstöckigen Haus Platz findet. Ab 1905 wohnen bei Nicolaus Jablokoff schließlich Dauermieter.

Nikolaus Iwanowitsch Jablokoff stirbt am 24. September 1908 und da ihm die Stelle dereinst nur auf Lebenszeit gegeben war, fällt die Stelle zurück zur Verfügung des Königs. Nikolaus' Frau Augusta hatte zwar bereits im Februar/März 1871 gebeten, die Stelle nach dem Ableben ihres Mannes für sich und ihren Sohn zu bekommen, wurde aber abschlägig beschieden. Sie überlebte ihren Mann nicht. Auch ihrem Sohn wird die Stelle verwehrt, als er nach dem Tod seines Vaters eindringlich darum bittet:

Aller Großmächtigster Kaiser und König!
Aller Durchlauchtigster Kaiser, König und Herr!
Mit Gegenwärtigem beehre ich mich als erstgeborener Sohn des am 24. September verstorbenen Kolonisten Nikolaus Jablokoff, Potsdam, Kolonie Alexandrowka 8 aller untertänigst zu bitten mir dasselbe Grundstück in Pacht zu geben, da ich zu meinem größten Schmerz erfuhr, daß ich nicht erbberechtigt bin.
Ich habe Euer Majestät Rock in Ehren getragen als Garde Jäger im Jahre 1883 bis 1885. Bin Uhrmacher, kann aber leider durch Gicht in den Händen mein Gewerbe nicht weiter ausführen, sondern bin genötigt in absehbarer Zeit aufzugeben und da ich kein Vermögen besitze, ist mir um meine Zukunft bange.
Da ich in dem Grundstück großgezogen, bin ich mit allen einschlägigen Arbeiten sehr vertraut, auch habe ich große Lust für den Gartenbau, welchen meine Eltern 50 Jahre in Besitz halten, und wir alle sechs Kinder an dem Grundstück mit Herz und Seele hängen.

In der Hoffnung, bei Seiner Majestät, meinem Allergroßmächtigsten Kaiser, König und Herr keine Fehlbitte getan zu haben verbleibe ich tief ehrfurchtsvoll

Ihr Untertänigster Diener Max Jablokoff

Vertreter der *„Allerhöchsten Schatulle"* schätzen am 6. Oktober 1908 den Wert der Kolonistenstelle auf 480 M (Haus 300 M, Garten 180 M). Da sich wegen der für neue Pächter zu erwartenden Verluste inzwischen aber eingebürgert hatte, den Pachtzins auf 2/3 des geschätzten Wertes zu senken, wird ein neuer Pachtzins von nur 320 Mark beschlossen. Zu dem geringen Wert des Gartens bemerkt der königliche Schatullverwalter Geheimrat Miessner ausdrücklich: *Der Garten ist von allen Gärten in der russischen Kolonie der kleinste und ist wegen seiner Lage dicht am Bornstaedter Feld sehr beeinträchtigt.*

Das im Haus Nr. 8 *„noch vorhandene alte Inventar bestehend aus Kleider- und Küchenspind, Kommode, Tisch und dgl."* wird im November 1908 zu Gunsten des Königs öffentlich versteigert. Im selben Anzeigenblatt verkündet eine zweite Anzeige die Versteigerung von *„1 Garnitur, div. Möbel, Gartenmöbel, Wirtschaftsgegenstände, 1 Gitarre, 3 Flöten, Fenster, Gaze Vorsetzer u. a. m."* als Nachlass Jablokoffs zu Gunsten seiner Erben. Obwohl sie noch ein Bleiberecht bis zum 31. Dezember 1908 haben, räumen bereits am 12. Dezember 1908 die letzten Nachkommen des verstorbenen Nikolaus Iwanowitsch Jablokoff das Haus. Schon am 2. Januar 1909 wird die Stelle *„nebst allen Obstbäumen und Sträuchern"* Feldwebel Bohnert von der Schlossgarde für zunächst 12 Jahre zur Pacht gegeben.

Familie Wassili Schischkoff

Aus den biographischen Angaben der Alexander-Nevskij-Kirche:

Name und Rang: Schischkoff, Wassili, Gemeiner, Schneider
Geburtsort: Dorf Mukowskoje bei Belezk, Gouv. Tulsk
Geburtstag: 1. Januar 1786
Personenstand: verh. Berlin (Russische Gesandtschaftskapelle) 10. Mai 1818
Kinder: 2 Söhne, 2 Töchter
Todestag: 7. April 1833

Beginn der Dienstzeit im russischen Heer: 11. August 1806
die Länge der Dienstzeit in Russland: 9 Jahre 3 Monate
die Größe nach Zoll und Strich: 6,0 (zuzügl. 5 Fuß Standardmaß = 1,73 m)
an welchen russischen Feldzügen teilgenommen: 1812–15
an welchen preußischen Feldzügen teilgenommen: –

Der Leibkompagnie des 1. Garde-Regiments am 15. November 1815 zugeteilt.

Wassili Schischkoff gehörte dem russischen Grenadier-Regiment „König von Preußen" an und wurde nach dem zweiten Feldzug gegen Napoleon dem russischen Sängerchor des Königs überstellt. Dem Wortlaut seines russischen militärischen Abschieds aus dem Jahr 1830 nach kehrte Schischkoff allerdings zunächst zusammen mit seinem Regiment am 29. Dezember 1815 unverheiratet nach Russland zurück.

Für seine Verdienste im Krieg erhält er die russische Kriegsgedenkmünze des Feldzugs von 1812 und für die Einnahme von Paris 1814. Wegen tadelfrei zurückgelegter 20 Dienstjahre beim russischen Militär wird ihm am 18. Februar 1828 das Ehrenzeichen des St.-Annen-Ordens übereicht, das nach seinem Tod nach Russland zurückzuschicken ist. Als einfacher Soldat erhält er monatlich 3 Taler Gehalt und steht, nach seinem Abschied aus dem russischen Militär, seit dem 22. Februar 1830 offiziell in preußischen Diensten.

Bereits vergleichsweise früh und mit einem außergewöhnlichen Aufwand heiratet Wassili Schischkoff, denn seine Eheschließung in der Hof- und Garnisonkirche in Potsdam wird am 14. April 1818 mit dem ausdrücklichen Hinweis notiert, dass *„Schischkoff, Wassilli, russischer Sänger, Grenadier im Kaiserlich Russischen Grenadier Regiment, alt 30 Jahre"* nach evangelischem Ritus getraut wurde. Nur etwa einen Monat später, am 10. Mai 1818, heiratet er nochmals, diesmal aber in der Gesandtschaftskapelle in Berlin und nach russisch-orthodoxem Ritus. Seine Frau wird **Wilhelmine Preuss** (25. Dezember 1797–nach 1861). Sie scheint schnell Freunde gefunden zu haben, denn eine *„ Frau Schiskof"* ist im April 1820 Taufpatin des ersten Kindes der Vockins und im September 1824 Patin bei deren ersten Sohn. Für ihre eigenen Kinder entscheiden sich Schischkoffs für die evangelische Taufe der Mädchen, die „griechische", d. h. russisch-orthodoxe Taufe der Jungen. Ihre Kinder sind:

Karoline Wilhelmine Charlotte Catherine, geboren am 30. Juli 1822
Luise Auguste Juliane, geboren am 4. Juni 1829. Eine der Patenschaften übernimmt der König, der ein Geschenk von insgesamt 11 Talern überreichen lässt.
Nikolaus Wassileiwitsch, geboren am 16. April 1831. Auch bei diesem ersten Sohn Schischkoffs übernimmt der König eine Patenschaft und lässt zwei Friedrich d'Or (20 Taler) überreichen. Weitere Taufzeugen sind der Aufseher des königlichen Landhauses Herr Tarnowsky, Unteroffizier Thimafeiff von den russischen Sängern und ein Potsdamer Bürger Herr Mielke.
Iwan (Johann) Wassileiwitsch, geboren am 17. April 1833. Wieder übernimmt auch der König eine Patenstelle und lässt zwei Friedrich d'Or überreichen.

Nach dem Tod ihres Mannes bekommt Wilhelmine Schischkoff ein weiteres Kind. Karl

Preuss, geboren 1835, wird 1843 aufgegriffen und wegen Herumtreiberei in die Frankeschen Stiftungen, eine vom Potsdamer Hofapotheker Johann Ferdinand Franke (1765–1830) gegründete Erziehungsanstalt, überwiesen.

Schischkoffs beziehen am 2. April 1827 die Stelle Haus Nr. 11 (heutige Zählweise) in der Kolonie Alexandrowka. Erste Wohnungsvermietungen der Schischkoffs sind bereits 1828 nachweisbar, wobei sie sich die angegebene Hausnummer 2 aus der Lage des Hauses, von der Jägerallee aus gesehen, erklären. Der gelernte Schneider Schischkoff betreibt 1829 außerdem einen Garnhandel, für den er jährlich 6 Taler Gewerbesteuer zahlt. Dennoch bescheinigt ihm der Kolonieaufseher Riege, ein Trunkenbold zu sein und entsprechend schlecht, so Riege, verlaufe die Ehe der Schischkoffs. Selbst die Kuh, die der König den Kolonisten stellte, hätten sie schlecht gepflegt und daher – ohne Genehmigung – für nur 5 Taler verkaufen können. Für die Eigenmächtigkeit werden die Eheleute zwar nicht bestraft, eine neue Kuh aber, die immerhin um die 25 Taler kosten würde, wird ihnen verwehrt.

Häufig erscheinen Vermietungsanzeigen der Schischkoffs, und da es sich offenbar herumgesprochen hatte, dass ein Teil der Kolonie nach heftigem Regen unter Überschwemmungen zu leiden hatte, betonen sie *„zu befürchten ist nie, daß es bei großem Wasser überschwemmt"*.

Wassili Schischkoff stirbt am 7. April 1833 an der Schwindsucht. Er hinterlässt für die Stelle Haus Nr. 11 (heutige Zählweise) den berechtigten, minderjährigen Erben **Nikolaus Wassileiwitsch Schischkoff**, für den nun die Mutter die Stelle bewirtschaftet. Sie hat nach Auskunft des Kolonieaufsehers Riege in der Folgezeit sogar ein Dienstmädchen und schon seit dem 1. November 1832 als Mieter den Gärtner Daniel Mager nebst Familie ständig bei sich wohnen. Wie früher annonciert sie häufig im „Potsdamschen Wochenblatt", wobei sie stets die Hausnummer 2 angibt und außer Sommerwohnungen auch Gartenland anbietet. 1841 verdient sie sich ihren Lebensunterhalt durch Handel auf Jahrmärkten, der sie offenbar häufig von Potsdam und ihrem Haus fernhält. Nachdem ihre älteste Tochter 1833–1840 wegen Schulschwänzens bereits ins Mädchenwaisenhaus nach Petzow überstellt wurde und danach aus unbekanntem Grund eine 15-monatige Haftstrafe verbüßen muss, wird seitens des Gerichts die Entlassung der Tochter zu der häufig abwesenden Mutter am 6. August 1841 für bedenklich erachtet.

Im Wohnungs-Anzeiger der Stadt Potsdam auf das Jahr 1842 ist die Witwe Schischkoff zwar als alleinige Besitzerin der Stelle – im alphabetischen Register auch zusätzlich als „Wollhändlerin" eingetragen – ist aber offenbar noch immer häufig außerhalb Potsdams, weshalb in einer Wohnungsanzeige des Jahres 1843 als Kontaktperson auch nicht sie, sondern ein Potsdamer Justizrat Krüger angeben wird. 1844 wiederholen sich die Anzeigen für Sommerwohnungen bei Schischkoffs.

Für kein anderes Haus in der Kolonie werden im „Potsdamschen Wochenblatt" so viele Vermietungsanzeigen aufgegeben wie für das Haus der Schischkoffs. Bis zum Ende ihrer Verfügungsberechtigung über die Stelle verpachtet die Witwe Schischkoff auch den Garten. Unter den vielen wechselnden Mietern, die im Laufe der Jahre bei Schischkoffs wohnen, ist vom 17. Juli bis zum 19. August 1854 auch der deutschrussische Übersetzer August von Viedert (1825–1888). Er schließt Bekanntschaft mit dem in dieser Zeit ebenfalls in Potsdam lebenden Theodor Storm und lernt Theodor Fontane kennen.

In seiner „Korrespondenz aus Berlin", die am 1. November 1855 in den „St. Petersburger Nachrichten" abgedruckt wird, beschreibt Viedert auch die russische Kolonie

Alexandrowka: *Das Dorf Alexandrowka wurde im Jahr 1827 von dem verstorbenen preussischen König Friedrich Wilhelm III. zur Erinnerung an die Freundschaft zwischen ihm und dem in Bosal ruhenden Imperator Alexander I. geschaffen.*

Das Dorf besteht aus 14 Häusern, sechs zweietagigen und acht einetagigen. Von aussen weisen die Häuser tatsächlich eine rein-russische Architektur auf, aber die Innenausstattung hat nichts von der russischen Nationalität. Von aussen sind die Häuser mit halbierten Baumstämmen verkleidet, während das Haus selbst aus Ziegelsteinen erbaut ist.

Die Kolonie war für jene russischen Soldaten errichtet worden, welche mit Einverständnis des Imperators Alexander I. nach dem Jahr 1812 in Preussen verblieben sind. Ursprünglich betrug die Zahl der Soldaten, wenn ich mich nicht irre, 12. ...

Die Kolonie wird auf Kosten des Königs unterhalten und als Erwerbsquelle dienen den Kolonisten die Gärten und die Vermietung der Wohnungen, besonders in der Sommerzeit. Die zweistöckigen Häuser bringen im Jahr bis zu 130 Talern und die einstöckigen bis zu 60 Talern Verdienst. Die Gärten sind reich an Sauerkirsch- und Apfelbäumen, Beeren und Gemüse. Diese Gärten können in einem guten Jahr dem Eigentümer 100–200 Taler Gewinn bringen.

Die Lage der Alexandrowka ist ausserordentlich schön und erinnert mit ihren weiten Ebenen, Hügeln, Wäldchen an das bei Moskau liegende Ostankino. Überhaupt weist das Äussere der Kolonie viel Russisches auf; an ihrer Einfahrt ist ein Stamm mit der russischen Aufschrift „Село Александровское" (Dorf Alexandrowka) *aufgestellt, an der Vorderfront eines jeden Hauses steht auch auf Russisch der Name seines Eigentümers geschrieben: Иван Яблоков, Николай Шишков, Григорий Вавилов* usw.

Aber die Freude des russischen Reisenden kühlt sich sofort ab sobald er irgendeines dieser Häuser betritt. Unter dem Ein-

druck der russischen Aufschrift stehend betritt er den Hof und fragt den ersten, der ihm begegnet auf Russisch: *Дома хозяин? (Ist der Hausherr zu Hause?)* und bekommt als Antwort: *„Was sagen Sie?"* Wenn Sie so ein Empfang noch nicht fassungslos macht, so ist die auf die deutsche Frage *„Ist Herr Schischkof zu Hause?"* gegebene Antwort *„Jawohl, zu dienen, ich bin selbst Nikolai Schischkof"* restlos in der Lage Sie zu enttäuschen.

Die Sache ist die, dass von den ursprünglichen Kolonisten nur 2 alte Männer übrig geblieben sind: Sergejef und Aleksejef. Alle Kinder der russischen Siedler weisen nichts Russisches mehr auf. Nicht nur, daß sie kein Wort Russisch verstehen, sie sind auch in jeder anderen Beziehung zu Deutschen geworden, was ganz natürlich ist, weil ihre Mütter Einheimische waren …

Der Erbe der Stelle, **Nikolaus** Wassileiwitsch **Schischkoff**, geboren am 16. April 1831, wurde im Waisenhaus erzogen, erlernte keinen Beruf, sondern verdient sich seinen Lebensunterhalt als Hausierer für Galanteriewaren. Wie auch seine Mutter verbringt er die meiste Zeit außerhalb seines Hauses und Gartens.

Mit Erreichen seiner Volljährigkeit, mit 24 Jahren, wird ihm am 1. April 1855 die Kolonistenstelle offiziell übergeben. Er scheint sich mit seiner Mutter nicht gut verstanden zu haben, denn sie bittet das Garderegiment bereits im März 1855 um finanzielle Unterstützung für ihren Auszug aus der Kolonie und um Hilfe bei der Wohnungssuche. Ihre Spur ist in den Akten und Adressbüchern Potsdams noch eine Weile nachvollziehbar, denn sie zieht zunächst in die Waisenstr. 2, danach in die Mauerstr. 4 und am 1. September 1857 in die Tuchmacherstr. 4. 1863 ist sie in der Elisabethstr. 1 registriert. Da sie finanziell offenbar nicht zurechtkommt, wendet sie sich wiederholt an das Garderegiment mit der Bitte um Unterstützung, doch wird ihr mitgeteilt, dass sie ebenso wie die

anderen Witwen russischer Sänger, deren Söhne ihr Erbe angetreten haben, keine Ansprüche mehr an das Regiment oder den König hat. Deutlich wird ihr beschieden, das Regiment mit Unterstützungsanträgen, z. B. für Winterholz, nicht mehr zu behelligen. Lediglich im Januar 1857 erhält sie ein Gnadengeschenk von 20 Talern, da sie offenbar in dem im September 1856 abgebrannten Haus der Grigorieffs alle ihre Sachen untergestellt und durch das Feuer verloren hat. Im Adressbuch der Stadt Potsdam für das Jahr 1856 stehen als Nutzer der Stelle Haus Nr. 11 ein A. (?) Schischkoff und ein Tischler Wagner.

Am 11. Mai 1859 verheiratet sich **Nikolaus Wassileiwitsch Schischkoff** mit **Friederike Anna Louise Discher, verwittwete Hinze**, geboren am 3. September 1823 bei Brandenburg, und hat eine Stieftochter aus der ersten Ehe seiner Frau, die 1877 allerdings verstirbt. Auch seine Frau stirbt bereits am 22. April 1869.

Am 3. Oktober 1869 heiratet er erneut und hat mit dieser Frau, **Emilie Gohlke** (17. Januar 1840–3. September 1916), zwei Töchter, von denen eine 1877 stirbt und nur die am 3. Oktober 1874 geborene Emilie … Charlotte überlebt. Außerdem bekommen sie einen Sohn, **Nicolaus Wassiliwitsch Georg**, der am 25. Februar 1871 geboren wird. Nikolaus selbst aber lebt lt. Auskunft des Aufsehers *ebenso leichtsinnig wie vorher"*, und die Ehe ist unfriedlich.

Von Anfang an ist das einstöckige Haus untervermietet und Schischkoffs selbst leben unter der Adresse „Alexandrowka 11–2". Für 16 Taler für eine Stube und bis zu 130 Talern für die ganze Wohnung wohnen wechselnde Gäste für den Sommer, Winter oder auch nur für wenige Wochen bei Schischkoffs, daneben aber hat Nikolaus auch immer wieder reguläre Untermieter, die in den Adressbüchern der Stadt notiert werden. Der Garten ist ebenso wie das

Haus in gutem Zustand und ergibt nach Auskunft des Kolonieaufsehers einen Reinertrag von ca. 50 Taler jährlich, was wiederum die großzügige Einschätzung August von Viederts aus dem Jahr 1854 erheblich relativiert. Von April 1856 bis 1859 ist der gesamte Schischkoffsche Garten für 115 Taler jährlich verpachtet.

Nikolaus Wassileiwitsch Schischkoff stirbt am 24. Dezember 1876 und hinterlässt die Stelle seinem minderjährigen, erbberechtigten Sohn. Wieder führt die Mutter die Wirtschaft des Hauses weiter, wobei auch diese Mutter und ihr Sohn kein gutes Verhältnis miteinander gehabt zu haben scheinen. Emilie Schischkoff ist nur 1892–1898 als Mitbewohnerin der Stelle Haus Nr. 11 eingetragen. Sie zieht danach zunächst in die Junkerstr. 81, 1900 in die Waldemarstr. 18 und im Jahr 1903 in die Spandauerstr. 26, wo sie im Adressbuch von 1909 das letzte Mal erwähnt wird. Am 15. Dezember 1911 bittet der Schatullverwalter des Kaisers, Grimm, wegen eines Bittgesuchs der Witwe Schischkoff vom 22. November den Aufseher der Kolonie, Paar, um vertrauliche Auskunft. Kurz darauf antwortet Paar. Er stellt zunächst fest, dass die Witwe Schischkoff seit dem Tod ihres Mannes 1876 bis zum 25. Februar 1892 die Stelle führte und ihm diese nach Erlangung seiner Volljährigkeit, mit inzwischen 21 Jahren, übergab. Sie habe dann 150 Mark Übergabegeld erhalten, sei aber zunächst bei ihrem Sohn geblieben.

Über ihren Charakter äußert er sich scharf: *... Sie war zeitweise arbeitsam, nie aber recht haushälterisch, dagegen sehr gehässig, neidisch und zänkisch veranlagt, wodurch es häufigen Unfrieden und heftige Auftritte in der Familie gab. Nach der Verheiratung des Sohnes im Jahr 1897 steigerte sich ihr aufgebrachtes Wesen so, daß sie wiederholt wegen Geisteskrankheit in das städtische Krankenhaus und eine Zeit lang in die Landesirrenanstalt Neu – Ruppin gebracht werden mußte. Aus dieser als geheilt entlassen, bezog sie zunächst eine kleine Wohnung in der Stadt, die der Sohn bezahlte.*

Die einzige Tochter erbte damals das ganze Vermögen einer verstorbenen Tante (Schwester Schischkoffs) von ungefähr 12 000 M., heiratete später einen anscheinend wohlhabenden geschiedenen Fabrikbesitzer Karchow aus Berlin, in dessen Haus sie früher Kinderfräulein war und sorgte nun ... für den Unterhalt der Mutter, indem sie beispielsweise eine teurere Wohnung für sie mietete und ausstattete.

Bei dem jetzigen Kolonisten Schischkoff, dessen Familie sich von 1897 bis 1900 um 4 Kinder vermehrt hatte, stellten sich zu Anfang des Jahres 1901 ebenfalls Wahnvorstellungen ein, die ärztlicherseits als selbige Belastung durch krankhafte ... Verwirrung angesehen wurde und eine lange Krankenhausbehandlung zur Folge hatte. Auch hier sorgte die Schwester für eine lange Kur in einer Privatheilanstalt, wodurch er nach einigen Monaten als gebessert zur Familie zurückkehren durfte. Von da ab hat er untätig für die Mutter nichts mehr getan ... Schischkoff hat seiner Militärpflicht beim Garde Jäger Bataillon genügt ...

Der Kolonieaufseher führt weiter aus, dass Georg Schischkoff wegen seiner Krankheit auf die Einkünfte durch Vermietung angewiesen und ein Zusammenwohnen mit der Mutter nicht ratsam sei. Frau Karchow lebe inzwischen sehr zurückgezogen, die Witwe Schischkoff erhalte seit 1906 Armenunterstützung durch die Stadt Potsdam.

Dass der Familie „Wahnvorstellungen" und „Geisteskrankheit" unterstellt wurden, war kein Sonderfall in der Kolonie Alexandrowka. Auch anderen Frauen, etwa der Witwe Stierakoff, wurde leichthin Geistesschwäche, Trunksucht oder Anmassung attestiert und Unzufriedenheit mit sozialen, politischen oder wirtschaftlichen Zuständen prinzipiell schnell als „Wahn" diagnostiziert.

Paars Auskunft und Meinung folgend wird am 4. Januar 1912 das Gesuch der Witwe Schischkoff um finanzielle Unterstützung sowie der Umzug zu ihrem Sohn abgelehnt. Sie stirbt 1916.

Nicolaus Wassiliwitsch <u>Georg</u> lernt 1885–1887 zunächst Gärtner beim Hofgärtner Schaper, zieht nach seiner Lehre, am 6. April 1887, wieder in die Kolonie, am 15. Oktober 1888 bis zum Februar des folgenden Jahres nach Berlin, kehrt aber am 2. Februar 1889 wieder zurück. Als bei einer Vorbeifahrt der preußische Kronprinz die Lämmer und Ziegen Schischkoffs entdeckt, erhält er sogar die Gelegenheit, sich den Hoheiten persönlich vorzustellen, denn er wird gebeten, eines der Lämmer zum Neuen Garten zu bringen, damit die kronprinzlichen Kinder mit dem zutraulichen Tier spielen können.

Er heiratet 1897 **Martha Clara Margarete Niemann** (1. Dezember 1879–9. März 1933) aus Schwerin, und sie bekommen fünf Kinder:

Hans Georg, geboren am 10. Juni 1897
Margarete (15. Juni 1898–27. Februar 1977)
Gertrud (4. Juli 1899–27. Juli 1977)
Nikolaus (19. Juli 1900–25. Juni 1971)
Gisela, geboren am 16. Juni 1916

Georg Schischkoff ist eine bekannte Persönlichkeit im Potsdamer Stadtbild. Als ein Mann *„mit Gardemaß"* und auffallendem, rotem Backenbart, dient er im Weltkrieg bei den Garde-Jägern in Potsdam und nach 1918 als Fahnenträger des Vereins ehemaliger Gardejäger. Nach dem Krieg und der Abdankung des Kaisers herrscht in Potsdam zunächst einige Verwirrung über die rechtliche Situation der Kolonie Alexandrowka. Ein Major a. D. von Schaack fragt 1923 an, ob *„das zur Russischen Kolonie gehörige unbebaute Grundstück welches dem Tschikow'schen (Schischkoffschen) Hause gegenüberliegt und an das Ahrenz'sche*

Grundstück Spandauer Str. Ecke Neue Anlagen (auch Jägerallee genannt) anstößt, zu verkaufen ist". Er versichert, *„ im Stil der Blockhäuser der Russischen Kolonie"* bauen zu wollen, doch das Antwortschreiben des „Generalbevollmächtigten des vorm. Königs" stellt ausdrücklich fest, dass das Grundstück zu einer Kolonistenstelle gehört, *„ deren Nießßbrauch auf Grund der Ziffer 4 der ... Stiftungsurkunde vom 31. März 1827 in Verbindung mit Ziffer 2 der ... Ergänzungsurkunde vom 13. März 1862 den männlichen Nachkommen der bei Gründung der Kolonie in diese Stelle eingewiesenen Russischen Sänger Schischkoff bis zum Aussterben des Mannesstammes zusteht".*

In den Adressbüchern der Stadt Potsdam ist Georg Schischkoff, Obstgärtner, ab 1892 bis einschließlich 1936/37 eingetragener Stelleninhaber. Nur ausnahmsweise sind in den Adressbüchern der Stadt Potsdam auch Mitbewohner für das Haus Nr. 11 verzeichnet.

Georg Schischkoff stirbt am 23. September 1945.

Sein Sohn, der Landschaftsgärtner **Hans Georg Schischkoff**, wird ab 1932 in den Adressbüchern der Stadt Potsdam mit einer eigenen Wohnung geführt. Er wohnt zunächst in der Jägerallee 21, 1936/37 im Reiterweg 3, in dem Haus, das Friedrich Wilhelm IV. einst für seinen Küchenmeister Piechofsky errichten ließ. Im Jahr 1926 heiratet er **Olga Kaack** (1. Juni 1896–28. Dezember 1982) und sie bekommen die Kinder:

Horst Hans Georg, geboren am 30. Mai 1827
Ilse, geboren am 2. Februar 1931

Er arbeitet zunächst in Sanssouci, macht sich aber beim Einzug in die Stelle Haus Nr. 11 im Jahr 1938 als Gärtner selbständig. Auf seine Veranlassung hin wird 1938 endlich auch die Stelle Haus Nr. 11 an die städtische Kanalisation angeschlossen, und zum ersten Mal seit 1827 leidet die Familie nicht mehr unter dem im Sommer ausgetrockneten und im Winter zugefrorenen Brunnen.

Vater Georg Schischkoff übergibt bereits zu seinen Lebzeiten die Kolonistenstelle, für die sein Sohn Hans 1938 offiziell als neuer Eigentümer eingetragen wird. Bereits in den ersten Kriegstagen 1939 wird Hans zum Kriegsdienst eingezogen und stirbt schließlich als Feldwebel der deutschen Wehrmacht am 3. Mai 1945 an den schweren Verletzungen durch Granatsplitter, die ihn am 26. April 1945 beim Kampf um Potsdam getroffen haben. Da Georg Schischkoff erst im September stirbt, hinterlässt der die Stelle nun dem Enkel Horst.

Horst Schischkoff wird 1943 zunächst als Luftwaffenhelfer eingezogen, muss aber wegen eines Sportunfalls bereits nach drei Monaten entlassen werden. Er geht danach zur Ufa-Filmgesellschaft und arbeitet als Aufnahmeleiter-Hilfe. Nach dem Kriegstod des Vaters und dem wenige Monate darauf folgenden Tod des Großvaters erbt Horst Schischkoff Haus und Garten unmittelbar nach dem Einzug der Roten Armee in Potsdam. Im Adressbuch der Stadt Potsdam des Jahres 1949 ist die Stelle Haus. Nr. 11 allerdings als Eigentum der Liegenschaftsverwaltung vermerkt und seine Mutter Olga lediglich als Mieterin, denn die Auflösung der Kolonie als Denkmal und die Ablösung der Privilegien für die Nachfahren der russischen Sänger treffen auch die Schischkoffs, die als angeblich aktive Nationalsozialisten verleumdet werden. Folgerichtig wird gemäß der neuen politischen Richtlinien am 3. Oktober 1950 bzw. 19. Januar 1951 ein neuer Besitzer, zunächst der Kolonist Trümper – und nach Bekanntwerden dessen politischer Vergangenheit als überzeugtem SA-Mann – der Gärtner Dudzinski in das Haus Nr. 11 eingesetzt. Schischkoffs wohnen im Stall. Gemeinsam mit den anderen Nachfahren russischer Sänger klagt Horst am 25. Ok-

tober 1950 über die Ungerechtigkeit, ihnen als Nachfahren von Russen und historisch berechtigten Kolonisten ohne Anhörung und aufgrund von übler Nachrede ihre angestammten Häuser wegzunehmen. Dennoch wird Dudzinski am 2. Februar 1951 als neuer Eigentümer des Bodenreformeigentums im Grundbuch eingetragen. Schischkoffs wehren sich weiterhin gegen die Verleumdungen, beschweren sich gemeinsam mit anderen langjährigen Kolonisten am 3. September 1951 bei der Staatlichen Kontrollstelle des Landes Brandenburg über die durch die Neuaufteilung der Grundstücke entstandenen Umstände und über die Verwirrungen wegen der umstrittenen Zuständigkeit der verschiedenen Kommissionen. Auf Anraten eines Freundes und nachdem seine Proteste und Beschwerden über die Wegnahme seines Vaterhauses erfolglos bleiben, tritt Schischkoff am 5. Januar 1952 in die NDPD ein, die sich nun für ihn gegenüber der Kreis-Boden-Kommission engagiert. Dank dieser Unterstützung wird Horst Schischkoff am 8. Februar 1952, bei der endgültigen Vergabe der Kolonistenstellen, als einer der sechs Garten-Kolonisten bestätigt und erhält am 13. Juni 1952 sein Haus und seinen Garten von dem Gärtner Dudzinski zurück.

Der Garten umfasst zu diesem Zeitpunkt ca. 2,5 Morgen Land mit 75 Obstbäumen, die seine Vorfahren gepflanzt und gehegt haben, und mit etwa 1000 Himbeer- und 60 anderen Sträuchern. Einen Teil seines Gartens stellt er später einer Schule zur Verfügung. Als Mieter wohnt in diesen Jahren der Journalist und Schriftsteller Horst Bienek bei ihm und auch seine Mutter zieht erst in den frühen 1960er Jahren nach Westdeutschland.

Mit Horst Schischkoff endet die Tradition der gewerbsmäßigen Gärtnerei in der Familie, denn er arbeitet bis zu seiner Pensionierung beim Film in Berlin und Babelsberg. Er war mit Renate Müller verheiratet und hat zwei Töchter, Kristina und Bettina.

Da die Stiftungsgrundsätze von 1827 keine Gültigkeit mehr besitzen, bleibt das Haus der Familie erhalten.

Iwan (Johann) Wassiliwitsch Schischkoff
(17. April 1833–?)

Der zweite Sohn des russischen Sängers Schischkoff, Iwan (Johann) Wassiliwitsch, geboren 1833 und bis 1846 in der Garnisonschule, erhält im Januar 1848 den Zuschlag für ein lebenslanges Wohnrecht in der Stelle Haus Nr. 5, die nach einem Ringtausch innerhalb der Kolonie nun zur Verfügung steht. Wegen seiner Minderjährigkeit werden Haus und Garten vom 1. April 1848 für sechs Jahre an einen Militärangehörigen Sternsdorf und seine Frau verpachtet und im Wohnungs-Anzeiger der Stadt Potsdam des Jahres 1849 ist daher der Gartenpächter Sternsdorff als alleiniger Stellennutzer eingetragen.

Noch vor seiner Volljährigkeit aber wird dem Schneider Iwan Schischkoff das Haus Nr. 5 in der Kolonie Alexandrowka wieder entzogen. Wegen *widernatürlicher Unzucht mit Mannespersonen* angeklagt und durch peinlich genaue, detaillierte Zeugenaussagen überführt, verurteilt ihn das Stadtgericht Potsdams am 22. Juni 1856 zu neun Monaten Gefängnis. Für ein Jahr werden ihm außerdem die bürgerlichen Ehrenrechte aberkannt. Der Verlust des lebenslangen Wohnrechts im Haus Nr. 5 wegen *Unwürdigkeit* wird am 16. September beschlossen und dem Aufseher der Kolonie am 22. Oktober 1856 mitgeteilt, die Kolonistenstelle Haus Nr. 5 am 1. April 1857 dem invaliden Hautboisten (Militärmusiker) Johann Bein vom 1. Garderegiment zu Fuß auf Lebenszeit zugesprochen.

Iwan (Johann) Schischkoff zieht nach Verbüßung seiner Haft am 2. Januar 1858 zu seiner Mutter, Wilhelmine Schischkoff, in die Tuchmacherstr. 4. Im Januar und Februar 1859 erfleht Iwan Schischkoff erneut seine ehemalige Stelle. Auch die Witwe Schisch-

koff, so berichtet der Kolonieaufseher, bitte um Verzeihung für ihren Sohn. Der König lehnt ab. Nicht nur der Sohn Iwan, sondern auch die Tochter Auguste sowie die Witwe selbst hätten einen schlechten Ruf und alle drei sollten daher nicht mehr in der Kolonie wohnen und sich auch nicht mehr dort aufhalten. Im Adressbuch für das Jahr 1861 steht der Schneidergeselle Schischkoff schliesslich als wohnhaft in der Charlottenstr. 28. Danach verliert sich seine Spur.

Familie
Dimitri Sergeeff

Aus den biographischen Angaben der Alexander-Nevskij-Kirche:

Name und Rang: Serjeff (Sergeeff), Dimitrij (Demetrius), Gemeiner
Geburtsort: Belaunotta (Belanowka) bei Rjasan, Gouv. Rjasan
Geburtstag: 21. September 1788
Personenstand: 1.) verh. Potsdam (Hof- und Garnisonkirche) 26. Oktober 1826; 2.) ebenda 10. März 1835
Kinder: –
Todestag: 27. Juni 1861

Beginn der Dienstzeit im russischen Heer: 8. September 1808
die Länge der Dienstzeit in Russland: 4 Jahre 2 Monate
die Größe nach Zoll und Strich: 5,0 (zuzügl. 5 Fuß Standardmaß = 1,70 m)
an welchen russischen Feldzügen teilgenommen: 1809–12
an welchen preußischen Feldzügen teilgenommen: 1813–15

Der Leibkompanie des 1. Garderegiments am 14. November 1812 zugeteilt.

Dimitri Sergeeff kam als Kriegsgefangener des Feldzugs von 1812 nach Potsdam und wurde hier am 14. November 1812 zum russischen Sängerchor des preußischen Königs überstellt. Er bezieht ein monatliches Gehalt von 3 Talern 2 sgr 6 Pf, außerdem Kleidung, Brot und kleine Montierungsstücke. Ob und welche preußischen oder russischen Gedenkmünzen für die Feldzüge von 1812–1815 er besaß, lässt sich nicht mehr feststellen, 1829 aber wird ihm das Ehrenzeichen des St.-Annen-Ordens wegen tadelsfrei zurückgelegter 20 Dienstjahre verliehen. Als letzter der russischen Sänger, nach Alexieff und Grigorieff, heiratet er am 26. Oktober 1826, und es ist zu vermuten, dass ihm die Stiftungsbestimmung des Königs vom 10. April 1826 bekannt war, die nur verheirateten Sängern den Einzug in eine eigene Kolonistenstelle in der Kolonie Alexandrowka erlaubte. Sein Beruf wird im Heiratseintrag der Kirchenbücher mit *„Garde Grenadier und russischer Sänger"* angegeben, sein Alter mit 37 Jahren. Seine Frau wird die 30jährige **Johanna Christiane Arnold**. Am 2. April 1827 beziehen beide das einstöckige Haus Nr. 4 (heutige Zählweise), doch die Ehe ist unglücklich und unüberbrückbare Differenzen werden öffentlich: *Bei Gelegenheit einer Entzweiung des dem Trunk in höchsten Grade ergebenen Sergeeff mit seiner Ehefrau, welches eine Trennung der Ehe zur Folge haben dürfte, erschien die abermalige Revision der dem Sergeeff übergebenen Inventarien Stücke erforderlich. Es haben sich hierbei die in anliegendem Verzeichnis aufgeführten Gegenstände als fehlend ergeben, deren Wiederanschaffungskosten sich auf wenigstens 20rth belaufen würde.*

Regimentskommandeur Oberst v. Prittwitz, 26. März 1831

Das Inventar wird ohne Wissen Sergeeffs vom König ersetzt, Sergeeff aber eine 14tägige Haftstrafe angedroht. Die Strafe wird ausgesetzt, um das Haus nicht ganz leer stehen zu lassen. Auch wird ihm das Inventar nicht ausgehändigt, bis *„die ehelichen Verhältnisse wieder in Ordnung"* sind. Seine Frau aber hat ihn zu diesem Zeitpunkt offenbar – wenigstens vorübergehend – bereits verlassen. 1833 wird die Ehe offiziell geschieden.

Am 8. März 1835 heiratet Sergeeff die **Witwe Danzmann, geborene Gottliebe Henriette Winter** (1793–9. April 1858), die zwei Söhne und zwei Töchter aus ihrer ersten Ehe mitbringt. Da die Ehen Sergeeffs ohne eigene leibliche Nachfahren sind, versucht er, die Kolonistenstelle seinen Stiefkindern zu hinterlassen. 1840 adoptiert er einen Sohn seiner Frau, Wilhelm Danzmann, und lässt hierüber beim Stadtgericht ein Protokoll aufnehmen. Das Allgemeine Preußische Landrecht hatte in § 681 zwar bezüglich der Adoption von Kindern geregelt, dass Adoptierte prinzipiell die gleichen Erbrechte hätten wie leibliche Kinder, doch war diese Vorschrift nur für frei verfügbares Eigentum gültig. Für das Krongut, das die Kolonie Alexandrowka war, hatte der König 1827 Statuten erlassen, die vom allgemein gültigen Gesetz abwichen und beharrte auf seiner Regelung, nur den leiblichen, ehelich gezeugten Söhnen der russischen Sänger die Kolonistenstellen zu geben. Sergeeffs Versuch, einer Stieftochter durch Adoption das Erbe zu erhalten, wird im Februar 1841 ebenfalls negativ beschieden und auch die Bewerbung des Stiefsohns Wilhelm Sergeeff-Danzmann um die Stelle des ohne berechtigten Erben verstorbenen Stierakoff (Haus Nr. 3), wird 1842/43 nicht berücksichtigt.

Außer seinem Gehalt kann Sergeeff lt. Aktenauskunft nichts zur Bewirtschaftung der Stelle beitragen. Da er auch mit dem Inventar nicht sorgsam umgeht und im Trunk einige Möbel zerschlagen hat, bekommt ab Januar 1837 nur noch seine Ehefrau bares Geld ausgehändigt, allerdings mit dem Abzug, den die Wiederherstellung des Inventars kostet. Auch Sie scheint ihren trunksüchtigen Mann wenigstens vorübergehend verlassen zu haben, denn im Jahr 1842 taucht sie in den Akten plötzlich als Pächterin des Karl Anisimoff im Haus Nr. 5 auf. Ob Sergeeff trotz seines Temperaments, seiner Trunksucht und der Lage des Hauses im benachteiligten nördlichen Teil der Kolonie Sommerwohnungen vermietet, ist unklar. Eine 1844 im „Potsdamschen Wochenblatt" erscheinende Vermietungsanzeige kann sowohl eine Wohnung in seinem Haus Nr. 4 oder aber in der Stelle Nr. 5 der Anisimoffs meinen, da sie lediglich eine Wohnung „dicht am Capellenberge" in der Kolonie anpreist. Vorbehaltlich einer durch die damals unsichere Nummerierung verursachte Verwechslung mit einem nach heutiger Zählweise anderen Haus, steht erst 1847 wieder für das Haus Nr. 4 eine nüchtern gehaltene Anzeige für eine Sommerwohnung im „Potsdamschen Wochenblatt". Im Unterschied zu dem üblichen Anzeigenstil nennt die Annonce die Kolonie beim Namen „Alexandrowka", was darauf schließen lässt, dass sich der Vermieter nicht nur an das Potsdamer Publikum wendet.

Fest steht, dass Sergeeff dauerhaft Räume des Hauses untervermietet hat. Im eindeutig nummerierten Wohnungs-Anzeiger der Stadt Potsdam von 1849 steht als Mitbewohner der Stelle Haus Nr. 4 der Tischlermeister Kothe, der auch später wieder als Mieter auftaucht. In den Akten undatiert, vermutlich um 1856, ist eine Untervermietung an den Kutscher Sommerfeld verzeichnet.

Als im Jahr 1854 der deutsch-russische Übersetzer August von Viedert für einige Wochen in der Kolonie wohnt, fällt ihm auch Sergeeff auf: … *daß von den ursprünglichen Kolonisten nur 2 alte Männer übrig geblieben sind: Sergejef und Aleksejef. Alle Kinder der russischen Siedler weisen nichts Russisches mehr auf.*

Nicht nur, daß sie kein Wort Russisch verstehen, sie sind auch in jeder anderen Beziehung zu Deutschen geworden, was ganz natürlich ist, weil ihre Mütter Einheimische waren. Sergejef und Aleksejef sind auch mit deutschen Frauen verheiratet. Ers-
terer, der wahrscheinlich nie ein tapferer Soldat war, steht jetzt, wie man sagt, unter dem Pantoffel seiner Frau, einem zänkischen, geizigen Weib. Kinder hat er keine. …

Sergeefs „*zänkisches, geiziges Weib*" wird im Beurteilungsbogen des Aufsehers der Kolonie als trotz ihres Alters bis zum Schluss sehr fleißig gerühmt. Sie stirbt 1858 im Alter von 66 Jahren und 3 Monaten, irrtümlich „*eines russischen Sängers Witwe*" genannt, an Lungenentzündung.

Als letzter der russischen Sänger stirbt Dimitri Sergeeff im Alter von 73 Jahren am 27. Juni 1861 an Lungenschlag. In den Garnisonkirchenbüchern wird „*Demetrius*" Sergieff als „*Russischer Colonist*" vermerkt, seine einstige Eigenschaft als russischer Sänger des Königs ist vergessen. Wilhelm Sergeeff-Danzmann hatte seinen Stiefvater seit dem 1. Januar 1860 zu Hause gepflegt und bittet daher am 18. März 1861 nochmals um die Überlassung der Stelle. Der Antrag wird endgültig abgelehnt und nach einer Gnadenfrist, die den nicht erbberechtigten Witwen, Töchtern und nachgeborenen Söhnen stets eingeräumt wurde, zieht er am 1. Oktober 1861 aus dem Haus und der Kolonie aus. Die Kolonistenstelle fällt zurück zur Verfügung des Königs, der sie gemäß eines Versprechens von 1848 dem Sohn des ersten Aufsehers Riege, Rudolph Peter Friedrich Eduard Riege [30. Oktober 1842–1872 (?)], auf Lebenszeit überträgt. Wegen der Minderjährigkeit Rieges wird sie für fünf Jahre an den Zimmermann Hübner für jährlich 120 Taler verpachtet.

Familie Iwan Stirakoff

Aus den biographischen Angaben der Alexander-Newski-Kirche:

Name: Stirakoff, Iwan, Invalide
Geburtsort: Stadt Witebsk
Geburtstag: 24. Juni 1784

Personenstand: verh. Potsdam (Hof- und Garnisonkirche) 30. Mai 1816, ebenda 13. April 1837
Kinder: 1 Sohn, 1 Tochter
Todestag: 7. (17.?) September 1842

Beginn der Dienstzeit im russischen Heer: Juli 1805
die Länge der Dienstzeit in Russland: 4 Jahre beim Ostpr. K. Regt.
die Größe nach Zoll und Strich: 5,0 (zuzügl. 5 Fuß Standardmaß = 1,70 m)
an welchen russischen Feldzügen teilgenommen: –
an welchen preußischen Feldzügen teilgenommen: 1806, 1807, 1813–15

Der Leibkompagnie des 1. Garderegiments am 1. Oktober 1832 zugeteilt.

Die Stelle des 1831 kinderlos verstorbenen Feldwebels Wawiloff Haus Nr. 3 wird am 1. Oktober 1832 dem Garde-Invaliden Iwan Stierakoff, Sohn eines Viktualienhändlers aus Russland, auf Lebenszeit übergeben. Er ist kein russischer Sänger, wird aber ebenso wie später auch Iwanow Jahn aufgrund seines Wohnorts und wegen seiner Überstellung zur Leibkompanie des 1. Garderegiments zu Fuß als *russischer Sänger* geführt. Seine Gedenkmünzen aus den Befreiungskriegen werden in der Alexander-Nevskij-Kirche aufbewahrt, obwohl es sich bei einer der heute dort befindlichen Münzen wohl um eine irrtümliche Zuordnung handelt. Als preußischer Soldat hat Stierakoff kaum die russische Gedenkmünze für die Eroberung von Paris 1814 erhalten, hatte aber zum Zeitpunkt seines Einzugs in die Kolonie fast 28 Jahre lang als russischer und preußischer Soldat gedient und gelebt.

Seit dem 30. Mai 1816 ist er mit Johanna Charlotte Wassermann verheiratet, bezieht 3 Taler Gehalt und hat von Anfang an eine Wirtschafterin in seinem Haus. Die gesamte zweite Etage seines Hauses vermietet er, die vorderen Räume im Erdgeschoss nutzt eine Frau von Bismarck.

Nach 20jähriger, kinderloser Ehe reicht Stierakoff 1836 die Scheidung ein, um seine Wirtschafterin zu heiraten. Die Scheidung und erneute Eheschließung werden vom Garderegiment im Januar 1837 genehmigt, und am 13. April 1837 verheiratet sich Stierakoff mit Johanna Caroline Bohsch (auch: „Briksch", „Boksch"), geboren 1795. Seine zweite Frau hat einen unehelichen Sohn, Karl Briksch, die ehelichen Verhältnisse gelten schnell als zerrüttet und seine zweite Ehefrau als „auffällig". Gegen sie ist im August 1843 ein schwebender Prozess vor dem Potsdamer Stadtgericht aus Gründen anhängig, die in den Akten zur Kolonie Alexandrowka nicht erwähnt werden, doch taucht sie in Akten des Jahres 1844 als *„Strafgefangene"* auf. Nach Auskunft des Kolonieaufsehers wurde sie 1841 des öfteren in geistiger Verwirrung angetroffen und in Spitäler gebracht, doch vermutet der Aufseher lediglich ein Übermaß an Alkohol als Grund ihrer Verwirrung.

Auch die zweite Ehe Stierakoffs bleibt kinderlos, und obwohl ihm die Stelle ohnehin nur auf Lebenszeit verliehen wurde, bemüht sich Stierakoff um einen Erbanspruch für den Sohn seiner zweiten Frau. Wie allerdings vor ihm schon Sergeeff erhält auch Stierakoff im Februar 1841 Bescheid, dass eine Adoption keinen Anspruch auf das Erbe der Stelle begründet. Kurz entschlossen behauptet Stierakoff nun, er selbst sei der Vater des Karl Bricksch, geboren am 10. September 1815.

Zu den Verhältnissen der Stierakoffs äußert sich der Kolonieaufseher ausführlich: ... *Die Ehefrau des Russischen Sängers Stierakoff ging am 5. Mai in Geistes Zerrüttung nach Klein Glienicke, wurde dort von einem Gendarm angehalten und einem Bürger aus Potsdam Namens Thiele zur Begleitung nach der Kolonie Alexandrowka übergeben,* beim Hergang von dort, sprang sie demselben bei der Drehbrücke ins Wasser, wo sie von den dort arbeitenden Leuten herausgezogen und von dem erwähnten Bürger nach der Kolonie gebracht wurde, in Folge dieser Tatsache wurde nach ärztlichen Gutachten dieselbe 19 Tage im Hospital des hiesigen Armenhauses behandelt und zu Pfingsten als geheilt entlassen, mußte aber wegen eines Rückfalls ihres Gemützustandes am 22. Juni wieder im erwähnten Hospital aufgenommen werden und nach 13tägiger Behandlung am 6. Juli wurde dieselbe abermals als geheilt entlassen, der Zustand derselben ist jedoch auch jetzt nicht ganz gut, indem dieselbe fortwährend wirre Reden führt. Die Ursachen weswegen sie ins Wasser gegangen, sind mir nicht bekannt, wahrscheinlich aber ist das zu viele Schnaps trinken schuld.

Die Verhältnisse ihres unehelichen Sohnes sind folgende: der p. Stierakoff hat seiner Angabe nach im Vertrauten Umgang mit der Caroline Bricksch (seiner jetzigen Frau) gelebt, der Sohn ist aber 1815 den 10. September geboren zur Zeit da das Regiment in Paris war, der Stierakoff müßte seine Bekanntschaft 1814 da wir aus dem Felde zurück kehrten fortgesetzt haben, sonst könnte der erwähnte Sohn kein natürliches Kind von ihm sein, dies ist jedoch einigen Zweifeln unterworfen, denn 1816 dem 30. Mai verheiratete sich der p. Stierakoff mit der Johanna Charlotte Wassermann, auch die Caroline Bricksch (die jetzige Frau des Stierakoff) hat in einem Protokoll datiert vom 28. Juni 1835 welches sich in Abschrift im Regiments Archiv befindet einen anderen Vater zu dem erwähnten Sohn angegeben; der p. Stierakoff lebte mit seiner ersten Frau der jetzigen Wassermann 20 Jahre im Ehestande ließ sich aber (in Folge der wieder angeknüpften Bekanntschaft der Bricksch) mit derselben am 30. August 1836 separieren und heiratete nach erfolgter Dispension am 13. April 1837 die Caroline Bricksch und hat dieses

Jahr die Legitimation seines unehelichen Sohnes nachgesucht und das Königliche Kammergericht hat sie beglaubigt. Was nun die Succession der Kolonisten Stelle betrifft, war der Herr Oberst von Werder der Ansicht, daß dies der Gnade Seiner Majestät überlassen bleiben müsse, weil nach der Kabinetsorder vom 31. März 1827 nur die in wirklicher Ehe erzeugte Kinder Erben können. ...

K. Alexandrowka den, 10. August 1841
Riege, Feldwebel und Aufseher

Der Regimentskommandeur von Gayl fügt noch ein anderes Argument hinzu, sich gegenüber dem König gegen die Anerkennung dieses angeblichen Sohnes auszusprechen: ... *wenn der Stierakow einen leiblichen ehelichen Sohn hätte, so wird für seine einstige Witwe der Vorteil davon entstehen, daß sie, nach dem etwaigen Ableben des Stierakow in der Kolonisten Stelle verbleiben, während sie nach der jetzigen Lage der Dinge dieselbe dann, nach dreimonatlichen Nießbrauch, verlassen müßte. Um seiner Frau die Zukunft zu sichern, ist nun in dem Stierakow selbst, oder noch wahrscheinlicher bei seiner Frau der Wunsch entstanden: ihrem unehelichen Sohn Karl Bricksch die Succession in der Kolonisten Stelle zu verschaffen, und der Stierakow hat zu diesem Zwecke nicht allein den vollen gerichtlichen adoplat, sondern auch dabei angegeben, es sei sein leiblicher mit seiner Frau außer der Ehe erzeugten Sohn.*

Die Wahrheit dieser Angabe kann zwar nicht in Abrede gestellt ... (doch wären) die übrigen Kolonisten gewissermaßen beeinträchtigt ... indem Seine Majestät bis jetzt vakant gewordene Stellen stets an die vorhandenen 2. und 3. Ehelichen Söhne der übrigen Kolonisten haben übergehen lassen ...

Stierakoff stirbt überraschend am 7. September 1842. Kurz nach seinem Tod zieht die Schwester seiner Frau, die Witwe Wilberg mit ihren drei Kindern vorübergehend in die Stelle ihres Schwagers Stierakoff, bevor sie weiter nach Schmargendorf geht. Eine ihrer Töchter bleibt bei der Witwe Stierakoff. Am Ende der üblichen Gnadenzeit fällt die Stelle, die die Witwe zum 1. April 1843 verlassen muss, zurück zur Verfügung des Königs. Sie wird im „Potsdamschen Wochenblatt" öffentlich zur Pacht ausgeschrieben und der Stiefsohn Stierakoffs, Karl Briksch, der russische Soldat Iwanow aus Grüningen und Vockin bewerben sich. Vockin erhält den Zuschlag am 19. August 1843, und Iwanow erhält die vorherige Stelle Vockins.

Karl Briksch geht leer aus.

Familie Iwan Thimafeiff

Aus den biographischen Angaben der Alexander-Nevskij-Kirche:

Name und Rang: Thimafeiff (Thimofejeff), Iwan, Unteroffizier
Geburtsort: Egoldajew bei Rjasan, Gouv. Rjasan
Geburtstag: 30. März 1791
Personenstand: verh. Berlin (Russische Gesandtschaftskapelle) 20. Mai 1815
Kinder: 1 Tochter
Todestag: 8. Januar 1848

Beginn der Dienstzeit im russischen Heer: 15. Januar 1807
die Länge der Dienstzeit in Russland: 5 Jahre 9 Monate
die Größe nach Zoll und Strich: 4,3 (zuzügl. 5 Fuß Standardmaß = 1,68 m)
an welchen russischen Feldzügen teilgenommen: 1812
an welchen preußischen Feldzügen teilgenommen: 1813–15

Der Leibkompagnie des 1. Garderegiments am 18. Oktober 1812 zugeteilt.

Iwan Thimafeiff ist der Sohn eines Predigers und kam als Kriegsgefangener des Feldzugs von 1812 nach Potsdam. Hier wurde er am 18. Oktober 1812 zum russischen Sängerchor des preußischen Königs überstellt. Wie alle Unteroffiziere des russischen Sängerchors heiratet er sehr früh, nämlich **Juliane Trotschena** (gestorben am 27. Dezember 1847), die er am 20. Mai 1815, während der zweiten Mobilmachung gegen Napoleon und nach orthodoxem Ritus in der Gesandtschaftskirche der Russischen Botschaft in Berlin heiratet. Dass er sowohl russische als auch preußische Gedenkmünzen für seine Teilnahme an den Feldzügen 1812–1815 besaß, ist eindeutig, allein die Münzen selbst fehlen heute auf der Gedenktafel in der Alexander-Nevskij-Kirche. Wegen tadelsfrei zurückgelegter 20 Dienstjahre beim russischen Militär wird ihm am 18. Februar 1828 das Ehrenzeichen des St. Annen Ordens überreicht, das nach seinem Tod nach Russland zurückzuschicken ist.

Er erhält monatlich ein Gehalt von 5 Talern, und gemeinsam mit seiner Frau bezieht er am 2. April 1827 die ihm zugewiesene zweigeschossige Stelle Nr. 12 (heutige Zählweise) in der Kolonie Alexandrowka. Sie bekommen eine Tochter, Anna Iwanowa, geboren am 24. Dezember 1830, die sie im russisch-orthodoxen Glauben taufen lassen.

Im September 1829 bietet er erstmals eine Wohnung zur Vermietung an und betont dabei seinen Rang: *In der russischen Colonie ist die Ober-Etage sogleich zu vermiethen, und kann im Sommer und Winter bewohnt werden, bei dem Unterofficier Temiweoff*

Im September 1830 wird in den Akten ein Dienstmädchen bei Thimafeiffs erwähnt, denn er bittet wegen angefallener Krankenhauskosten für das Mädchen um finanzielle Unterstützung, die ihm versagt wird. Möglich ist, dass das Dienstmädchen bei seiner Mieterin, der Frau des Kammergerichtsassessors

Meinert, in Diensten stand. Wann genau Frau Charlotte Friederike Meinert, geborene Klein (geboren am 24. November 1799 bei Oranienburg), bei ihm gewohnt hat, und ob sie ihre Kinder bei sich hatte, ist unklar. In den Akten befindet sich lediglich der Hinweis auf ihr vor 1848 bestehendes Mietverhältnis für die obere Etage des Hauses und auf den Mietzins von 80 Talern im Jahr.

Thimafeiff ist ein umsichtiger Kolonist. Aufseher Riege bescheinigt dessen zweistöckigem Haus einen guten baulichen Zustand und schätzt, dass der gut bewirtschaftete Garten einen Reinertrag von 60 Talern im Jahr einbringt. Auch die ursprünglich allen Bewohnern der Kolonie gestellte Kuh besitzt Thimafeiff im Gegensatz zu den anderen Kolonisten von 1828 bis zum Frühjahr 1838, bis sie ohne sein Verschulden eingeht. Sofort bittet er um Hilfe zum Kauf einer neuen Kuh. Sein Antrag wird unterstützt durch das positive Gutachten des Aufsehers Riege und den Regimentskommandeur von Werder: ... *die Kuh des Uoffz. Thimafieff (ist) in diesem Frühjahr ohne Verschulden des Besitzers gefallen. Derselbe bittet dringend ihm zum Ankauf einer neuen behilflich zu sein. Da er zu den wenigen fleißigen Kolonisten gehört, so dürfte er ... der Berücksichtigung nicht unwert sein ...*

Als einer von zwei Unteroffizieren der ehemaligen russischen Sänger, die 1834 noch am Leben sind, fährt er vermutlich gemeinsam mit Fedor Jablokoff und der preußischen Delegation unter dem Befehl des Prinzen Wilhelm mit zur Einweihung der Alexandersäule nach St. Petersburg. Sonst aber sind Thimafeiffs unauffällig, geben weder Anlass zu Skandalen, noch finden sich übermäßig viele Bittschriften oder Unterstützungsanträge der Eheleute in den Akten.

Juliane Thimafeiff stirbt am 27. Dezember 1847 und kurz darauf, am 8. Januar 1848, auch Iwan Thimafeiff an Lungenlähmung. Ih-

re Tochter ist gemäß der Stiftungsbestimmungen von 1827 nicht erbberechtigt und es bleibt ihr nur, bis zum 1. April 1848 das Haus zu verlassen. Wegen der Härte ihres Schicksals, plötzlich Vollwaise geworden zu sein, bekommt sie ausnahmsweise 50 Taler als Gnadengeschenk. Sie heiratet im Mai 1848 und erhält hierzu vom König zwei Friedrich d'Or (20 Taler) als Gnadengeschenk.

Die zweistöckige Stelle fällt zurück zur Verfügung des Königs, der sie am 1. April 1848 dem ehemaligen russischen Soldaten Iwanow Jahn auf Lebenszeit verleiht.

Familie
Peter Fedorow Uschakoff

Aus den biographischen Angaben der Alexander-Nevskij Kirche:

Name und Rang: Uschakoff, Peter Fedorowitsch, Gemeiner
Geburtsort: Dorf Krasnow bei Krotoezk, Gouv. Woronesch
Geburtstag: 25. November 1786
Personenstand: verh. Potsdam (Hof- und Garnisonkirche) 8. August 1826
Kinder: –
Todestag: 22. August 1848

Beginn der Dienstzeit im russischen Heer: 10. Dezember 1806
die Länge der Dienstzeit in Russland: 5 Jahre 10 Monate
die Größe nach Zoll und Strich: 4,3 (zuzügl. 5 Fuß Standardmaß = 1,68 m)
an welchen russischen Feldzügen teilgenommen: 1809–12
an welchen preußischen Feldzügen teilgenommen: 1813–15

Der Leibkompagnie des 1. Garderegiments am 14. November 1812 zugeteilt.

Peter Fedorowitsch Uschakoff kam als Kriegsgefangener des Feldzugs von 1812 nach Potsdam und wurde hier am 14. November 1812 zum russischen Sängerchor des preußischen Königs überstellt. Wie auch Grigorieff, Alexieff und Sergeeff heiratet Uschakoff erst spät und kannte zum Zeitpunkt seiner Eheschließung vermutlich bereits die königliche Bestimmung, nur den verheirateten russischen Sängern eine eigene Kolonistenstelle in der Kolonie Alexandrowka zu übergeben. Am 10. August 1826 wird **Friederike Bernhardt**, geboren 1800, in der Hof- und Garnisonkirche in Potsdam seine Frau. Sie bringt eine uneheliche Tochter mit in die Ehe. Uschakoffs Beruf wird im Heiratseintrag mit *„Garde Grenadier und russischer Sänger"* angegeben, sein Alter mit 40 Jahren. Er erhält 3 Taler Gehalt und am 18. Februar 1828 das Ehrenzeichen des St.-Annen-Ordens für tadelfreie 20jährige Dienstzeit beim russischen Militär. Russische oder preußische Gedenkmünzen, die er wegen seiner Teilnahme an den Feldzügen 1812–1815 besessen haben könnte, fehlen heute in der Gedenktafel der Alexander-Nevskij-Kirche.

Zu dritt beziehen Uschakoffs am 2. April 1827 die ihnen zugewiesene einstöckige Stelle Haus Nr. 9 (heutige Zählweise) in der Kolonie Alexandrowka, doch von Anfang an scheint die Familie finanzielle Sorgen gehabt zu haben. Bereits im Jahr ihres Einzugs bittet Frau Uschakoff um Hilfe, ihr Kind im Militärwaisenhaus in Potsdam erziehen zu lassen: *Die Ehefrau des Russischen Sängers Uschakoff hat des Königs Majestät gebeten, ihrem Kind als Zögling des Potsdamschen Militär Waisenhauses die Aussteuer Prämie von 50 rthl zu bewilligen. Dies Gesuch kann nicht erfüllt werden, Seine Majestät haben ihr aber die beiliegenden Zwanzig Taler als Gnadengeschenk zu bewilligen geruht, wenn ihre Führung sie dieser Berücksichtigung würdig macht. ...*

Berlin, den 19. Dezember 1827
Gez. von Witzleben

Der Kolonieaufseher Riege händigt ihr das Geld aus und notiert, wofür sie das Geld verwendet:

Rückständige Miete an den p. Bandow	*3 rthl*
Zu einem Ofen in der kleinen Stube	*4 rthl*
Für 2 kleine Schweine	*3 rthl*
Für Kleidungsstücke, Frau und Kind	*5 rthl*
Für desgl. für Hemden	*5 rthl*
	20 rthl

Am 1. April 1834 überlässt Uschakoff seine einstöckige Stelle Haus Nr. 9 auf eigenen Wunsch der Familie Vockin und bezieht die zweistöckige Stelle Haus Nr. 2, die der im Vorjahr ohne Erben verstorbene Wolgin innehatte.

1839 annonciert Uschakoff die Vermietung von Sommerwohnungen, wobei er wegen der fehlenden Nummerierung die Lage seines Hauses nur beschreibt: *In der russischen Kolonie, im dritten Haus rechts, ist eine freundliche Sommerwohnung, bestehend aus vier Zimmern und einer Küche, nebst Gartenpromenade zu vermiethen.*

Da Interessenten offenbar Schwierigkeiten hatten, die bezeichneten Wohnungen zu finden, verdeutlicht Uschakoff seine zweite, einen Monat später formulierte Anzeige, durch Hinzufügen seines Namens: *In der russischen Colonie ist im dritten Hause, rechts vom Nauener Thore, eine Sommerwohnung, bestehend aus drei Stuben und Küche, sogleich zu vermiethen. Uschakow*

Auch der Prediger der russischen Gesandtschaft in Berlin, Sokoleff, wohnt 1842 und 1844 auf Kosten des Königs zur Miete bei Uschakoff, wenn er die Kolonie besucht und in der Alexander-Nevskij-Kirche den Gottesdienst abhält. Als Pächter eines Stückes Gartenland hat Uschakoff im Jahre 1842 außerdem einen Herrn Schurbaum. Uschakoffs selbst, über die in den Akten des Kolonieaufsehers kaum Bemerkungen stehen, scheinen die zweite Etage ihres Hauses bewohnt zu haben, wie aus einer Anzeige vom Sommer 1840 in der Rubrik „Vermischte Anzeigen" im „Potsdamschen Wochenblatt" hervorgeht: *Der Ueberbringer eines am 11. d. M. auf der Pfaueninsel verlornen, in Silber gefaßten Lorgnettenglases empfängt eine angemessene Belohnung in der russischen Colonie bei Uschakoff, eine Treppe hoch.*

Peter Fedorowitsch Uschakoff stirbt am 22. August 1848 ohne Erben. Seiner Witwe, ihrer im gleichen Jahr verwitweten Tochter und deren drei Kindern, die alle in dem Haus wohnen, wird im Oktober 1848 beschieden, dass sie keine Verlängerung ihrer Wohnberechtigung erhalten, allerdings taucht die Witwe Uschakoff im Wohnungsanzeiger der Stadt Potsdam für 1849 noch als Besitzerin der Stelle Haus Nr. 2 auf. Als Untermieter des Hauses ist der evangelischlutherische Pastor G. C. H. Stip genannt.

Die Stelle fällt zurück zur Verfügung des Königs und wird im Oktober 1848 als erste Kolonistenstelle in der Alexandrowka einem preußischen Soldaten, dem Invaliden Peters, auf Lebenszeit zugesprochen. Zusammen mit seiner Schwester und seinen Eltern zieht Peters am 1. April 1849 in die russische Kolonie. Seinem 1856 gestellten Antrag, im Untergeschoss größere Fenster einzubauen, um endlich die Feuchtigkeit aus der Etage herauszubekommen, wird nicht entsprochen, sondern auf die Unveränderlichkeit des äußeren Erscheinungsbildes der Kolonie verwiesen.

Familie Fedor Vockin

Aus den biographischen Angaben der Alexander-Nevskij-Kirche:

Name und Rang: Vockin, Fedor, Gemeiner, Schuhmacher

Geburtsort: Popow bei Serpugow, Gouv. Moskau
Geburtstag: 8. Juni 1786
Personenstand: verh. Berlin (Russische Gesandtschaftskapelle) 11. Juni 1819
Kinder: 4 Söhne, 6 Töchter
Todestag: 12. Juni 1855

Beginn der Dienstzeit im russischen Heer: 7. April 1807
die Länge der Dienstzeit in Russland: 8 Jahre 9 Monate
die Größe nach Zoll und Strich: 8,3 (zuzügl. 5 Fuß Standardmaß = 1,78 m)
an welchen russischen Feldzügen teilgenommen: 1812–15
an welchen preußischen Feldzügen teilgenommen: –

Der Leibkompagnie des 1. Garderegiments am 15. November 1815 zugeteilt.

Fedor Vockin gehörte dem russischen Grenadier-Regiment „König von Preußen" an und wurde erst nach dem zweiten Feldzug gegen Napoleon zum russischen Sängerchor des Königs überstellt. Er ist der Sohn eines Stellmachers. Obwohl die ihm überreichten Gedenkmünzen nur noch unvollständig in der Alexander-Nevskij-Kirche vorhanden sind, erhielt er vermutlich die russischen Kriegsgedenkmünzen für den Feldzug von 1812 und für die Einnahme von Paris 1814. Die preußische Kriegsgedenkmünze für das Jahr 1813, die für ihn in der Kapelle aufbewahrt wird, könnte irrtümlich dort angebracht worden sein, nachdem die Münzen durch Diebstähle aus der Kirche unvollständig und durcheinander geraten waren. Wegen tadelfrei zurückgelegter 20 Dienstjahre beim russischen Militär bekommt er am 18. Februar 1828 das Ehrenzeichen des St.-Annen-Ordens, das nach seinem Tod nach Russland zurückgeschickt wird.

Er verheiratet sich relativ früh, am 11. Juni 1819, mit **Karoline Schlossen** (1801–31. Oktober 1846), erhält 3 Taler Gehalt, und gemeinsam mit seiner Frau und drei Kindern zieht er am 2. April 1827 in die ihm zugewiesene einstöckige Stelle Haus Nr. 10 (heutige Zählweise). Sein Abschied aus der (russischen) Armee wird ihm 1832 zugestellt.

Kinder:

Wilhelmine Alexandrine Elisabeth, geboren am 18. April 1820 und evangelisch getauft. Unter ihren vier Taufzeugen befinden sich auch „Frau Schiskof" und „Frau Alexin" (Alexieff?).

Charlotte Luise Alexandrine, geboren am 13. Mai 1821, evangelisch getauft. Unter ihren vier Taufzeugen befinden sich auch der Feldwebel Wawiloff, eine „Frau Gabilokof (Jablokow?)" und eine „Frau Alaleszi" (Alexieff?).

Karl Ludwig Ferdinand (15. September 1824–4. Juni 1826), evangelisch getauft. Unter seinen sechs Taufzeugen sind auch „Frau Schiskoff" und ein Herr Iwan (Iwan Bockow aus Nikolskoë?). Das Kind stirbt an Krämpfen.

Henriette Marie (11. März 1827–15. Juli 1830), evangelisch getauft. Unter ihren sieben Taufzeugen befinden sich auch die Herren Tarnowsky, Wawiloff und Alexieff. Sie stirbt an Gehirnentzündung.

Nach dem Umzug der Familie in die Kolonie Alexandrowka und der Bekanntgabe, nur „griechisch", d. h. russisch-orthodox oder evangelisch getauften Söhnen die Kolonistenstellen vererben zu können, folgen:

Maria Fedorowa, geboren am 31. März 1829, russisch-orthodox getauft. Die beantragte Patenschaft für das Kind lehnt der König ab, lässt aber ein Gnadengeschenk überreichen.

Anna Fedorowa, geboren am 23. März 1832, russisch-orthodox getauft. Die beantragte Patenschaft für das Kind lehnt der König ab, lässt aber ein Gnadengeschenk überreichen.

Ein Sohn und eine Tochter „des Grenadiers im 1sten Garde-Reg. zu Fuß und Russischen Sängers Fockin" werden am 22. März 1837 tot geboren.

Anastasia (Oktober 1835–7. Mai 1836) stirbt im Alter von 7 Monaten an Stickfluss.

Tatjana, geboren am 6. Januar 1839, russisch-orthodox getauft

Wassili, geboren am 10. Januar 1841, russisch-orthodox getauft. Die beantragte Patenschaft für das Kind lehnt der König ab, lässt aber ein Gnadengeschenk überreichen.

Matwef Feodorowitsch (25. August 1843– 4. September 1843) stirbt an Krämpfen.

Die schnell wachsende Familie scheint von Anfang an finanzielle Sorgen gehabt zu haben, denn bereits im Februar 1828 gewährt der König ein Gnadengeschenk von 10 Talern zur Einkleidung der Kinder. Die Lage der Stelle Haus Nr. 10 war eigentlich ein Glücksfall, denn weder Überschwemmungen noch Versandungen haben die Qualität des Grundstücks je beeinträchtigt, und ab 1830 darf Vockin auch Teile seines Gartenlandes verpachten. Doch mit königlicher Zustimmung zieht Vockin am 1. April 1834 in die ebenfalls einstöckige Stelle Haus Nr. 9 um, als Uschakoff von dort in das Haus Nr. 2 wechselt. Dessen Gartengrundstück ist zwar ein wenig kleiner, wurde aber von Uschakoff womöglich besser gepflegt.

Die Stelle Haus Nr. 10 wird am 1. April 1834 dem minderjährigen zweiten Sohn des russischen Sängers Grigorieff, Peter Iwanowitsch Grigorieff, auf Lebenszeit verliehen.

Auf der neuen Stelle Haus Nr. 9, die Vockins jetzt bewohnen, hat Vockin wieder Gartenpächter und Untermieter und vermietet spätestens ab 1838 auch Sommerwohnungen, wobei er eine „meublirte Sommerwohnung" beim „Sänger Fockin" anbietet.

Vockin ist gewalttätig und brutal. Seine mit dem 12. Kind hochschwangere Frau wendet sich im August 1843 verzweifelt an den Kolonieaufseher Riege und das Garderegiment:

Hochwohl geborener Gnädigster
Herr Obrist
Euer Hochwohl geboren werden aller gnädigst entschuldigen wenn ich in der größten Not meine Zuflucht zu Hoch Dieselben nehmen. Schon immer habe ich die größten Mißhandlungen von meinem Manne dem Russischen Sänger Vockin ertragen müssen und nie habe ich jemanden meine Lage entdeckt. Allein jetzt kann ich es nicht mehr ertragen, denn seit 4 Wochen Mißhandelt er mich täglich so daß ich seit Gestern nicht mehr sicher bin mein Leben einzubüßen. Den ich bin mit den 12. Kinder Schwanger, sehe täglich meiner Entbindung entgegen und bin Gestern so Gewiß handelt worden, daß ich dreimal zum Herrn Feldwebel Riege schickte, um nur von Demselben Hilfe zu erlangen allein derselbe war nicht zu Hause. Ich bin nun seit 25 Jahr mit meinem Manne verheiratet und habe mich nie schlecht b-etragen und jetzt weiß ich nicht wovon mein Mann mich mit meine Kinder täglich Mißhandelt. Ich suche um Schutz bei Euer Hochwohl geboren und bitte meinem Manne aufzugeben, daß er sich jede Mißhandlung gegen mich enthält, denn wen Derselbe nicht von seinen Hohen Vorgesetzten dazu angehalten wird, so wird es ärger mit Demselben und ich bin da ich jetzt in den Umständen bin mein Leben nicht sicher und habe noch 6 unversorgte Kinder und bitte daher noch Mals Euer Hochwohl geboren um Schutz und Hilfe in den festen Vertrauen auf dero Gnade mir stützend bin ich.

Dero ganz untertänigste
Ehefrau des Russischen Sängers Fokin

Um die Vergabe der durch Tod freigewordenen zweistöckigen Stelle Stierakoff (Haus Nr. 3) bewirbt sich 1843 auch Vockin und erhält den Zuschlag. Die vielköpfige Familie zieht am 1. Oktober 1843 zum zweiten Mal innerhalb der Kolonie um. Kurz darauf, im November 1843, erscheint im „Potsdamschen Wochenblatt" eine Verkaufsanzeige Vockins in der Rubrik „Verkaufsgegenstände", in der er „gute Sorten Weinstöcke" zum billigen Verkauf anpreist, dennoch bitten Vockins wegen des zum Winter hin erfolgten Stellenwechsels um finanzielle Unterstützung, denn wegen der Jahreszeit hätten sie noch kein Gemüse für ihren Lebensunterhalt anpflanzen können. Lediglich einige Beeren- und Blumensträucher sowie Wein stünde ihnen zur Verfügung, allerdings hätten sie auch bereits einige neue Bäume gepflanzt. Zudem aber, so Vockin, trieben gewaltige Sandmengen auf ihren neuen Garten und erstickten die zarten Keime, so dass sich Frau Vockin im Mai 1844 erfolgreich an Lenné und schließlich auch an den König wendet.

Großmütigster König!
Allergnädigster König und Herr!
Euer Königliche Majestät werden allergnädigst entschuldigen, wenn ich notgedrungen bin, mich Allerhöchst derselben zu nahen.
Ich Bittstellerin bin die Ehefrau des Russischen Sängers Vockin, habe durch die Gnade Euer Majestät das Grundstück des verstorbenen Russischen Sängers Stierakoff erhalten. Allein unser Garten liegt nahe am Exerzierplatz der Kavallerie ... so ist nun unser Grundstück das Meiste ausgesetzt, indem unser halber Garten ganz vom Sande überschüttet ist. Jedes Körnchen, das aufgeht, wird durch den Sand erstickt und durch das Auf(nehmen) des Sandes herausgerissen, so daß ich täglich habe Arbeiter halten müssen, um den Sand herauszuschaffen, bis der Herr Garten-Direktor Lenné, an den ich mich wandte, nach genauerer Untersuchung uns Arbeiter sandte, um den Sand herauszubringen. Diese haben unzählige Karren herausgebracht, allein ... wird das nämliche Unglück durch das Exerzieren der Kavallerie wieder herbeigeführt werden.
Durch diese Verschüttung vom Sande wird nun unser Acker sehr schlecht, wir können

nichts ernten, indem wir täglich den Acker reinigen müssen und das Gepflanzte kann nicht aufgehen und verdirbt, so wir den größten Schaden leiden. Erstlich haben wir den Wasserschaden erlitten, nur mit Schulden haben wir die Aussaat der Kartoffeln anschaffen müssen, so daß wir ganz arme Leute werden und sind es nun durch diese Verschüttung noch mehr geworden, denn ich bin Mutter von 6 Kindern und wir bedürfen unser Geerntetes für unsere Familie und wenn wir nichts ernten, so müssen wir die größte Not leiden.

Ich sehe mich daher notgedrungen Euer Majestät zu bitten, uns doch nicht gänzlich diesen Schaden tragen zu lassen, da schon mancher Vorübergehende über unseren Verlust uns beklagt hat, und bitte ganz untertänigst nochmals Eure Majestät, uns doch diesen Schaden durch dero Gnade zu vergüten, indem, wie schon gesagt, wir bei unserer so starken Familie blutarm geworden sind, da uns Schicksale auf Schicksale treffen.

Ich stütze nun in dem Vertrauen auf dero Huld und Gnade meine Hoffnung und bin mit tiefster Ehrfurcht

Euer Majestät alleruntertänigst
die Ehefrau des Russischen Sänger Vockin

Dass die Sandverwehungen erheblich sind, bestätigen auch andere, an der westlichen Seite der Kolonie und somit am Rand des Exerzierfeldes lebende Bewohner der Alexandrowka, und auch der Kolonieaufseher schreibt gutachterlich, dass „*der Sand gegen 8 Zoll hoch hingeweht war als wenn der Wind Schnee zusammen treibt*". Eine dauerhafte Lösung des Problems wird geraten, allerdings nichts unternommen.

Nach einer im Jahr 1846 direkt an den König gerichteten, erneuten Bittschrift der Ehefrau Vockins wird wieder ein ausführlicher Bericht des Kolonieaufsehers Riege angefordert, doch diesmal ist sein Urteil hart: ...
Was die Ehefrau des Russischen Sängers

Vockin in ihrer Immediatsvorstellung an Seine Majestät den König angibt, ist nicht alles der Wahrheit gemäß, die Versandung und Wassernot, die sie aufführt war vor zwei Jahren und es wurde dem Vockin für die ins Wasser gekommenen Kartoffeln 10 Taler, auch später für den Schaden, den der Sand angerichtet 20 Taler Allergnädigst als Vergütung geschenkt.

Dieses Frühjahr haben wir allem Anschein nach kein Wasser in der Kolonie zu fürchten, denn das Feld und der Schragen sind trocken, wo sonst der Zufluß so stark herkam. Daher können der Vockin auch ihre Kartoffeln durch Wassernot nicht verdorben sein. Soviel ich von ihren angegebenen Kartoffeln erfahren habe, so hat sie solche anfangs März herausgenommen und sie sind nicht verfault gewesen. Im vergangenen Jahr waren die Kartoffeln im Allgemeinen nicht gut, jedoch sind sie bei Vockin nicht schlechter gewesen, wie bei den anderen. Daß sie keine Kartoffeln mag, kann wohl richtig sein, denn sie hat im vorigen Jahr bei Buddeln sehr viel an die Höker verkauft, daher ihr kleiner Vorrat wohl aufgezehrt sein kann und dieses Jahr hat er einen großen Teil seines Gartens vermietet und der ihm noch zur Disposition stehende dürfte wohl zur Bestellung keinen großen Kostenaufwand erfordern.

Sechs Kinder sind vorhanden, wovon die drei ältesten, 26, 25 und 17 Jahre alt, und dienen könnten, dazu scheinen sie keine Lust zu haben, denn in v. J. haben sie einen liederlichen Lebenswandel geführt. Die älteste ist d. J. ausgangs Februar ins Wochenbett gekommen, die zweite hat schon früher mal unrichtige Wochen gehalten, die dritte zeigt auch zu nichts anderem Lust, die vierte ist 14 Jahre alt und wird dieses Jahr eingesegnet, wird dem Anschein nach nicht besser wie ihre älteren Schwestern werden. Dann ist noch ein 7-jähriges Mädchen und ein 3-jähriger Knabe, die Vockin zu ernähren hat und es könnte mit dem selben recht gut gehen, wenn Mann und Frau nicht zu stark trin-

ken täten und fleißiger und arbeitsamer wären.

Daß der Vockin krank gewesen, hat seine Richtigkeit, jedoch muß ich bemerken, daß seine Krankheit in Folge des zu vielen Trinkens war. Jetzt ist er wieder hergestellt, nun fängt er auch das Trinken wieder an und ist nie ganz nüchtern. Daß sie angibt, daß ihr Grundstück am mehrsten vom Wasser zu leiden habe, ist eine Unwahrheit, am mehrsten wird das Anisimoffsche durch das Wasser ruiniert und bei Vockin kommt nur ein kleiner Teil beim Haus ins Wasser.

Regimentskommandeur von Gayl lehnt das Bittgesuch daraufhin am 23. März 1846 als nicht unterstützungswürdig ab. Vockins versuchen nun, sich auf andere Art ein Zusatzeinkommen zu verschaffen. Zwar ist Vockin selbst gelernter Schuhmacher, doch verstehen wohl seine Frau Karoline oder seine älteren Töchter etwas vom Schneiderhandwerk. Im „Potsdamschen Wochenblatt" in der Rubrik „Vermischte Anzeigen" stehen im Sommer 1846 zwei entsprechende Anzeigen:

Junge Mädchen, welche das Schneidern in sechs Wochen gründlich erlernen wollen, belieben sich in der Russischen Colonie bei Fockin, eine Treppe hoch, bis zum 2. August zu melden. Das Honorar beträgt pro Woche einen Taler.

Zum gründlichen Unterricht in Maaßnehmen, Musterzeichnen und Zuschneiden können sich noch Theilnehmerinnen melden, und zugleich ein eignes Kleidungsstück unter Aufsicht allein anfertigen, in der russischen Colonie bei Fockin. Honorar 2 Thlr.

Die Einnahmequelle scheint die Kosten der Familie nicht zu decken. Im September des Jahres erscheint eine neuerliche Anzeige im „Potsdamschen Wochenblatt", die auch etwas über den offenbar gehobenen Lebensstandard der Vockins verrät, denn sie bieten nicht nur einen eisernen Bratofen, sondern

auch einen Glaskronenleuchter zum Verkauf. Kurze Zeit später, am 31. Oktober 1846, stirbt Frau Vockin im Alter von 45 Jahren und acht Monaten. Als Todesursache wird „Brustkrankheit" angegeben. Ihr hinterbliebener Mann bittet am 1. November wegen ihres Todes um finanzielle Unterstützung und erhält 20 Taler.

Nachdem reguläre Untermieter zu Lebzeiten der Frau Vockin nicht im Wohnungsanzeiger der Stadt Potsdam nachweisbar sind, beherbergt Vockin auch nach dem Tod seiner Frau offenbar keine regulären Mieter oder zahlreiche Sommergäste. Vermietungsanzeigen Vockins tauchen im „Potsdamschen Wochenblatt" nicht auf. Lediglich der inzwischen für die Seelsorge der Kolonisten zuständige Erzpriester Polisadoff der russischen Gesandtschaft aus Berlin ist 1854 Mieter bei Vockin, wie Quittungen über 70 Taler Miete beweisen, die der König bezahlt.

Fedor Vockin stirbt am 12. Juni 1855 und die Stelle geht an seinen einzigen Sohn, **Wassili**. Da er als Minderjähriger die Stelle nicht selbständig übernehmen kann, bittet seine älteste Schwester Wilhelmine darum, die Stelle für den minderjährigen Erben bewirtschaften zu dürfen. Obwohl sie bereits nach dem Tod der Mutter für den Vater die Wirtschaft führte, wird ihr Antrag am 18. Juni 1855 abschlägig beschieden, und die Stelle dem Invaliden Unteroffizier Hardt übergeben, der sie ab dem 1. Oktober 1855 für 155 Taler jährliche Pacht nutzen darf. Der Kolonieaufseher bescheinigt, dass der Garten schlecht bewirtschaftet war, und so fehlt es Hardt bald am nötigen Geld, den Garten wieder zu rekultivieren. Zwar ist er zusammen mit einer Witwe von Normann, geborene Frau von Bayer, als Stelleninhaber im Adressbuch der Stadt Potsdam für das Jahr 1856 eingetragen und erhält für seine Verluste nach ungenügender Ernte am 2. Dezember 1856 auch 10 Taler Entschädigung, doch verlässt er die Kolonie schon im Jahr darauf. Bäckermeister Ballmüller übernimmt ab dem 1. Oktober 1857 bis zum 1. April 1865 für 132 Taler jährlich die Stelle. Auch er vermietet möglichst langfristig, übernimmt als Mieterin die Frau von Normann und überlässt für 2 Taler Miete auch ein Zimmer der älteren Witwe Grigorieff. Der Garten ist zeitweilig fast vollständig verpachtet, doch schätzt der Kolonieaufseher, dass man von dem Garten höchstens einen Reinertrag von 40 Talern jährlich erwarten könne. Ballmüller scheint nicht selbst in dem Haus gewohnt zu haben, denn im Adressbuch der Stadt Potsdam für 1861 sind der Gärtner Ackermann und der Photograph Schwartz als Nutzer der Stelle ohne Eigentumsrecht eingetragen. 1863 und 1864 tauchen als Hauptmieter wieder der Gärtner I. Ackermann, außerdem aber der Schneider C. Hoffmann, auf. Bei ihnen wohnt in der oberen Etage ein Geheimrat von Bredow für 80 Taler Miete im Jahr zur Untermiete.

Kurz nach seiner Volljährigkeit mit 24 Jahren beantragt **Wassili Vockin** am 25. März 1865, seinen Nachnamen in Zukunft mit einem „F" schreiben zu dürfen. Dem Gesuch wird entsprochen und am 31. April 1865 bezieht „**Wassili Fockin**" sein Vaterhaus. Er bewirtschaftet es gut. Im Feldzug von 1866 wird er als Füsilier im 1. Garderegiment zu Fuß invalide und erhält fortan eine Invalidenpension von 16 Talern, die seine Einkommen aus Haus und Garten ein wenig aufstocken, doch kann er ohnehin von seiner Stelle gut leben. Er vermietet die Oberetage für bis zu 140 Taler im Jahr, bewirtschaftet den Garten allerdings selbst, da er in seiner Jugend eine Gärtnerlehre absolvierte.

Wassili Fockin ist verheiratet mit **Anna Emilia Amalia Moebis**, geboren am 22. Januar 1840 in Berlin, und bekommt mit seiner Frau am 8. Oktober 1870 die Tochter Clara Maria Elisabeth Margarethe.

Da Fockins keine weiteren Kinder, vor allem keinen Sohn bekommen, beschließt Fockin dem Beispiel Nikolaus Alexieffs zu folgen, der seine Kolonistenstelle bereits am 25. Januar 1877 abgegeben hatte und in Potsdam zur Miete wohnte. Im Gegensatz zu diesem aber übergibt Fockin seine Stelle nicht dem Garderegiment und der königlichen Schatullverwaltung, sondern sucht sich selbst einen Pächter. Er findet in dem Feldwebel der Schlossgarde Otto Sujata einen Interessenten, der seine ausführlich notierten Vertragsbedingungen und den geforderten Pachtzins unterschreibt. Er übergibt ihm das Haus und den Garten am 1. April 1907 und bis einschließlich 1932 wird Otto Sujata daraufhin in den Adressbüchern Potsdams als Stelleninhaber geführt. Die Familie Fockin wohnt ab 1907 zunächst in der Lindenstr. 1, ab 1911 bis zu Wassilis Tod, am 26. September 1913, in der Eisenhartstr. 4 in Potsdam.

Mit ausdrücklicher Genehmigung des 1. Garderegiments zu Fuß hatte Fockin außerordentlich gewinnbringend verhandelt. Lagen die üblichen Pachtsummen für die Kolonistenstellen um die 500 Mark, erzielte er in seinem Vertrag mit dem Feldwebel Otto Sujata den erstaunlichen Preis von 1200 Mark Pacht im Jahr. Im Gegenzug sollte Sujata in das volle Nutzungsrecht an Haus und Garten aber auch in alle Verpflichtungen eintreten, die den Kolonisten oblagen, nämlich den Gartenbau zu befördern, bauliche Veränderungen zu unterlassen usw. An beweglichem Inventar wurde Sujata nur überlassen, was *nach dem amtlichen Verzeichnis vorhanden sein muß"* (§ 4 des am 11. September 1906 geschlossenen Vertrags zwischen Fockin und Sujata). Ausdrücklich erhielt Sujata keine Privilegien, da er kein Nachfahre eines russischen Sängers war, weshalb die Vertragslaufzeit auch auf die Lebenszeit von Wassili Fockin und drei Monaten Übergangszeit für dessen Witwe, falls sie ihren Mann überleben würde, beschränkt blieb. Keine andere Stelle in der Kolonie Alexandrowka wurde je so teuer verpachtet.

Der Geheime Rat Miessner, als Verwalter der königlichen Schatulle verantwortlich für die Beibringung der Pachten, reagierte zu Recht scharf, als er im Jahre 1908 zufällig von dem bereits zwei Jahre zuvor geschlossenen und vom 1. Garderegiment zu Fuß genehmigten Vertrag erfuhr. Wütend monierte er, dass Fockin und das Regiment gegen alle herkömmlichen Verhaltensregeln, den gnadenreichen Stiftungsgedanken von 1826, den erweiterten Stiftungs- bzw. Verpachtungsgedanken von 1862 sowie gegen die ökonomischen Interessen der Schatulle verstoßen hätten. *„Wenn dies Verfahren der Wiederverpachtung sich so vortrefflich bewährt"*, so befürchtete er *„wird es bald seine Nachfolger finden"*. Zähneknirschend muss Miessner den Vertrag akzeptieren, als aber im Februar 1912 der Pächter der Stelle Nr. 12, Feldwebel Reuschel, um eine Verlängerung seines Pachtvertrages bittet, fragt der nunmehr zuständige Schatullverwalter Grimm den Aufseher der Kolonie Paar vertraulich um seine Meinung, *„ob es nicht etwa angezeigt erscheint, zunächst eine Neuabschätzung der Stelle No 12 vorzunehmen, zumal die Stelle No 3 von dem Invaliden Fockin an den Feldwebel Sujata in der Schlossgardekompanie für einen jährlichen Zins von 1200 M verpachtet worden ist."* Nach bestem Wissen und Gewissen gibt Paar zu bedenken, wieviele Aus- und Umbauten Fockin auf eigene Rechnung vorgenommen hatte, die Stelle Nr. 12 aber über die Grundausstattung hinaus lediglich einen Blitzableiter und einen 2. Latrinensitz besitze. Auch habe Fockin ihm, Paar, unlängst berichtet, dem Sujata gerade einen Pachtnachlass von 100 Mark gewährt zu haben.

Da der Lebensweg Wassili Fockins als letztem Nachfahren des russischen Sängers Vockin und als ehemaligem Kolonisten immer noch von dem für die Angelegenheiten der Kolonie zuständigen 1. Garderegiment zu Fuß beobachtet wurde, meldet das Regiment dem König am 14. Oktober 1913 ordnungsgemäß das Ableben des Fockin am 26. September des Jahres und bittet den königlichen Schatullverwalter zugleich um seine gutachterliche Meinung für die Neuabschätzung der Stelle. Grimm notiert das Ergebnis der Neuabschätzung, wonach der Wert der Stelle Nr. 3 für *„Gebäude, Stall und Remise"* bei 750 Mark und beim Garten bei 300 Mark läge. Der Gesamtwert der Stelle belaufe sich daher auf 1050 Mark. Da üblicherweise inzwischen nur 2/3 des tatsächlichen Wertes als Pachtzins anzusetzen seien, wird die errechnete Pachtsumme nun erheblich gesenkt. Der Feldwebel Sujata bewirbt sich jetzt offiziell um die Stelle Nr. 3 und darf, nachdem sich alle Seiten einverstanden erklärt haben, ab dem 1. Oktober 1913 mit dem üblichen Zeitvertrag über 12 Jahre und gegen Zahlung einer jährlichen Pacht von 700 Mark in der Stelle wohnen bleiben. Nach mehrmaligen Verlängerungen seiner Pachtzeit stirbt Sujata in der Kolonistenstelle Nr. 3 um 1934.

Familie
Iwan Pawloff Wawiloff

Aus den biographischen Angaben der Alexander-Newskij-Kirche:

Name und Rang: Wawiloff, Iwan Pawlow, Feldwebel
Geburtsort: Stadt Simbirsk
Geburtstag: 6. Januar 1777
Personenstand: verh. Berlin (Russische Gesandtschaftskapelle) 3. Mai 1818
Kinder: –
Todestag: 16. August 1831

Beginn der Dienstzeit im russischen Heer: 14. Februar 1796

die Länge der Dienstzeit in Russland:
16 Jahre 8 Monate
die Größe nach Zoll und Strich: 8,2
(zuzügl. 5 Fuß Standardmaß = 1,78 m)
**an welchen russischen Feldzügen
teilgenommen:** 1805, 1807, 1809, 1812
**an welchen preußischen Feldzügen
teilgenommen:** 1813–15

Der Leibkompagnie des 1. Garderegiments
am 18. Oktober 1812 zugeteilt.

Iwan Wawiloff kam als Kriegsgefangener
des Feldzugs von 1812 nach Potsdam und
wurde hier am 14. November 1812 zum russischen Sängerchor des preußischen Königs überstellt. Er erhielt die russische Kriegs-
denkmünze für den Feldzug 1812 und die
preußische Kriegsdenkmünze für das Jahr
1813.

Seit dem 3. Mai 1818 war er mit **Caroline
Friederike Kraetsch** (1785–20. November
1832) verheiratet und am 2. Oktober 1821
wird Feldwebel Wawiloff Bürger der Stadt
Potsdam. Ein Gewerbe, das er ausgeübt haben könnte und um dessentwillen er ebenso
wie der Gastwirt Unteroffizier Jablokoff das
Bürgerrecht benötigte, ist nicht nachweisbar.
   Er scheint ein angenehmer Zeitgenosse
gewesen zu sein, denn schon vor der Gründung der Kolonie Alexandrowka wird er
häufig als Pate zu Kindstaufen seiner russischen Landsleute geladen. So ist er einer
der Taufzeugen für den zweiten Sohn des
späteren Aufsehers von Nikolskoë und „königlichen Leibkutscher Ivann Bockoff", Friedrich Alexander, der am 11. Mai 1819 in
Potsdam geboren und am 31. Mai ebendort
getauft wird, ist Pate bei der Familie Vockin
für deren 1821 und 1827 geborene Töchter
und für den Sohn des 1824 verstorbenen
russischen Sängers Jecodokimoff, Johann
Friedrich Wilhelm. Neben Wawiloffs möglichen persönlichen Vorzügen mag auch sein
Rang als Feldwebel eine Rolle für seine Be-

liebtheit bei den Russen gespielt haben,
denn nicht nur in den Eintragungen im Kirchenbuch wird stets sein militärischer Rang
genannt, auch er selbst betont seinen militärischen Status.

Am 2. April 1827 zieht er zusammen mit
seiner Frau in das ihm zugewiesene, zweistöckige Haus Nr. 3 (heutige Zählweise) und
formuliert als erster der russischen Sänger eine Vermietungsanzeige, die am 20. Februar
1828 im „Potsdamschen Wochenblatt" erscheint: *Anfangs April d. J. ist die belle Etage in der Wohnung des russischen Feldwebels zu Alexandrowka, da gelegen, wo die
Jäger- und Nauener Allée zusammenstoßen,
als Sommerwohnung oder fürs ganze Jahr
an eine Ruhe liebende Familie zu vermiethen. Wawiloff.*

Im Jahr darauf erhält er die königliche Erlaubnis, auch Teile seines Gartenlandes zu
verpachten und bietet im „Potsdamschen
Wochenblatt" außerdem wieder die gesamte obere Etage zur Vermietung an. Ausführlich beschreibt er die *„freundliche Wohnung
aus 2 Stuben, 2 Kammern und 1 Küche bestehend"* und setzt wieder seinen Rang und
Namen hinzu.

Wawiloff stirbt am 16. August 1831 ohne berechtigten Erben. Die Garnisonkirchenbücher notieren als seine Todesursache *„Blut-
sturz"*. Die Stelle Haus Nr. 3 fällt zurück zur
Verfügung des Königs, der die Witwe zunächst in dem Haus wohnen lässt, doch
schließlich wird am 20. Juni 1832 bestimmt,
dass die Stelle des Wawiloff dem gebürti-
gen Russen und Invaliden Stierakoff auf
Lebenszeit verliehen wird. Die Witwe Wawiloff darf noch bis zum 1. Oktober 1832
in der Stelle verbleiben und bekommt 50
Taler versprochen, wenn des Inventar ordnungsgemäß übergeben wird, doch kurz
nach ihrem Auszug stirbt sie am 20. November 1832 im Alter von 47 Jahren an
Auszehrung.

Familie
Stephan Nikitin Wolgin

Aus den biographischen Angaben der Alexander-Nevskij-Kirche:

Name und Rang: Wolgin, Stepan Nikitin, Unteroffizier, Schneider
Geburtsort: Stadt Tobolsk
Geburtstag: 8. November 1778
Personenstand: verh. 11. Mai 1815
Kinder: –
Todestag: 14. November 1833

Beginn der Dienstzeit im russischen Heer: 8. März 1799
die Länge der Dienstzeit in Russland: 13 Jahre 7 Monate
die Größe nach Zoll und Strich: 5,0 (zuzügl. 5 Fuß Standardmaß = 1,70 m)
an welchen russischen Feldzügen teilgenommen: 1807, 1809, 1812
an welchen preußischen Feldzügen teilgenommen: 1813–15

Der Leibkompanie des 1. Garderegiments am 18. Oktober 1812 zugeteilt.

Stephan Wolgin kam als Kriegsgefangener des Feldzugs von 1812 nach Potsdam und wurde hier am 14. November 1812 zum russischen Sängerchor des preußischen Königs überstellt. Für seine Teilnahme am Krieg erhielt er die russische Gedenkmünze für den Feldzug 1812 und die preußische Gedenkmünze von 1813 sowie die russische Gedenkmünze für die Einnahme von Paris 1814. Die kaiserlich-russische St. Annen-Medaille 5. Klasse für 20jährigen tadellos geleisteten Dienst wird nach seinem Tod nach Russland zurückgeschickt.

Vermutlich während der Befreiungskriege lernt er seine spätere Frau, deren Name nirgends überliefert ist und die eine gebürtige Französin war, kennen. Als Unteroffizier sprach Wolgin vermutlich französisch. Zurück aus Paris und während der zweiten Mo-

bilmachung gegen Napoleon heiraten in der Gesandtschaftskirche der Russischen Botschaft in Berlin die beiden Unteroffiziere Jablokoff und Wolgin am 11. Mai 1815 ihre französischen Bräute. Gemeinsam mit seiner Frau bezieht Wolgin am 2. April 1827 die zweistöckige Stelle Haus Nr. 2 (heutige Zählweise). Auch sie erhalten ab 1830 die Erlaubnis zur Verpachtung von Gartenland in ihrer Stelle, tauchen aber in Berichten und Akten des Kolonieaufsehers sonst kaum auf.

Wolgin verstirbt am 14. November 1833 im Alter von 55 Jahren. Als Todesursache wird „Auszehrung" angegeben. Seine aus Frankreich stammende Frau kehrt im April 1834 dorthin zurück, da ihr gestattet wird, zu der besseren Jahreszeit zu reisen und auch den Mietzins vermieteter Räume des Hauses aus dem ersten Quartal noch einzunehmen. Der König bezahlt ihre Fahrt per Postkutsche und lässt Anweisung geben, ihr in Frankreich eine einmalige Unterstützung auszuzahlen. Dass sie sich aber auch hätte vorstellen können, weiterhin in Potsdam zu bleiben, geht aus einem Schreiben des königlichen Adjutanten an den Regimentskommandeur vom Dezember 1833 hervor: *... soll ich Sie zugleich ersuchen, der Witwe Wolgin, welche abermals unter dem 13. d. Mts. mit einem Immidiat-Gesuch um Beibehalt einer lebenslangen Wohnung in der durch den Tod ihres Mannes erledigten Kolonistenstelle oder um eine Pension eingekommen ist, zu eröffnen, daß Sr. Majestät beide Anträge unzulässig gefunden und erklärt haben, daß es bei der früheren – Euer Hochwohlgeboren unter dem 4. d. Mts. mitgeteilten – Entscheidung verbleiben müsse.*

Mit königlicher Genehmigung zieht nach dem Auszug der Witwe der russische Sänger Uschakoff am 1. April 1834 in die nun freie Stelle.

Die Aufseher der Kolonie

Die Aufgabenstellung

1829 werden zwei Instruktionen, für den militärischen und für den zivilen Zuständigkeitsbereich in der Kolonie, formuliert. Die Kolonisten, so wird in den militärischen Anweisungen betont, bleiben *„in ihren militärischen Verhältnissen und damit verbundenen Einkommen"* und der Aufseher stehe zu ihnen *„ganz so wie ein Feldwebel zu seiner Compagnie"*. Ausdrücklich habe er darum auch *„unausgesetzt und umsichtig über die moralische Führung"* zu wachen und *„die gehörige Instandhaltung der militärischen Kleidungsstücke der Colonisten stets im Auge"* zu behalten. Zusätzlich zur militärischen Disziplin soll er aber auch die landwirtschaftlichen Bemühungen der Kolonisten fördern und ihnen mit Rat und Tat hilfreich zur Seite stehen. Wegen der vorgeschriebenen Unveränderlichkeit des äußeren Erscheinungsbildes der Kolonie muss er außerdem für die Instandhaltung des königlichen Eigentums sorgen und aufpassen, dass kein Kolonist ohne Genehmigung des Königs Wohnungen oder Gartenland vermietet oder Inventar verkauft, das ihm nicht gehört. Im Fall des Todes eines Vaters in der Kolonie wird der Aufseher zudem automatisch zum Vormund von dessen unmündigen Kindern. Es ist seine Pflicht, auf deren Erziehung zu achten, selbst wenn Mütter vorhanden sind. Er hat Listen über Geburten und Todesfälle in den Familien zu führen, regelmäßig Meldung über alle Vorkommnisse in der Kolonie und die Lebensverhältnisse der Kolonisten zu machen. Von der zunächst ausgesprochenen Pflicht, jeden Sonntag zur Parade des 1. Garderegiments zu erscheinen, werden die Aufseher alsbald befreit.

Sein Ansprechpartner beim Militär ist die Leibkompanie (1. Kompanie) des 1. Bataillons des 1. Garderegiments zu Fuß, das im Auftrag des Königs dessen „Russische Kolonie Alexandrowka" und die persönlichen Angelegenheiten der Kolonisten verwaltet. Durch Vermittlung des Kommandeurs der Leibkompanie gelangen die Berichte, Schadensmeldungen oder Reparaturwünsche des Kolonieaufsehers aber auch die Bittgesuche der Kolonisten zum Kommandeur des Garderegiments. Dieser wiederum legt die Anfragen und Anträge dem König vor, der eine Entscheidung trifft und durch einen seiner Flügeladjutanten niederschreiben lässt. Die angefallenen Briefwechsel, Berichte und Anweisungen verbleiben in eigens angelegten, zunächst beim Garderegiment geführten Akten für die Kolonie Alexandrowka und beim Aufseher der Kolonie, der den Kolonisten die Antworten – oder auch neuen Verfügungen – des Königs mündlich übermittelt. Sogenannte „Immediateingaben", die von den Kolonisten direkt an den König gerichtet sind, werden zumeist ebenfalls erst wieder zurück zum Aufseher geschickt, um zuerst dessen Meinung einzuholen, und nehmen danach den eingeübten Weg.

Als Zivilvorstand über die Kolonie obliegen dem Aufseher vor allem die Aufsicht über die baupolizeiliche Sicherheit der Straßen, Bauten und Gärten und generell die Befolgung der Gesetze in der Kolonie. *„Dirnen, Bettler und Landstreicher"* hat er zu verhaften und in das Gefängnis abzuliefern und über alle Zivilisten, die sich längere oder kürzere Zeit in der Kolonie aufhalten, ausführliche Listen anzulegen. Insbesondere aber hat er auf das wegen der Feuergefahr in ganz Potsdam geltende Rauchverbot auf offener Straße, auf die Ruhe während der Gottesdienstzeiten und die Befolgung der Sperrzeiten in der Gastwirtschaft zu achten. Sein Vorgesetzter in diesen Angelegenheiten ist der Polizeidirektor der Stadt Potsdam, dem er alle ordnungspolizeilich relevanten Vorkommnisse in der Kolonie meldet. Der Aufseher selbst nimmt dabei den Rang eines *„Revier-Polizei-Kommissarius"* ein, und *„seine Wirksamkeit erstreckt sich auf alle Bewohner der Kolonie, ohne Unterschied, ob selbige zum Militär oder zum Civil gehören".*

Ausdrücklich legt § 6 der Dienstvorschrift außerdem fest: *Der Vorsteher der Kolonie hat sich eines anständigen und sittlichen Betragens zu befleißigen, gegen jedermann höflich und willfährig zu sein, aber ein festes Benehmen zu bewähren und Ernst zu gebrauchen, wenn derselbe in seinen Amtsvorrichtungen Widersetzlichkeit, vornehmlich bei Leuten niederen Standes, erfahren sollte. Bei allen solchen Gelegenheiten sind aber Tätlichkeiten und Schimpfreden sorgfältig zu vermeiden.*

Die Aufseher

Feldwebel Carl Wilhelm Riege

Carl Wilhelm Riege wurde 1788 geboren und diente seit dem 11. März 1809 im preußischen Militär, zuerst ein Jahr und sieben Monate im 1. Pommerschen Infanterie-Regiment, seit dem 1. Oktober 1810 bei der Leibkompanie des Garderegiments zu Fuß. 1818 wird er Unteroffizier im 1. Garderegiment zu Fuß, vom 22. Februar 1822 bis 1. Juni 1827 ist er Feldwebel in der Leibkompagnie.

Seit dem 28. April 1818 ist Riege verheiratet mit Henriette Regine Bischoff, geboren 1800.

Kinder:
Carl Wilhelm Heinrich Adolph, geboren am 17. Juni 1819

Henriette Luise Dorothea Bertha, geboren am 17. April 1821
Wilhelm Friedrich Ludwig Ferdinand, geboren am 12. April 1823
Friederike Auguste Wilhelmine Amalie (17. Februar 1824–26. Oktober 1829), gestorben an Gehirnentzündung.

Nach ihrem Umzug in die Kolonie Alexandrowka folgen die Kinder:

Julius August Theodor Albrecht, geboren am 20. August 1827
Gustav Friedrich (1828–10. Oktober 1829)
Ida Rosalie Emma (1834–März 1839), gestorben an der Halsbräune
Dorothea Antonia Elisabeth Friederike (November 1836–3. Februar 1837), gestorben an Stickhusten
Friederike Wilhelmine Alexandrine Laura (1838–4. November 1839), gestorben an der Ruhr
Rudolph Peter Friedrich Eduard, geboren am 30. Oktober 1842

Im Frühjahr 1827 ist Riege als erster Aufseher über die Kolonie Alexandrowka vorgesehen. Über die Veränderungen, die die neue Aufgabe mit sich bringen wird, verhandeln der Adjutant des Königs, Job von Witzleben, und Major von Zieten vom Garderegiment Anfang Mai 1827 schriftlich, und am 14. Mai 1827 akzeptiert Riege die ihm angebotenen Bedingungen. Er scheidet am 30. Mai 1827 aus dem Liniendienst im Regiment aus und übernimmt die Stelle des Kolonieaufsehers ab dem 1. Juni 1827.

Er erhält auch den versprochenen Zuschlag: *Seine Majestät der König haben die Gnade gehabt, den Feldwebel Riege zum Aufseher der Colonie zu ernennen. Es ist derselbe aus dem Etat des 1. Garde Regiment ausgeschieden, wird aber in den Listen desselben als Aufseher der Colonie fortgeführt. Die für den Aufseher gegründete Colonistenstelle ist demselben mit dem Inventario für die Dauer seiner gegenwärtigen*

Funktion zum unentgeltlichen Gebrauch überlassen, auch behält er seine etwaigen anderweitigen Versorgungsansprüche.

Er bezieht außerdem monatlich an Gehalt 10 Taler 20 Silbergroschen, an Zulage 3 Taler, insgesamt 13 Taler 20 Silbergroschen. Als eine besondere, jedoch nur für den Feldwebel Riege, ohne Folgerung für seinen künftigen Nachfolger, von Sr. Majestät bewilligte Zulage 4 Taler und an Vergütung für Brot, große und kleine Montierungs (Uni-form-)stücke 2 Taler 12 Silbergroschen, ins-gesamt 20 Taler 2 sgr, welcher Betrag monatlich von der Leib-Compagnie-Kasse des Regiments aus der Königlichen Schatulle gegen Quittung empfangen wird.

Das zweistöckige Haus Nr. 1 (heutige Zählweise) in der Mitte der Kolonie wird Rieges Dienstwohnung, die er zusammen mit seiner Familie Mitte 1827 bezieht. Der Garten, der zu dem Haus gehört, ist sehr klein und nicht dafür vorgesehen, dem gewerblichen Gemüse- und Obstanbau zu dienen oder die Familie zu ernähren. Ein Stück Feldland, das ebenfalls zur Stelle gehört, ist für 17 Taler jährlich verpachtet.

Riege erfüllt seine Aufgaben umsichtig, mit kritischem Verstand und fertigt zahlreiche, ausführliche Berichte über die ersten Jahre in der Kolonie Alexandrowka, über die Nöte und Sorgen aber auch über die schlechten Angewohnheiten und Streitigkeiten der ehemaligen Sänger des Königs und nunmehrigen Kolonisten an. Trotz des vergleichsweise hohen Gehalts, das Riege ausnahmsweise bekommt, vermietet er ebenso wie die Kolonisten einige Zimmer in seinem Haus. Um 1849 hat er einen Leutnant vom 1. Gardergiment zu Fuß, 1856 den Regierungssekretär Homann sowie ein Fräulein Wichmann als reguläre Mitbewohner in seinem Haus.

Riege feiert am 1. März 1859 sein 25jähriges Dienstjubiläum, gilt als zuverlässig und wird daher am 1. Mai 1859, mit 71 Jahren, lediglich krankheitshalber pensioniert. Da das Haus Nr. 1 in der Kolonie eine Dienstwohnung ist, verlassen Rieges nun die Kolonie. Sie ziehen nach Bornstedt, wo er 1861 verstirbt und auf dem dortigen Friedhof beigesetzt wird. Sein jüngster Sohn wird für eine Stelle in der Kolonie Alexandrowka vorgemerkt, nachdem die Witwe an ein entsprechendes Versprechen des Königs vom 30. September 1848 erinnert, und Rudolph Peter Friedrich Eduard Riege wird daraufhin am 1. Oktober 1861 die Stelle des ohne berechtigten Erben verstorbenen Sergeeff zugesprochen.

Feldwebel Emil Fürgang

Rieges Nachfolger, Feldwebel Emil Fürgang von der Leibkompanie, zuvor wohnhaft in der Burgstr. 38, stirbt bereits im Jahr seines Dienstantritts, am 26. August 1859, im Alter von nur 39 Jahren an Lungenlähmung. Fürgang hinterlässt eine Frau und ein Kind. Seine Witwe erhält gnadenhalber die dem Feldwebel versprochene Pension von 14 Talern.

Feldwebel August Ludwig Jahn

Der ab dem 1. Oktober 1859 neue Aufseher ist Feldwebel August Ludwig Jahn, geboren am 17. Dezember 1821. Er war seit 1852 Feldwebel bei der 4. Kompanie des 1. Garderegiments zu Fuß und um 1856 wohnhaft in der Jäger Communication 5. Er erhält ein Gehalt von monatlich 16 Talern 8 sgr 3 Pf, außerdem eine Invalidenpension von monatlich 5 Talern. Er ist in zweiter Ehe mit Pauline Kopp, geboren am 20. Februar 1834 in Potsdam, verheiratet. Sie bekommen 10 Kinder, von denen zwei 1870 und 1873 geborene allerdings bald nach der Geburt versterben. Mit im Haus wohnt zeitweise eine ältere Schwester der Frau, Maria Kopp, doch trotz seiner großen Familie vermietet auch Jahn im oberen Stockwerk seines Hauses, gewöhnlich für insgesamt bis zu 90 Taler jährlich. Zwei untere Stuben bewohnt seit 1859 die Witwe des Feldwebels Fürgang für 12 Taler.

Das Stück Feldland, das zu Zeiten des Aufsehers Riege für 17 Taler jährlich verpachtet war, bewirtschaftet Jahn zeitweise selbst, verpachtet es aber auch, nämlich 1865–1868 für jährlich 14 Taler an einen Gärtner, 1867 für 18 Taler an einen Kaufmann. Am 6. Januar 1868 wird das Grundstück verkauft. Zum Ausgleich für den entgangenen Nutzen werden dem Aufseher zunächst die Zinsen aus den mit dem Kauferlös erworbenen Wertpapieren (68 Taler 29 sgr 9 Pf), nach der Währungsumstellung von 1873 (1 Mark = 10 sgr = 1/3 Taler) ab 1875 aber die fixe Summe von rund 131 Mark jährlich überwiesen und ihm außerdem die Grasnutzung des an die Jägerallee grenzenden südlichen Teiles der Kolonie zugebilligt. 1875 wird Jahns Gehalt mit monatlich 15 Mark Staatspension und zusätzlich monatlich 48 Mark 83 Pf aus der Schatulle des Königs angegeben.

Da zwei Jahre nach seinem Dienstantritt der letzte der russischen Sänger verstirbt und die nunmehrigen Kolonisten seiner sprachlichen oder schriftlichen Vermittlung und Fürsprache nur noch bedingt bedürfen, widmet sich Aufseher Jahn neben der Vermietung seines Hauses vor allem dem äußeren Erscheinungsbild der Kolonie als Gartenensemble. Schon kurz nach seinem Einzug, am 21. Oktober 1859, beklagt er das Fehlen einiger Barbaritzensträucher und einiger Weißbuchen in den Hecken, und unermüdlich schreibt er ab 1860 in jedem Herbst lange Listen der pro Jahr eingegangenen und durch den König zu ersetzenden Bäume und Sträucher. Er schlüsselt auf, welche Sorte in welchem Teil welchen Gartens fehlt und schickt seine Listen an die königliche Gartendirektion, die teilweise auf der Basis seiner An-

gaben neue Verzeichnisse über den Sortenbestand in der Kolonie anlegt. Auch werden die nachzupflanzenden Bäume nicht mehr aus der Gärtnerei in Potsdam, sondern auf Vorschlag Jahns aus Alt-Teltow geholt, bis schließlich Kaiser und König Wilhelm I. am 16. Oktober 1883 bekanntgibt, dass ihm der Unterhalt der Bäume zu teuer ist und jeder Kolonist fortan selbst für die nötigen Nachpflanzungen zu sorgen hat.

Feldwebel Adolf Paar

Jahns Nachfolger und letzter königlicher Kolonieaufseher wird 1889 Feldwebel Adolf Paar, vorher wohnhaft Gewehrfabrik 4–6. Sein Gehalt wird mit monatlich 55,34 Mark angegeben. Auch erhält er als Entschädigung für die inzwischen entgangene Grasnutzung des südlichen Koloniestücks an der Jägerallee jährlich 240 Mark.

Zusammen mit Paar zieht bis 1899 die Predigerwitwe P. Stechert, geborene Lange, mit in das Haus. Er vermietet aber auch sogleich einzelne Zimmer, unter anderem 1910–1919 an den Militäranwärter Ludwig Koch, der ab 1913 als Steuersupernumerar/Steuersekretär firmiert und vermutlich eine Tochter Paars heiratet. 1912–1915 ist auch der spätere „Abteilungsvorsteher" Dr. phil. Wilhelm Paar, ein Sohn Paars, in den Adressbüchern Potsdams als Mitbewohner des Hauses Nr. 1 notiert.

Am 1. April 1927 wird die Kolonie Alexandrowka Staatseigentum und seitdem vom Hochbauamt 1 in Potsdam verwaltet. Die bisher beim Militär lagernden Akten der Kolonie werden in zivile Archive überführt und der königliche Aufseher Paar wird nun Mieter der Stelle Haus Nr. 1. Seine Pflichten als Aufseher über die Kolonie und die Kolonisten hat er gründlich und ausführlich erfüllt, wobei zu seiner Zeit nur noch vier Kolonisten Nachfahren der ursprünglichen russischen Sänger waren. Ausdauernd und traditionsbewusst setzte er sich vor allem nach der Abdankung des Kaisers und Königs für den Erhalt des Denkmals ein und stritt mit den Behörden Potsdams um den besonderen Status der Kolonie.

1930 ist Paar letztmalig als Hauptmieter des ehemaligen Aufseherhauses in der Kolonie genannt, und in einem Brief vom 3. November 1930 wird von Frau Paar schließlich als Witwe gesprochen.

Die Kirche der Kolonie

Die russische Kirche in Potsdam

In Potsdam bestand seit den Tagen Friedrich Wilhelms I. eine „griechische", d. h. russisch-orthodoxe Gemeinde russischer „Langer Kerls", die der russische Zar Peter der Große dem „Soldatenkönig" im Jahr 1718 geschenkt hatte. Seit dem 11. April 1734 existierte für sie am Stadtkanal, an der Giebelwand des „Langen Stalls", sogar eine geweihte, hölzerne Kirche, die allerdings kurze Zeit später bereits anderweitig genutzt wurde. Nach dem Tod des letzten Gemeindemitglieds im Jahr 1809 wurden die in den Andachten der kleinen Gemeinde verwendeten Becher, Taufschalen, Kelche, Kerzenhalter usw. in die Hof- und Garnisonkirche

Alexander-Nevskij-Kirche

überstellt, im Jahr 1815 wechselten die Gerätschaften in das königliche Hofmarschallamt, zu Händen des Baron von Maltzahn. Wegen des Baus der Alexander-Nevskij-Kirche der Kolonie Alexandrowka ergeht am 30. September 1826 eine Anfrage des Stadtgerichts Potsdam an die Hof- und Garnisonkirche Potsdams über den Verbleib der orthodoxen Kirchengeräte und deren womögliche Verwendung für die neue Kirche. Nach wie-derholter Erinnerung antwortet Dr. Eylert am 4. November 1826 endlich, dass seine Kirche sich längst nicht mehr im Besitz der „vasa sacra", der heiligen Gefäße und sonstiger Gerätschaften, befände. All dies, so Eylert, sei am 25. Januar 1815 an den Hofmarschall Herrn Baron von Maltzahn und den Kastellan des Königlichen Schlosses, Herrn Reuter, übergeben worden: *Seit dieser Zeit sind, so oft bei der Anwesenheit der Allerhöchsten Russischen Herrschaften auf dem hiesigen Schlosse griechischer Gottesdienst gehalten wurde, die in Rede stehenden kirchlichen Geräthschaften und vasa sacra, auch wirklich gebraucht; ob aber über diese Verwendung schon Bestimmungen in Bezug auf die für die hiesige neue griechische Colonie zu erbauende Kirche von des Königs Majestät getroffen sind, ist mir zur Zeit nicht bekannt geworden.*

Das russisch-orthodoxe Kircheninventar der ehemaligen russischen Gemeinde Potsdams verbleibt im Schloss, wo auch nach der Fertigstellung der Alexander-Nevskij-Kirche Gottesdienste für die Besucher aus Russland durchgeführt werden. Für die Neuausstattung der Kirche der Kolonie schickt man Aufträge für Neuanfertigungen nach St. Petersburg und verwendet Geschenke aus Russland oder wohlhabender Russen in Preußen. Vor allem die neue Zarin Alexandra/ Charlotte engagiert sich für die zügige und großzügige Bestückung der Kirche mit den notwendigen Gegenständen. Auch die Witwe Alexanders, Zarinwitwe Elisabeth, hatte kurz vor ihrem eigenen Tod im Frühjahr 1826 noch eine *„Bestellung von Kirchengerät"* bei Carlo Rossi, der die zeichnerische Vorlage für die Kolonistenhäuser der Alexandrowka angefertigt hatte, erteilt, doch mit dem Tod Elisabeths verliert sich die Spur des erteilten Auftrags.

Die Alexander-Nevskij-Kirche selbst wird innerhalb zweier Jahre nach Plänen aus Petersburg, vermutlich von Wassilij Petrowitsch Stassow (1769–1848), durch die Potsdamer Steinmetzmeister Fork und Ludwig David Trippel und dem Maurermeister Blankenhorn errichtet, nachdem Karl Friedrich Schinkel die Originalpläne für die Bauausführung in Potsdam überarbeitet hatte. Der ursprünglich vorgesehene Bauplatz der Kirche wird zu Gunsten einer besseren Sichtachse von und nach Potsdam leicht verschoben, die Kirche selbst bleibt aber gemäß der orthodoxen Regel nach Osten ausgerichtet.

Die Grundsteinlegung erfolgt am 11. September 1826, das Kreuz auf der Hauptkuppel der Kirche kann am Vorabend des Geburtstags von Friedrich Wilhelm III., am Sonnabend, den 2. August 1828, angebracht und der Bau insgesamt am Ende des Jahres vollendet werden. Die Weihe der Kirche vollzieht der Gesandtschaftsprediger aus Berlin, Johannes Borisowitsch Tschudowsky, am 11. September 1829. Er ist der einzige, der zu Lebzeiten Friedrich Wilhelms III. bei der Kirche beerdigt wird, und eine zweisprachige Platte über seinem Grab an der Rückseite der Kirche, mit russischer und deutscher Inschrift, ehrt ihn: *Hier ruht in Gott der Kaiserlich Russische (russisch: „Russländische") Gesandtschaftsprobst Johannes (russisch ausserdem: „Borisowitsch") Tschudowski, geboren in Russland zu Tschudowo (russisch: „Subow") im Gouvernement Novgorod den 24./12. Oktober 1765, gestorben in Berlin den 6. Oktober 1838. Nach Gründung der Kolonie Alexandrowka erfolgte durch ihn die Einweihung dieser Kapelle (russisch: „Tempel"/„heiliger Ort") so wie er zuerst das geistliche Amt bei derselben verwaltete.*

Während an und in dem Gebäude noch einzelne Gegenstände, Ikonen und Ausschmückungen mit religiöser Bestimmung ergänzt werden, werden in den 1830er Jahren auch verschiedene Entwürfe angefertigt, wie und wo gemäß der Verfügung des Königs über die Aufstellung der Kriegsgedenkmünzen verstorbener Teilnehmer der Befreiungskriege in deren Kirchen die entsprechenden Gedenkmünzen verstorbener russischer Sänger in ihrer Kirche aufzubewahren sind. Unklar ist zunächst, ob alle den Russen übereichten Orden präsentiert werden sollen, doch ergeht hier 1835 eine eindeutige Order, nur die Anbringung der Gedenkmünzen zu planen, da andere Orden nach Russland zurückzuschicken sind. Offenbar bestand zunächst auch die Idee, alle ehemaligen russischen Sänger des Königs durch die Anbringung ihrer Gedenkmünzen in der Kirche zu ehren, doch wird festgestellt, dass die vor Errichtung der Kolonie verstorbenen Soldaten Mattweff, Iwanow Klim und Jewdokimoff, die 1815 vom russischen Regiment „König von Preußen" nach Preußen überstellt worden waren, offenbar keine Gedenkmünzen besaßen. Die Münzen der ebenfalls bereits verstorbenen, ehemaligen Kriegsgefangenen von 1812, von Winogradoff, Potterin und Popoff wiederum seien nicht mehr vorhanden. Die Gedenkmünzen des ehemaligen Kriegsgefangenen und Sängers Kosma Polujanoff (1. November 1784–23. September 1834), der auf Befehl des Königs in der Garde-Garnisonkompanie in Spandau diente und zu keiner Zeit Bewohner der Kolonie war, finden hingegen Aufnahme in der Ehrentafel. Auch die Münzen von Iwan Stierakoff und Peter Iwanow Jahn, die keine ehemaligen Sänger des Königs, sondern nur gebürtige Russen und spätere Bewohner der Kolonie sind, werden berücksichtigt.

Am 2. Januar 1844 wird in die Kirche eingebrochen und 10 der russischen, silbernen Gedenkmünzen werden gestohlen. Im Juli 1864 wird wieder in die Kapelle eingebrochen und sie erhält daraufhin vergitterte Fenster, doch spätestens seit diesem Zeitpunkt, zu dem keiner der russischen Sänger mehr lebte, scheint die Anbringung der Gedenkmünzen durcheinandergeraten zu sein. Die Tafel hängt noch heute in der Kirche, neben Leerstellen finden sich aber auch falsch und doppelt zugeordnete Münzen hinter den Namen der Sänger.

Seit die russischen Gesandtschaftsgeistlichen mit Beginn des ersten Weltkrieges aus Deutschland zurückberufen wurden, ist die Kirche ohne seelsorgerische Funktion – und auch nach dem Krieg finden Gottesdienste nur unregelmäßig statt. Im Dezember 1918 bringt der Arbeiter- und Soldatenrat Potsdams vorsorglich 23 wertvollere Kirchengeräte in die Stadthauptkasse, wo sie bis mindestens 1927 aufbewahrt werden, dennoch entgeht die Kirche den unruhigen Zeiten nach dem Weltkrieg nicht. 1919 werden die Scheiben der Kirche eingeschlagen, und 1922 wird der Innenraum der Kirche durch einen Brandanschlag teilweise zerstört. 1925 erhalten die Außentüren der Kirche wenigstens einen neuen Anstrich und das in Schieflage geratene Kreuz auf der Hauptkuppel wird begradigt, doch erst seit 1945 sind die Zuständigkeit über die Pflege der Kirche und die Seelsorge rechtlich eindeutig geklärt.

Auf dem kleinen Friedhof um die Kirche fanden 17 Personen, darunter allerdings kein russischer Sänger des Königs, ihr nach orthodoxem Glauben ewiges Ruherecht. Die einzigen Bewohner der Kolonie, die hier beerdigt wurden, waren der Kirchenälteste Tarnowski und der langjährige Priester der Kirche nach dem zweiten Weltkrieg, Markewitsch, mit seiner Frau. Zwei Gräber, dasjenige des hier am 26. Dezember 1857 beerdigten Aufsehers von Nikolskoë, Iwan Bockow, und das Grab der Schwester einer Frau Albrecht, sind heute zerstört.

Der Diakon Petroff und die Geistlichen der russischen Gesandtschaft des Zaren

Da die religiöse Betreuung der Kolonisten grundsätzlich nur den russischen Gesandtschaftsgeistlichen in Berlin anvertraut ist, schicken Zar Nikolaus und Charlotte/Alexandra zusätzlich einen russischen Diakon aus St. Petersburg nach Potsdam. Wegen der Aufgaben und Befugnisse dieses Diakons, Zacharias Petroff, verhandelt der Flügeladjutant, Freund und kirchenpolitische Berater des Königs, Job von Witzleben, mit dem russischen Gesandten Graf Alopeus. Schließlich teilen Graf Alopeus dem Petroff, und am 15. Februar 1829 Witzleben dem Kommandeur des Garderegiments, Oberst von Röder, die beschlossenen Instruktionen mit. Darin heißt es,

1. dass der Diakon Petroff als Angehöriger der russichen Gesandtschaft angesehen wird, in allen Angelegenheiten der Kolonie und ihrer Bewohner aber dem Kommandeur des 1. Garderegiments zu Fuß oder dessen Stellvertreter untergeordnet ist.

2. dass er mit denjenigen Bewohnern, die *„griechischen Glaubens"* sind, Betstunden und geistliche Übungen zu verrichten sowie den Kindern Religions- und russischen Sprachunterricht zu erteilen hat.

3. dass er gemeinsam mit dem preußischen Feldwebel, der als militärischer und ziviler Aufseher der Kolonie eingesetzt ist,

über das sittlich korrekte Verhalten der Einwohner zu wachen und *„durch Belehrung, Warnung und Anwendung geistlicher Mittel"* auf sie einzuwirken hat, während nur dem Feldwebel die gesetzlichen Mittel zu *„Rüge und Bestrafung"* zustehen.

4. dass er sich bei Uneinigkeit mit dem Feldwebel an den Chef des Regiments (d. i. König von Preußen) wenden soll.

5. dass er die Kolonisten auffordern soll, bis zur Fertigstellung der Kapelle der Alexandrowka die Gesandtschaftskapelle in Berlin zu besuchen.

6. dass er sofort den Priester der Gesandtschaft benachrichtigen muss, wenn Taufen, Eheschließungen, letzte Ölungen, Begräbnisse etc. nötig sind, die nur durch einen Priester verrichtet werden können.

Graf Alopeus führt in einem Schreiben vom 9. Februar 1828 außerdem aus, dass es dem Diakon wegen seines untergeordneten geistlichen Standes auf keinen Fall erlaubt sei, die Messe zu lesen oder die Sakramente zu vollziehen und sich sein Amt auf die *„weniger feierlichen aber nicht minder wichtigen Obliegenheiten der Seelsorge"* beschränken werde. Er verspricht aber, den Gesandtschaftsgeistlichen entsprechend dem Wunsch des preußischen Königs zu bitten, die Kolonie so oft aufzusuchen *„als es seines Erachtens das Bedürfnis der Gemeinde erheischen dürfte"*.

Als Wohnort für Petroff und dessen Ehefrau stimmt Alopeus für Potsdam, und eifrig macht sich der Diakon gleich nach seiner Ankunft an die Arbeit, überprüft die Ausstattung der Kirche, der Unterrichtsräume, in denen er den Kolonistenkindern die russische Sprache beibringen soll, und fertigt eine Liste der Gegenstände an, die in Preußen oder in Russland noch bestellt werden müssen. Da er aber keinerlei deutsch versteht und sich daher mit dem preußischen Aufseher der Kolonie nicht verständigen kann,

sich auch mit dem Aufseher des königlichen Landhauses, in dem die lithurgischen Gewänder aufbewahrt werden, überwirft, stellt sich seine *„Seelsorge"* zunehmend als Übel heraus. Sie besteht alsbald nur noch im Feiern und Trinken mit den Kolonisten. Seine Anwesenheit wird zu einem öffentlichen Ärgernis, seine Ehefrau verlässt Potsdam nach wenigen Monaten und das Regiment sieht sich genötigt, auch seine Rücksendung zu befürworten.

Puttkamer formuliert 1866/67 zynisch, dass die Kolonisten dem trinkfreudigen Petroff *„als einem in vielem gleichgesinnten Landsmanne ihre Sympathie"* bewiesen hätten und wirklich beschwerte sich der Kommandeur der Leibkompanie am 11. April 1831: ... *Daß der Priester Petroff sich dem Trunke ergeben hat, hat sich immer mehr ausgesprochen, nicht nur daß es der alleinige Grund gewesen zu sein scheint, welcher ihn am Abhalten des Gottesdienstes verhinderte, sondern so hat er auch in der letzten Zeit mehrere mal den sämtlichen Russen Feste gegeben, wobei er sowohl als diese in hohen Grade betrunken gewesen sind.*

Tatsächlich beantragt der unglückliche Petroff selbst die Rückversetzung in seine Heimat, doch sein jäher Tod am 1. Oktober 1831, laut Puttkamer an *„selbstverschuldeter Krankheit und im Delirium"*, nimmt diese *„anstößige Persönlichkeit der Kolonie ab"*. Als Todesursache des 33jährigen wird *„Wassersucht"* notiert. Ein zweiter Versuch, einen zusätzlichen Seelsorger und Russischlehrer für die Kolonie einzustellen, ist nicht mehr gemacht worden.

Die eigentlichen Priester der Alexander-Nevskij-Kirche sind die Prediger der russischen Gesandtschaft in Berlin, die in der ersten Hälfte des 19. Jahrhunderts stets im Gefolge der jeweiligen Gesandten des Zaren mit nach Berlin kommen. Zunächst ist dies Johannes Borisowitsch Tschudowsky, ab 1834 auch Sokoleff, der ab 1836 den orthodoxen Gottesdienst in deutscher Sprache zur Regel macht. Um 1855 ist Wassili Polisadoff Prediger bei der Gesandtschaft, 1857–1859 der Erzpriester Janitscheff, ab 1859 Tarasi Feodorowitsch Seredinski, der bis 1886 bleibt.

Über die Gottesdienste in Potsdam vermerkt ein Bericht aus dem Jahr 1882: *In der Kapelle der Kolonie wird gegenwärtig – abgesehen von Leichenfeierlichkeiten etc – alle vier Wochen 1 Mal Gottesdienst abgehalten, wozu 2 Geistliche der russischen Botschaft sowie 2 Sänger aus Berlin herüberkommen.*

Die Bezahlung der Priester erfolgt durch die russische Regierung. Die Gemeindemitglieder rekrutieren sich nur noch zu einem Bruchteil aus den Bewohnern der Kolonie, denn *„ Zur Kirchengemeinde gehören von den Koloniebewohnern gegenwärtig nur noch drei Personen, jedoch nehmen noch andere hiesige Einwohner, sowie im Sommer häufig die Mitglieder der russischen Botschaft und durchreisende Russen an den Gottesdiensten theil"*. Das Garderegiment gibt an, dass die Berechtigung zur Teilnahme Auswärtiger an den Potsdamer Gottesdiensten, die der Kaiser überprüfen ließ, um womöglich weitere Kosten zu sparen, den Botschaftsangehörigen einst ausdrücklich erteilt worden sei und sie könne auch anderen, in Preußen wohnenden Russen von Seiten Preußens schlecht verwehrt werden, da seinerzeit fast alle kirchlichen Gegenstände *„aus Russland hierher gesandt worden sind"*.

Der letzte für die Kolonie zuständige Probst der russischen Gesandtschaft, Erzpriester Alexej Petrovic Mal'cev/Alexander von Malzew (1854–1915) ist schließlich der aktivste russisch-orthodoxe Geistliche der Berliner und Potsdamer Gemeinde. Er übersetzt zahlreiche lithurgische Gebete und Regeln ins Deutsche, fördert die Gemeindearbeit und das Zusammengehörigkeitsgefühl der Berliner und Potsdamer Russen und tritt durch seine Arbeit als selbstbewusster Anhänger der rechtgläubigen Kirche und patriotischer Russe hervor.

Seine engagierte Tätigkeit erregt prompt negatives Aufsehen bei den preußischen Behörden: *In letzter Zeit beschäftigt sich die russische Presse des Oefteren mit den Verhältnissen der sogenannten russischen Kolonie bei Potsdam. Einzelne dieser Artikel, welche die Schicksale der Kolonisten in den schwärzesten Farben malen und ihnen die angeblich fürsorgliche Behandlung der Deutschen in Russland gegenüberstellen, sind, wenn auch nur als Kuriosum, auch in die hiesigen Zeitungen übergegangen und dürften zur Kenntnis Ew. p. gelangt sein. Wie uns nun mitgetheilt wird, hat der amtliche Russische Regierungs-Anzeiger, und nach ihm andere russische Blätter, die Nachricht gebracht, daß es dem Derzeitigen, der hiesigen russischen Botschaft beigegebenen Priester gelungen sei, preussische Unterthanen, ehemals russischer Abstammung, welche in Potsdam wohnen, zur russischen Kirche überzuführen. Es würde uns von verschiedenen Gesichtspunkten aus von Werth sein zu erfahren, was an dieser Mittheilung Wahres ist und ob etwa sonst Beziehungen zwischen der gedachten Kolonie und dem Botschaftspriester Malzew bestehen ...*

Name seiner Exzellenz des Herrn Ministers der geistlichen Angelegenheiten gez. von Gossler des Herrn Ministers des Innern Herrfurth

Malzew, durch den Berlin 1894 seinen ersten russischen Friedhof, 1896 das Alexander-Heim für verarmte Russen und ein „Museum für russische Geschichte im Ausland" erhält, verdankt die Alexander-Nevskij-Kirche der Kolonie Alexandrowka schließlich ihren erstmaligen Eintrag als Gotteshaus im offiziellen Adresskalender der Stadt Potsdam. Sie wird 1908 und 1914 als „Griechisch-katholische Kirche (Kolonie Alexandrowka), A. P. von Maltzew, Probst (Berlin) und Dessow, Kirchenältester" vermerkt, 1914 sogar mit dem Hinweis auf einen „Bas. Göeken" als „Pfarrer". Ferdinand Goeken wurde 1894 als erster Deutscher zum orthodoxen Geistlichen, zum „Basileus", geweiht und erhielt daraufhin den Namen „Wassili". Als treuer Mitarbeiter Malzews predigte er sowohl in der Alexander-Nevskij-Kirche der Alexandrowka als auch in der Kirche des russischen Friedhofs in Berlin. Er stirbt am 13. März 1915 und wird auf dem russischen Friedhof Berlins beigesetzt, Malzews Ehefrau findet 1889 ihre ewige Ruhe auf dem kleinen Kirchhof der Alexander-Nevskij-Kapelle der Alexandrowka. Malzew selbst wird mit Beginn des ersten Weltkriegs nach Russland zurückbeordert und stirbt 1915 in Kislowodsk, Kaukasus. Der russische Friedhof, das „Alexander-Heim" und das Museum gehen nach 1945 zunächst in den Besitz der Sowjetunion über, werden dann von der Stadt Berlin (West) angekauft und diese lässt 1975 Heim und Museum abreißen. Der Bestand von etwa 2 000 Bildern mit Motiven der russischen und preußischen Geschichte seit dem Siebenjährigen Krieg, den gemeinsam durchfochtenen Befreiungskriegen und von herausragenden Treffen der russischen und preußischen Monarchen, mit Büsten russischer Monarchen, einer historischen Sammlung von Objekten des russisch-orthodoxen Kunsthandwerks und fast 3 000 Büchern ist seitdem verschollen.

Das königliche Teezimmer im Haus bei der Kirche

Im Haus Nr. 14 (heutige Zählweise), das sich mit seiner durch glatte, graue Bretter verkleideten Fassade deutlich von den anderen Kolonistenhäusern unterscheidet, durften weder Sommerwohnungen noch reguläre Wohnungen vermietet werden, da sich darin das königliche Teezimmer und die kostbaren Messgewänder der Alexander-Nevskij-Kirche befanden. Einzelheiten des heute völlig verlorenen Teezimmers im Obergeschoss beschreibt Puttkamer. Das Teegeschirr, das Friedrich Wilhelm III. bei der KPM in Berlin anfertigen ließ, kostete demnach insgesamt 191 Taler 22 sgr 6 Pf und bestand aus einem Service von 24 Tassen nebst übrigem Teegeschirr, 12 Speise- und 18 Suppentellern. Später, so Puttkamer, wurde das Service vor allem durch Geschenke erweitert, 14 bemalte Tassen steuerten beispielsweise die Kinder des Königs bei, und 12 Teller aus der Petersburger Manufaktur, in Gold und Malachitgrund und mit russischen Szenen und Volkstrachten, schickte Zar Nikolaus in den 1830er Jahren. Ein Samowar aus Tula, den Prinz Karl von einer Reise nach Russland mitbrachte, Tische und Stühle bildeten die schlicht gehaltene Einrichtung der entgegen der ursprünglichen Planung, und aufgrund nicht näher genannter Baumängel, mit Papiertapeten geschmückten Räume, in denen der König sogar mit größeren Gesellschaften von bis zu 40 Personen geweilt haben soll. Friedrich Wilhelm IV. habe sich wesentlich seltener als sein Vater, nachweislich aber 1852 und 1860, in dem Teezimmer und bei der Kirche aufgehalten und 1854 auch ein Geschenk des Grafen Alopeus für das Zimmer erhalten. Dies Geschenk, ein etwas über 60 cm hoher Obelisk aus Nussbaum mit Emblemen, dem Porträt Alexander I. in weißem Biskuitporzellan und einer Inschrift, sei unter einer Glasglocke und „in Ermangelung einer Console auf einem Pfeilertisch" aufgestellt worden.

Auch die Widmung auf dem Obelisken überliefert Puttkamer: Den Manen ALEXANDERS des Befreiers, Kaiser aller Reussen, geboren den 23. December 1777, zum Thron gelangt den 24. März 1801, gestorben den 1. December 1825. Sein glorreicher Name lebt ewig in den Herzen dankbarer Völker.

Die Kastellane und Bewohner des Hauses

Johann Conrad Tarnowsky

Johann Conrad Tarnowsky (auch: „Tarnowski"), ein aus Russland gebürtiger ehemaliger Hoflakai und Sohn eines Geistlichen, geübt im *Lesen der Slawonischen Kirchenbücher"* und im Singen, bewirbt sich um den Posten des Aufsehers für das Haus und erhält aufgrund seiner Herkunft und Kenntnisse schon am 14. Februar 1826 den Zuschlag, noch bevor die Planungen Lennés zur Anlegung der Kolonie abgeschlossen sind. Er bezieht 27 Taler monatliches Gehalt und die Wohnung im Erdgeschoss des Hauses als Dienstwohnung auf Lebenszeit. Als in den verfügbaren Adress-Kalendern der 1840er Jahre der Königlichen Haupt- und Residenzstädte Berlin und Potsdam die Rubrik „Kastellane" eingeführt wird, stehen sein Name und seine Aufgabe direkt unter *„ Herr Iwan Bockow, Aufseher auf Nikolskoe bei Potsdam"* als *„Herr Tarnowski, dgl des Königlichen Landhauses zu Alexandrowka bei Potsdam".*

Der Garten der Stelle gilt als gut aber klein und kann lt. Auskunft des Kolonieaufsehers höchstens einen Reinertrag von 12 Talern erbringen. Seitens der königlichen Gartendirektion wird dem Bewohner der Stelle Nr. 14 daher zusätzlich ein Stück Feldland von etwa 130 QRuten überlassen und verpachtet. In dem Haus bei der Kirche wird ausdrücklich nicht das übliche Inventar zur Verfügung gestellt, doch übernimmt Tarnowsky im Oktober 1828 ausnahmsweise und mit Erlaubnis des Königs die Kuh der Witwe Anisimoff, die froh ist, das hungrige Tier nicht durch den Winter bringen zu müssen. Am 13. März 1831 wird ein hölzernes Staket um das Haus Nr. 14 errichtet und bei gleicher Gelegenheit auch der Bau einer weiteren Barriere angeordnet, da Tarnowsky um eine bessere Absonderung des Hauses von den Kirchgängern gebeten hatte. Die Barriere sollte nördlich der Kirche verlaufen, doch gibt es keine Bestätigung über die Bauausführung, sondern nur eine Planskizze und schriftlich belegte Streitigkeiten über die Höhe der Kosten.

Das Mitte des Jahrhunderts baufällig gewordene Staket um das Haus wird 1864 durch ein leichtes, eisernes Gitter ersetzt.

Tarnowsky ist neben seiner Funktion als Aufseher über das königliche Landhaus bzw. das Teezimmer des Königs auch als Hilfskirchendiener, als „Kirchenältester", verpflichtet. Er ist offenbar ein stolzer Mann und gerät bald nach dem Eintreffen des Diakons Petroff aus Russland mit diesem in Streit. Nach eigenem Gutdünken und nicht im Sinne des Königs, so mahnt ihn das Garderegiment im Juni 1831, habe er dem Petroff sogar den Zugang zur Kirche verweigert und den Diakon so an der Ausübung seiner Pflichten gehindert. Auch Petroff begründet seinen Wunsch, nach Russland zurückzukehren, vor allem mit dem schlechten Einvernehmen zwischen ihm und dem Kirchenältesten. Im August 1831 wird Tarnowsky wieder wegen Eigenmächtigkeit gerügt, da er ohne Rücksprache mit dem Kolonieaufseher Kirchenreparaturen bestellt hatte, 1835 erreicht ihn eine ähnliche Rüge, da er einen Zaun bei der Kirche setzen liess. Alle Schadensmeldungen und Reparaturaufträge aber oblagen gemäss § 4 Absatz 4 der „Instruktion für den militärischen Vorstand der Colonie Alexandrowka" allein dem Aufseher über die Kolonie bzw. dem Regiment, nicht dem Aufseher über das königliche Landhaus oder gar den einzelnen Kolonisten. Im „Potsdamschen Wochenblatt" erscheint daher im Dezember 1831 eine allgemeine Warnung an die Künstler und Handwerker Potsdams, die im Sommer 1833 in zwei aufeinander folgenden Ausgaben des Wochenblattes eindringlich wiederholt wird: *Unter dem 18. December 1831 wurde bekannt gemacht:*

„Alle Reparaturen und Aenderungen an den zum Inventarium der hiesigen Russischen Colonie Alexandrowka gehörigen Mobilien und Immobilien dürfen nur mit Zustimmung der unterzeichneten Behörde vorgenommen werden, welches hierdurch mit dem Bemerken zur öffentlichen Kenntniß gebracht wird, daß diejenigen Handwerker, welche ohne Autorisation lediglich auf die Bestellung einzelner Colonisten für die Colonie arbeiten, dafür keine Zahlung Seitens der Behörde zu gewärtigen haben."

Diese Bekanntmachung wird aus bewegenden Ursachen hierdurch mit dem Zusatze wiederholt, daß auch dem Kirchenältesten Tarnowski keineswegs das Recht zusteht, ohne höhere Autorisation irgend eine Bestellung für die Colonie zu machen. Es werden daher Künstler und Handwerker nochmals vor dergleichen nicht autorisierten Anfertigungen gewarnt, und haben es sich lediglich selbst beizumessen, wenn dafür durchaus keine Zahlung geleistet wird.

Über die persönlichen Verhältnisse des Tarnowsky, über seine Familie, deren Sorgen oder Hoffnungen, gibt es kaum Hinweise in den Akten der Kolonie Alexandrowka, doch erscheint im „Potsdamschen Wochenblatt" 1841 eine Anzeige, die einen gehobenen Lebensstandard Tarnowskys beweist: *Ein wohlerhaltenes Mahagony-Fortepiano von gutem Ton mit englischem Mechanismus, über 6 Octaven, ist für 20 Friedrichs d'Or zu verkaufen bei C. Tarnowskoi, an der russischen Kirche*

Ein Fortepiano, ein Klavier, so ist in einer fast zeitgleich erschienenen „Betrachtung über russische Zustände" nachzulesen, gehörte in den besseren Kreisen Petersburgs zu einem unentbehrlichen Möbelstück wie ein Spieltisch oder ein Spiegel. Auch scheint sich Tarnowsky einer gewissen Beliebtheit bei Gleich- oder Höherrangigen erfreut zu haben, denn 1842 ist er einer der Taufzeu-

gen beim jüngsten Sohn des Kolonieaufsehers Feldwebel Riege, und im Februar 1846 wird er für zwei Monate von seinen Pflichten in der Kolonie beurlaubt, um Fürst Mentchikoff nach St. Petersburg zu begleiten. Überhaupt scheint sich Tarnowsky weniger um ein gutes Verhältnis zu den Kolonisten, als vielmehr um seine eigene Stellung gekümmert zu haben. Im Dezember 1848 erstattet er – wieder unter Umgehung des Aufsehers der Kolonie – bei Lenné Anzeige, da er einige Kolonisten, besonders den Iwanow, dabei beobachtet habe, wie sie die zartesten Anpflanzungen durch übermäßiges Harken ihrer schützenden Decke aus Blatt- und Nadellaub beraubt hätten!

Sophie Friederike Tarnowsky, geborene Dolling, *„Ehefrau e. Aufsehers der russischen Colonie Alexandrowska (!)"* verstirbt im September 1846 im Alter von 60 Jahren an Schlagfluss. Johann Conrad Tarnowsky stirbt am 6. März 1853 und wird mit der Ehre bedacht, auf dem kleinen Kirchhof der Alexander-Nevskij-Kirche beerdigt zu werden.

Hermann Ferdinand Sieber

Tarnowskys Nachfolger wird am 1. April 1853 der Hautboist (Militärmusiker) Hermann Ferdinand Sieber des 1. Garderegiments zu Fuß. Sieber wurde am 14. Juli 1820 in Hoyerswerda geboren und ist mit einer Minna Dolling, einer Tochter der verstorbenen Frau Tarnowsky, verheiratet. Sie haben vier Söhne und drei Töchter, und auch eine Schwester seiner Frau wohnt im Haus. Er erhält ein monatliches Gehalt von zuerst insgesamt 25, dann 33 Talern 10 sgr und schließlich 35 Talern. Er genießt offenbar weitere Privilegien, denn als er im Winter 1855/1856 ernsthaft erkrankt, werden die Apotheker- und Arztrechnungen von der königlichen Schatulle übernommen. Nach der Währungsreform von 1873 (1 Mark = 10 sgr = 1/3 Taler) wird Siebers Gehalt mit

100 Mark angegeben, 1888–1892 erhält er ein monatliches Gehalt von 115 Mark.

Im Adress-Kalender für Berlin, Potsdam und Charlottenburg wird er in der Rubrik „Unmittelbare Bedienung Se. Majestät …" in der Abteilung „Schloss-Verwaltungen" offiziell als *Aufseher des Königlichen Landhauses Alexandrowska bei Potsdam"* genannt, wie auch vor ihm Tarnowski als *„Kastellan"* oder *„Aufseher"* in den Adress-Kalendern aufgeführt war. Am 22. März 1883 erhält Sieber für 30jährige Tätigkeit als Kirchenältester das Allgemeine Ehrenzeichen.

Die Bestimmungen über das königliche Landhaus, die Aufgaben und Pflichten des Kastellans des Hauses, scheinen inzwischen gelockert worden zu sein, denn Sieber vermietet einen Teil seines Hauses. 1884–1892 ist der Steinhändler (auch: „Sattlermeister") Albert Voigt als regulärer Untermieter bei ihm gemeldet. Als Sieber aber im Sommer 1897 stirbt, wirken sich diese Lockerungen für seine Witwe negativ aus. Nach bestem Wissen und Gewissen bittet sie das Garderegiment um Verhandlung wegen ihrer Witwenpension, die ihr ihrer Überzeugung nach als Witwe eines Kirchendieners zustünde. Doch eine entsprechende Anfrage des Regiments vom 21. August 1897 beim königlichen Schatullverwalter Miessner wird von diesem am 5. Oktober abgelehnt. Nur gnadenhalber solle sie das Gehalt ihres verstorbenen Mannes noch weitere drei Monate beziehen und auch das Gnadengeschenk von 150 Mark bei Rückgabe der Stelle in gutem Zustande erhalten, doch habe ihre Bitte um ein Witwengeld keine rechtliche Grundlage. Gegensätzliche Auffassungen werden in zahlreichen Briefen zwischen dem Garderegiment, d. h. dem Kommandeur Graf zu Eulenburg, dem Schatullverwalter Geheimrat Miessner und dem Generaladjutanten des Kaisers und Königs von Hahnke diskutiert, doch wird immer wieder der Grundsatz eines Schreibens vom 22.

Oktober 1897 betont, in dem der Kommandeur dem Generaladjutanten mitteilte, dass der verstorbene Sieber nur ein normaler Kolonist gewesen sei. Nur wegen einer unabhängig vom Regiment getroffenen Übereinkunft sei er zusätzlich auch als „Kirchenältester" bezahlt worden, prinzipiell aber ein normaler Kolonist, *„da auch das Landhaus lediglich eine von den zur Stiftung gehörenden vierzehn Kolonistenstellen bildet"*.

Das Argument wird gestützt durch eine Stellenbeschreibung, die 1857 die Tätigkeiten und Zuständigkeiten Siebers umriss: *… daß der Kirchenälteste Siebert durch seine Stellung betraut ist, zunächst mit der Aufsicht über die Kapelle und die in derselben aufbewahrten Gegenstände und dafür dem Regiment verantwortlich bleibt. Außerdem hat derselbe auch die Funktionen eines Kastellans zu versehen, in Bezug auf das Landhaus bei der Kapelle, wo seine Dienstwohnung sich befindet und die Kirchengewänder aufbewahrt werden. In Bezug auf die daselbst belegenen Lokalitäten, die für Seine Majestät dem König reserviert sind, hat derselbe den Weisungen des Königl. Hofmarschall Amts Folge zu leisten, und wenn ihm dergleichen zugehen, dem Regiment davon Meldung zu machen. Für den Bestand des Inventars bleibt er zunächst dem Regiment verantwortlich. Da der frühere Kirchenälteste Tarnowski griechischer Konfession war, so fungierte derselbe zugleich auch beim Gottesdienst in der Kapelle des Unterstützung der Geistlichen, wenn derartige Hielfs- Funktion bei kirchlichen Zeremonien bisher auch durch den p. Siebert ausgeübt worden, obgleich derselbe nicht griechischer Konfession, so kann dies nur auf einen Privatabkommen mit dem betreffenden Geistlichen beruhen, der bisher darin nichts Anstößiges gefunden. Sollte dies Indes jetzt der Fall sein, so tritt der p. Siebert selbstredend von dieser Funktion zurück und muß es dem Geistlichen dann anheimgestellt bleiben, einen, der griechischen Konfession angehörigen Stellvertre-*

ter dafür zur kirchlichen Dienstleistung entweder aus der Gesandschaftskapelle in Berlin zum Gottesdienst jedesmal hierher mitzubringen, oder auch einen dergleichen aus der Kolonie zu diesem Dienste sich heranzubilden ...

Am 11. März 1898 teilt von Hahnke Miessner die letztgültige Entscheidung des Kaisers mit. Zwar habe die Witwe keinerlei Anspruch auf ein Witwengeld, da ihr Mann nicht zu den Hofbeamten gehört habe, doch solle ihr im Wege der Gnade und wegen der guten Dienste ihres verstorbenen Mannes eine jährliche Unterstützung von 300 Mark in monatlichen Raten von 25 Mark bis auf weiteres bewilligt werden.

Franz Dessow

1897–1918 wird für die Stelle Haus Nr. 14 ein Feldwebel Dessow angegeben, der bereits im September 1897, noch während der Auseinandersetzungen mit der Witwe Sieber, als neuer Aufseher über das Haus bei der Kirche vorgeschlagen worden war. Die Annahme, Dessow unter denselben Bedingungen wie den verstorbenen Sieber anzustellen, wird im Oktober 1897 seitens der königlichen Schatullverwaltung allerdings abgelehnt, denn die Anzahl der russisch-orthodoxen Gläubigen in der Kolonie Alexandrowka sei inzwischen doch sehr zurückgegangen und das Haus Nr. 14 ja außerdem eine normale Kolonistenstelle. Der Schatullverwalter errechnet, dass Sieber ehedem 60 Mark monatliches Gehalt erhalten habe, das sich mit den Jahren auf 115 Mark erhöht hätte. Außerdem sei ihm freie Wohnung gewährt gewesen und er hätte die Nutzung des Gartens, *„sowie des unterhalb des Kapellenberges an der Nedlitzer Strasse gelegenen mit Obstbäumen bepflanzten Ackerlandes"* gehabt. Nach Auskunft der Witwe Sieber sei dadurch ein Gesamteinkommen von 300 Mark jährlich

zusammengekommen. Um daher gegenüber den anderen Pächtern in der Kolonie gerecht zu verfahren, solle dem Dessow für seine Dienstleistung nur ein Gehalt von 60 Mark monatlich angeboten werden.

Tatsächlich hatten die Volkszählungen für die Städte Berlin und Potsdam für den Stichtag des 1. Dezember 1871 nur 1 246 Russen (872 Männern und 374 Frauen) gezählt, die dauerhaft in Berlin wohnten und 117 Russen (67 Männer und 50 Frauen) im Regierungsbezirk Potsdam. Als „ortsanwesende" Einwohner der Stadt Potsdam wiederum wurden 1890 nur insgesamt 15 Russen und Russinnen erkannt, und bei der Volkszählung von 1905 erklärten sich in der Stadt Potsdam sogar nur noch neun Männer und vier Frauen als „griechisch-katholischen" Glaubens. Für „russisch-orthodox" erklärte sich niemand.

Am 18. November 1897 akzeptiert der frühere Hautboist (Militärmusiker) vom 1. Garderegiment zu Fuß Franz Dessow die genannten Bedingungen und wird als Verwalter der russischen Kapelle, der zugehörigen Gegenstände und des früheren Teezimmers bestätigt. Er erhält das vereinbarte Gehalt, für sich und seine Schwestern freie Wohnung im Erdgeschoss des Hauses Nr. 14 und schließt einen entsprechenden Mietvertrag über die Wohnung ab. Trotz des entschiedenen Rückgangs der russisch-orthodoxen Kirchenaktivitäten nach dem ersten Weltkrieg werden Franz Dessow und „Geschwister Dessow" noch bis zum Jahr 1930, also auch über die Verstaatlichung der Kolonie hinaus, als Mieter und Untermieter des Hauses Nr. 14 genannt, 1932 aber ist die Jägerstr. 10 die neue Wohnadresse der Geschwister Dessow und einen Franz Dessow gibt es in diesem Adressbuch nicht mehr. Der Eintrag eines „Wilhelm Dessow" als Kirchenältester für die russische Kirche dürfte ein Irrtum sein, denn der Regierungsbüroangestellte Bruno Ehrhardt und der Pensionär Gustav Mahlow sind als reguläre Mieter des Hauses bei der Kirche eingetragen. 1934 stehen im Adressbuch der Stadt eine Witwe Klara Berderow und weiterhin Gustav Mahlow für das Haus Nr. 14. Ab 1936/37 folgen ihnen als Stelleninhaber der Oberbaurat i. R. Traugott v. Saltzwedel und Eva Stiller v. Saltzwedel, Gymnastiklehrerin.

Theodor Giljawsky

1945 hört das Haus Nr. 14 auf, ein Teil der Kolonie Alexandrowka zu sein und wird nicht mehr durch die Stadtverwaltung, sondern im Auftrag der Roten Armee durch den Rechtsanwalt Dr. Malß verwaltet. Auch die Liste der zur Russischen Kolonie gehörigen Häuser reicht im Adressbuch der Stadt fortan nur noch von 1 bis 13, denn: *Nach Verfügung des militärischen Kommandanten der Roten Armee in Potsdam vom 20. 11. 45 gehört das Grundstück, Russische Kolonie 14 nebst Haus, Garten und allen Nebengebäuden, von diesem Zeitpunkt ab der Russisch-Orthodoxen Kirche in Potsdam. Begründung: Schriftliche Verfügung des Russischen Militärkommandant von Potsdam.*

Gez. Pfarrer Theodor Giljawsky

Gemäß der Verfügung beschlagnahmt die Rote Armee das Haus am 3. Dezember. Die Tochter des Oberbaurats von Salzwedel, eine Frau von Bake, die noch in dem Haus wohnt und nun ausziehen soll, stirbt kurz darauf und Theodor Giljawsky nimmt das Haus für die Kirche in Besitz.

Nikolai Markewitsch

1949 wird ein neuer Seelsorger und Erzpriester für die Alexander-Nevskij-Kirche eingesetzt, der Geistliche Nikolai Markewitsch, geboren 1898, der während seiner 20jährigen Tätigkeit auch im Haus Nr. 14 Wohnung nimmt. Er stirbt 1968 und wird ebenso wie seine Frau Maria (1901–1971) auf dem kleinen Friedhof der Kirche beigesetzt.

Anatolij Koljada

Nach dem Tod Markewitschs wird zunächst kein geistlicher Nachfolger mehr berufen. Priester, Bischöfe und Exarchen, die in den fünfziger Jahren die Kirche kennengelernt hatten, verrichten von Zeit zu Zeit den Altardienst, doch ist die seelsorgerische Funktion der Alexander-Nevskij-Kirche prinzipiell ungeklärt. Schließlich wird auf Beschluss des Heiligen Synods vom 6. Oktober 1986 wieder ein Vorsteher der Kirche bestimmt und der ständige Priester Anatolij Koljada berufen. Koljada und seine Familie wohnen wieder im Haus Nr. 14, für das sie heute Miete an die Kommune zahlen.

Anhang

Die Stellenbesitzer und Hauptmieter der Kolonie Alexandrowka

**Haus 1 zweistöckig,
Dienstwohnung des Aufsehers**

1. Juni 1827–1. Mai 1859	Feldwebel Carl Wilhelm Riege
1. Mai 1859–26. August 1859	Feldwebel Emil Fürgang
1. Oktober 1859–1889	Feldwebel August Ludwig Jahn
1889–min. 1927	Feldwebel Adolf Paar

Am 1. April 1927 wird die Kolonie Alexandrowka Staatseigentum

–min. 1927	Feldwebel a. D. Adolf Paar
1930	Ernst Thielepape
1931	Amtsgehilfe Schröder; Gärtner Wilhelm Reiche
1932	Hilma Becher; Regierungsinspektor Albert Kiltz; Kammergerichtsreferendar Bernhard Kiltz; Diplom-Ing. Günther Kiltz
1938–1946	Amtsgehilfe/Gärtner Karl Schröder und Rentner Wilhelm Reiche
1938–1997	Familie Schröder

Haus 2 zweistöckig

2. April 1827–14. November 1833 (Tod)	Unteroffizier/Schneider Stephan Nikitin Wolgin

14. November 1833–1. April 1834	Witwe Wolgin

Erlöschen der Erbberechtigung Wolgin

1. April 1834–22. August 1848 (Tod)	**Gemeiner Peter Fedorow Uschakoff**
22. August 1848–1. April 1849	Witwe Friederike Uschakoff, geb. Bernhardt

Erlöschen der Erbberechtigung Uschakoff

1. April 1849–28. September 1873 (Tod)	Invalider Johann Daniel August Peters
30. September 1873–28. November 1873	Witwe Emilie Henriette Peters, geb. Gassmann
6. Dezember 1873–1892	Invalider Hautboist (Militärmusiker) Adolph John
1892–1893	Rentier A. Krüger
1893–21. Oktober 1896	Feldwebel Franz Jäger

Ende der Übertragung auf Lebenszeit, Beginn der Verpachtung: 1897

2. April 1897–min. 1934	Feldwebel der Schlossgarde/Leutnant a. D. Karl Zschiesche, auf 12 Jahre Pacht (verlängert)
1936/37	Witwe Wilhelmine Zschiesche
1938/39	Min. Amtsgehilfe W. Offers; Pol. Ob. Vollz.-Beamter Hermann Rettig
1949 bis min. 1951	Hermann Rettig; Henriette Kirstein, Elise Offers

Haus 3 zweistöckig

2. April 1827–16. August 1832 (Tod)	**Feldwebel Iwan Pawloff Wawiloff**
16. August 1831–1. Oktober 1832	Witwe Caroline Friederike Wawiloff, geb. Kraetsch

Erlöschen der Erbberechtigung Wawiloff

1. Oktober 1832–7. September 1842 (Tod)	**Garde-Invalider Iwan Stierakoff** auf Lebenszeit
1. Oktober 1843–12. Juni 1855 (Tod)	**Fedor Vockin**
12. Juni 1855–1. April 1907 (Umzug)	**Wassili Vockin**, minderjährig, daher:
1. Oktober 1855–...	Pächter Unteroffizier Hardt
1. Oktober 1857–1859	Pächter Bäckermeister Ballmüller
1. April 1860–1864	Pächter Gärtner Ackermann

31. April 1865–1. April 1907   **Wassili Vockin/Fockin**
(Umzug in die Eisenhartstr.)

Erlöschen der Erbberechtigung Fockin, Beginn der Verpachtung: 1907

1. April 1907–1934	Feldwebel der Schlossgarde/Oberleutnant a. D. Otto Sujata, auf 12 Jahre Pacht (verlängert)
1934	Witwe Frieda Sujata; Steuerassistent Erich Kunze
1936–1938	Steuerassistent Erich Kunze; Regierungsinspektor Georg Gluschge
1949	Steuerassistent Erich Kunze; Frieda Bischoff

Haus 4 einstöckig

2. April 1827–27. Juni 1861 (Tod)   **Gemeiner Dimitri Sergeeff**

Erlöschen der Erbberechtigung Sergeeff

1. Oktober 1861 zugesprochen,	Rudolph Peter Friedrich Eduard Riege (minderjährig)
25. bzw. 27. Mai 1863	auf Lebenszeit verliehen
1861–1869	Pächter Zimmermann Hübner; Pächter Tischler Kothe

???

1. April 1872–Oktober 1872	Gräfin von Hacke
17. Oktober 1872–12. August 1917 (Tod)	Feldwebel der Schlossgarde Karl Friedrich Krause, auf Lebenszeit. Er hat die Stelle verpachtet und bewohnt sie erst ab Ostern 1899. Bis Ostern 1899 bewohnt sie der Kapellmeister Th. Priem. 1898–1917 bewohnt die Stelle auch der Photograph Paul Hartmann.

Ende der Übertragung auf Lebenszeit, Beginn der Verpachtung: 1917

12. Januar 1918–min. 1939	Steuerinspektor Ernst Pfeiffer für 12 Jahre Pacht (verlängert)
1949	Arbeiterin Maria Brandt; Maler Willi Zinnert

Haus 5 einstöckig

2. April 1827–26. Dezember 1827 (Tod)	**Gemeiner Peter Anisimoff**
26. Dezember 1827–2. November 1841	Witwe Luise Anisimoff, geb. Mückenheim
2. November 1841–25. Januar 1848	Karl Friedrich Anisimoff
(Umzug nach Nr. 9)	
25. Januar 1848–16. September 1856	**Iwan Wassiliwitsch Schischkoff**
(Berechtigung aberkannt)	(minderjährig) auf Lebenszeit, daher:
1. April 1848–1854	Pächter Militärangehöriger Sternsdorf
16. September 1856–1. April 1857	Pächter Amtmann Bock
1. April 1857–min. 1884	invalider Hautboist (Militärmusiker) Johann Bein auf Lebenszeit
min. 1891–23. Oktober 1912 (Tod)	Oberleutnant a. D. Friedrich August Ockler auf Lebenszeit
1912/1913	Eisenbahnarbeiter Fritz Ulrich

Ende der Übertragung auf Lebenszeit, Beginn der Verpachtung: 1913

1. April 1913–1927	Feldwebel der Schlossgarde/Bankbeamter/Pensionär Peter Schmidt auf 12 Jahre Pacht (verlängert)
1928–1950	Steuersekretär Erich Trümper, Schwerbeschädigter des 1. Weltkriegs

Haus 6 einstöckig

2. April 1827–15. September 1859 (Tod)	**Gemeiner/Schneider/Mützenmacher Peter Alexieff**
20. September 1859–25. Januar 1877	Nicolaus Alexieff, Schneider.
(Umzug in die Eisenhartstr.)	

Erlöschen der Erbberechtigung Alexieff

13. Februar 1877–1897	Feldwebel der Schlossgarde Heinrich Wachholz auf Lebenszeit

Ende der Übertragung auf Lebenszeit, Beginn der Verpachtung: 1897

1897–26. Februar 1903 (Tod)	Vizefeldwebel Musikführer Christian Anhalt auf 12 Jahre
1. Oktober 1903–min. 1927	Feldwebel der Schlossgarde/Pensionär Paul Marchner auf 12 Jahre (verlängert)
1932–min. 1951	Obersekretär i. R./Gärtner Fritz Gauger, Schwerbeschädigter des 1. Weltkriegs

Haus 7 einstöckig

2. April 1827–18. September 1831 (Tod)	**Gemeiner Iwan Grigorieff**
18. September 1831–1851	Witwe Friederike Wilhelmine Grigorieff, geb. Platow
6. November 1851–14. März 1853 (Tod)	Iwan Iwanowitsch Grigorieff
14. März 1853–17. Juli 1870 (Tod)	Witwe Louise Grigorieff, geb. Drewes
1. Oktober 1870–1. April 1873	Pächter Giese
25. September 1873–7. Mai 1933 (Tod)	Otto Grigorieff, Schneider
1933–1949 (Tod)	Paul Grigorieff
1949–(?)	Kurt Grigorieff
heute	Joachim Grigorieff

Haus 8 einstöckig

2. April 1827–28. Mai 1835 (Tod)	**Gemeiner Jesim Osipoff Gawrillinka**

28. Mai 1835–11. Oktober 1835	Witwe Gawrilinka

Erlöschen der Erbberechtigung Gawrillinka

1. Oktober 1835–	**Nikolaus Jablokoff** (minderjährig) auf Lebenszeit, daher:
1. Oktober 1835–1. Oktober 1847	Pächter Hoflakai Bieberstein
1. Oktober 1847–1. Oktober 1853	Pächter Schröder
1. Oktober 1853–24. September 1908 (Tod)	**Nikolaus Jablokoff**

Ende der Übertragung auf Lebenszeit, Beginn der Verpachtung: 1908

1. April 1909–min. 1928	Feldwebel der Schlossgarde/Bankbeamter Karl Bohnert, auf 12 Jahre Pacht (verlängert)
1932–min. 1939	Regierungsobersekretär Karl Strickrodt
1949	Vertreter Bernhard Koszarek; Oberzollinspektor Hugo May

Haus 9 einstöckig

2. April 1827–1. April 1834 (Umzug nach Nr. 2)	**Gemeiner Peter Fedorow Uschakoff**
1. April 1834–1. Oktober 1843 (Umzug nach Nr. 3)	**Gemeiner Fedor Vockin**
1. Oktober 1843–1. April 1848 (Umzug nach Nr. 12)	**ehem. Gemeiner Peter Iwanow Jahn** auf Lebenszeit
1. April 1848–8. März 1882 (Tod)	**Karl Friedrich Anisimoff**
8. März 1882–1. Juni 1882	Witwe Juliane Louise Caroline Anisimoff, geb. Adolf
1. Juni 1882–12. April 1916	Schneider Gustav Friedrich Carl Anisimoff
12. April 1916–12. Juli 1916	Witwe Maria Anisimoff, geb. Jagdmann verw. Hübner
12. Juli 1916–19. März 1929	Malermeister Adolf Heinrich, Carl Anisimoff
1929–1960	[Übersiedlung der Familie nach Berlin (West)] Malermeister Carl Anisimoff

Haus 10 einstöckig

2. April 1827–1. April 1834 (Umzug nach Nr. 9)	Gemeiner Fedor Vockin
1. April 1834–1881 (minderjährig) auf Lebenszeit, daher:	Peter Iwanowitsch Grigorieff
1. April 1834–min. 1849	Pächter Gärtner Rüsicke
1. Oktober 1852–5. November 1881 (Tod)	Schneider Peter Iwanowitsch Grigorieff
5. November 1881–1. April 1882	Witwe Auguste Friederike Grigorieff, geb. Drewes
1. April 1882–15. April 1882 (Tod)	Johann Ernst Schrötter
15. April 1882–1. Oktober 1882	Witwe Schrötter
1. Oktober 1882–23. Februar 1883 (Tod)	Wachtmeister Johann Friedrich Schumacher
28. März bzw. 10. April 1883–...	Feldwebel Hermann Hamann
...–27. April 1893	Witwe Heim

Ende der Übertragung auf Lebenszeit, Beginn der Verpachtung: 1893

27. April 1893–1897 (Tod)	Vizefeldwebel C. Daniel auf 12 Jahre Pacht
September 1897–2. März 1913 (Tod)	Vizefeldwebel der Schlossgarde/ Feldwebelunteroffizier a. D. und Kantinenökonom des 1. Garde-Ulanen-Reg. August Mittelsteiner auf 12 Jahre Pacht (verlängert)
2. März 1913–24. September 1913	Witwe Bertha Mittelsteiner
1. Oktober 1913–1932	Vizefeldwebel der Schlossgarde Wilhelm Asmus auf 12 Jahre Pacht (verlängert)
1932–4. Mai 1945 (Tod)	Waschanstaltsvorsteher a. D. (ab 1936 „Kanzl. Sekr. i. R.") Adolf Ebert. Das Haus ist 1945–50 von der Roten Armee beschlagnahmt und eine Fernmeldeeinheit darin untergebracht. Den Töchtern Eberts wird die Kolonistenstelle am 20. September 1950 übertragen.

Haus 11 einstöckig

2. April 1827–7. April 1833 (Tod)	**Gemeiner/Schneider Wassili Schischkoff**
7. April 1833–1. April 1855	Witwe Wilhelmine Schischkoff, geb. Preuss
1. April 1855–24. Dezember 1876 (Tod)	Nicolaus Schischkoff
24. Dezember 1876–25. Februar 1892	Witwe Emilie Schischkoff, geb. Gohlke
25. Februar 1892–3. August 1945	Georg Schischkoff
1945–1949	Liegenschaftsverwaltung
1950	Wilhelm Dudzinski
ab 1951	Horst Schischkoff

Haus 12 zweistöckig

2. April 1827–8. Januar 1848 (Tod)	**Unteroffizier Iwan Thimafeiff**

Erlöschen der Erbberechtigung Thimafeiff

8. Januar 1848–1. April 1848	Anna Iwanowna Thimafeiff
1. April 1848–20. September 1852 (Tod)	ehem. Gemeiner, Arbeitsmann Peter Iwanow Jahn
20. September 1852–1. April 1853	Witwe Friederica Iwanow Jahn, geb. Kanzler
1. April 1853–19. Juni 1868 (Tod)	Feldwebel a. D. Franz
1. Oktober 1868–November 1900 (Tod)	Feldwebel a. D. Schüler
November 1900–1. April 1901	Witwe Schüler

Ende der Übertragung auf Lebenszeit, Beginn der Verpachtung: 1900

1. April 1901–1933	Feldwebel der Schlossgarde Rudolf Reuschel auf 12 Jahre Pacht (verlängert)
1934	Witwe Anna Reuschel, geb. Grigorieff; Kaufmann Gustav Panthur

| 1936/37 | Kaufmann Gustav Panthur |
| 1938–min. 1951 | Pol.-Sekr. Fritz Brüning, Schwerbeschädigter des 1. Weltkriegs; Polizeimeister E. Manzelmann |

Haus 13 zweistöckig

2. April 1827–10. April 1843 (Tod)	Unteroffizier Iwan Fedorowitsch Jablokoff
10. April 1843–1. Oktober 1846	Witwe Maria Franziska Jablokoff, geb. Noel
1. Oktober 1846–11. Juni 1874 (Tod)	Alexander Iwanowitsch Jablokow
11. Juni 1874–23. September 1874	Witwe Louise Jablokoff, geb. Monnier
23. September 1874–max. 1891 (Tod)	Alexander Jablokoff
1891–1. April 1896	Carl Brasch
1. April 1896–31. Juli 1941 (Tod)	Max Jablokow

Erlöschen der Erbberechtigung Jablokoff

| 1941–1951 | Heinrich Rauer |

Haus 14 zweistöckig, Königliches Landhaus, Dienstwohnung

| 2. April 1827–6. März 1853 (Tod) | Hoflakai Johann Conrad Tarnowsky |
| 1. April 1853–1897 (Tod) | Hautboist (Militärmusiker) Hermann Ferdinand Sieber |

Ende der Übertragung auf Lebenszeit, Beginn der Verpachtung 1897

| September 1897–min. 1930 | Hautboist (Militärmusiker), Feldwebel der Schlossgarde Franz Dessow auf 12 Jahre (verlängert) |

1932	Regierungsbureauangestellter Bruno Ehrhardt; Pensionär Gustav Mahlow
1934	Witwe Klara Berderow; Pensionär Gustav Mahlow
1936–min. 1939	Geheimrat i. R. Traugott v. Saltzwedel; Gymnastiklehrerin Eva Stiller v. Saltzwedel
1945	Grundstücks- und Vermögensverwaltung durch Dr. R. Malß; Mieterin Frau von Bake, geb. von Saltzwedel
20. November 1945 (Übergabe 3. Dezember 1945)	Theodor Giljawsky, Priester
1949–1968	Nikolai Markewitsch, Priester
ab 6. Oktober 1986	Anatolij Koljada, Priester

Personenregister

1816 Kommandeur der 1. Kompagnie der Garde-Pionier-Abteilung im Rang eines Kapitäns, 1819/20 Bauleiter von Nikolskoë, 1826/29 Bauleiter der Kolonie Alexandrowka. Bei seinem Ausscheiden aus der Abteilung 1827 zum Hauptmann befördert. *S. 28 ff.*
Wilhelm (I.) (22. 3. 1797 Berlin–9. 3. 1888 Berlin), zweitältester Sohn Friedrich Wilhelms III. mit Luise von Preußen, seit 1858 Regent, seit 1861 König von Preußen, seit 1871 Deutscher Kaiser. *S. 14, 23, 27, 34, 43, 45, 48 f., 59*
York, Johann David Ludwig, seit 1814 Graf von Wartenburg (26. 9. 1759 Potsdam–4. 10. 1830 Oels), Offizier. *S. 7 ff., 15, 18*

Quellen (Auswahl)

Alle Daten und Fakten in diesem Buch sind nach Möglichkeit durch mehrere Quellen bestätigt. Alle Zitate (kursiv gesetzt) stammen aus Primär- oder Sekundärquellen und sind auf Anfrage durch die Autorin nachweisbar, allein wegen der besseren Lesbarkeit haben wir uns gegen Einzelnachweise und für eine Literaturauswahl entschieden. Aus diesem Grund haben wir auch eine einheitliche, nicht unbedingt wissenschaftlich korrekte Schreibweise der russischen und deutschen Namen und Begriffe gewählt und folgen damit den in unseren Quellen am häufigsten verwendeten Formen.

Eine Vervielfältigung des Textes, auch auszugsweise, bedarf der Erlaubnis des Verlags und der Autorin, eine Verwendung der Bilder erfordert zwingend das Einverständnis der im Bildnachweis genannten Leihgeber.

Brandenburgisches Landeshauptarchiv, Potsdam (BLHA)

Pr. Br. Rep 2A. Regierung Potsdam, III D 4236–4262 Die Kolonie Alexandrowka 1826–1924
Pr. Br. Rep 27 A Regierung Potsdam I 253 Bau- und Instandsetzungsarbeiten 1927–1944; 254 Verstaatlichung der Alexandrowka 1927
Ld. Br. Rep 203 Ministerium des Innern 1522 Zusammenarbeit mit der Landesbodenkommission 1948–1952; Bo 720 Amt zum Schutz des Volkseigentums
Ld. Br. Rep 204 A Finanzamt Potsdam, Steuerinspektion A 2134 Liegenschaftsverwaltung 1945–1952
Ld. Br. Rep 208 Ministerium für Land- und Forstwirtschaft 1545 Bodenreform

Stadtarchiv Potsdam

Acta betreffend die silbernen und übrigen Kirchengeräthe der aufgehobenen Griechischen Gemeinde zu Potsdam de 1809, 1–4/86/1; Einwohnermelderegister, Film 95; Regierung Potsdam, Film 644

Geheimes Staatsarchiv Preußischer Kulturbesitz, Berlin (GStA PK)

BPH Rep 49 Friedrich Wilhelm III. F 25 Tagebücher König Friedrich Wilhelm III.
1. HA Rep 77 Ministerium des Innern Titel 584, Nr. 18
1. HA Rep 100 A Die Schatull- und Vermögensverwaltung über die Kolonie Alexandrowka 1919 Nr. 331/1
8. HA MKB, Die Hof- und Garnisonkirchenbücher
BPH Rep 113 Acta betr. die Kolonie Alexandrowka bei Potsdam, Bd. II 1897 Nr. 2758

Literatur (Auswahl)

Altendorf, Bettina: Friedrich Wilhelm III. und die Russische Kolonie Alexandrowka in Potsdam, in: Königliche Visionen. Potsdam – Eine Stadt in der Mitte Europas. Potsdam-Museum Hg., Potsdam 2003, S. 224–232

Altendorf, Bettina: Das Parkdorf Russische Kolonie Alexandrowka, in: Gartenkultur im 19. Jahrhundert, Stolberg, Eva-Maria Hg., Bonn 2004 (vorauss.)

Anisimow, Anatolij/Bieber-Altendorf, Bettina: Die russische Kolonie Alexandrowka, in: Parlamentskaja Gaseta, 18. 7. 2003 (russ.)

Baedeker, Karl: Berlin nebst Potsdam und Umgebungen. Leipzig 1880 (ND Berlin-Schöneberg 1974)

Bieber, Bettina: Die russische Kolonie Alexandrowka, in: Die Mark, Heft 45, Berlin 2002, S. 16–23

Bresgott, Klaus-Martin: Die Russische Kolonie in Potsdam (= Der historische Ort, Nr. 77: Städte). Berlin 1997

Brudel, Fritz: Konzept zur pomologischen Rekonstruktion der Russischen Kolonie Alexandrowka in Potsdam (TS). Potsdam 1995

Cita-Dörries, Else: Des Königs Russische Sänger, Potsdamer Tageszeitung Nr. 23 und 24, 1. und 2. Ausgabe Oktober, Berlin 1955 (siehe auch: PT Nr. 26, S. 5 „Korrekturanmerkung")

Cosmar, Alexander: Neuester und zuverlässigster Wegweiser durch Potsdam und seine Umgebungen für Fremde und Einheimische. Berlin 1841

Eylert, R(uhlemann) Fr(iedrich): Charakter-Züge und historische Fragmente aus dem Leben des Königs von Preußen Friedrich Wilhelm III. 1. Bd. Magdeburg 1842; 2. Bd. Magdeburg 1845

Fellenberg, O.: Potsdam und Umgebung (= Griebens Reiseführer). Berlin 1908 und 1909

Flejman, E. A.: Iz Rossii v Germaniju: ot Kostromskogo sela Palkina do derevni Aleksandrovki v Potsdame. Kostroma 2003. (Eugen Flehmann: Aus Russland nach Deutschland: aus dem Kostromaer Dorf Palkino bis ins Dorf Alexandrowka in Potsdam) (russ.)

Fritsch, Milka: Die Russische Kolonie Alexandrowka (Aus einer Potsdamer Tageszeitung, 1935). Privatbesitz o. Angaben

Günther, Harri: Peter Joseph Lenné – Gärten/Parke/Landschaften. Berlin 1985

Günther, Harri/Harksen, Sibylle: Peter Joseph Lenné, Pläne für Potsdam und Umgebung, Bestandskatalog der Lennépläne in der Plankammer der Staatlichen Schlösser und Gärten Potsdam-Sanssouci, Teil 1. Potsdam und Umgebung. Potsdam-Sanssouci 1989

Haeckel, J.: Jubiläum der Russischen Kolonie Alexandrowka, Beilage des Berliner Lokal-Anzeigers Bezirk Westen, Donnerstag 22. April 1926

Häffner, Hans-Heinrich/Lais, Claudia: Baugeschichtliches Gutachten für das Haus Nr. 5 in der Russischen Kolonie Alexandrowka Potsdam (TS), o. O. 1993/94

Hecker, Anja: Glasowo bei Pawlowsk, Carlo Rossis Projekt eines russischen Parkdorfes – Vorbild für die Alexandrowka in Potsdam? (= Diplomarbeit – Landschaftsentwicklung und Umweltforschung – Schriftenreihe der Fakultät Architektur Umwelt Gesellschaft – Nr. S 14), TU Berlin (2003)

Hecker, Anja/Kalesse, Andreas, „Die Russische Kolonie Alexandrowka in Potsdam: Zum Forschungsstand", in: Jahrbuch für Brandenburgische Landesgeschichte, 54. Bd., Berlin 2003, S. 200–218

Herling, Peter/Klausmeier, Axel: Die Russische Kolonie Alexandrowka, in: Nichts gedeiht ohne Pflege, Die Potsdamer Parklandschaft und ihre Gärtner. Potsdam 2001, S. 109–115

Herling, Peter/Zur Mühlen, Karl-Heinrich: Die Russische Kolonie Alexandrowka, in: SPSG Hg.: Zehn Jahre UNESCO Welterbe der Potsdam-Berliner Kulturlandschaft. Potsdam 2000, S. 85–91

Hinz, Gerhard: Die Kolonie Alexandrowka, in: Peter Joseph Lenné und seine bedeutendsten Schöpfungen in Berlin und Potsdam. Berlin 1937, S. 98–100

Kleiner Führer durch Potsdam. Potsdam 1941

Koch, Kurt: Alexandrowka, Die Russische Kolonie, Potsdamer Tageszeitung Nr. 12, 2. Ausgabe April, Berlin 1955

Köhler, Marcus: Die Potsdamer Kolonie Alexandrowka und ihr Beitrag zur Entstehung des „russischen Stils" – Gutachten zur kunsthistorischen Bedeutung der Alexandrowka (TS). Berlin 1996

Köhler, Marcus: Die Kolonie Alexandrowka, Ein russisches Dorf in Potsdam, in: Museumsjournal, Heft 3. Berlin 2001, S. 15–17

Kotsch, Detlef: Potsdam – die preußische Garnisonstadt. Braunschweig 1992

Lewien, Hiltrud und Ulrich: Die Russische Kolonie „Alexandrowka", in: 1000 Jahre Potsdam (TS), o. O. (Potsdam 1992)

Löwenberg, Julius: Der Fremde in Berlin und Potsdam: Neuester und zuverlässigster Wegweiser beim Besuche dieser Hauptstädte und ihrer Umgebungen; eine genaue Beschreibung aller Sehenswürdigkeiten und Einrichtungen enthaltend. Berlin 1843

Martens, Gerhild: Die Kolonie „Alexandrowka", in: 1000 Jahre Potsdam, Blätter aus der Stadtgeschichte, Potsdam o. J. (Feb. 1986–Feb. 1988)

Mielke, Friedrich: Potsdamer Baukunst, Das klassische Potsdam. Frankfurt a. M./Berlin/Wien 1981

Morin, Friedrich: Berlin und Potsdam im Jahre 1860. Berlin 1860 (ND Braunschweig 1980)

Otto, Karl-Heinz/Koljada, Anatolij: Moskauer Patriarchat Alexander-Newski-Kirche, Denkmal Russisch-Preußischer Freundschaft. Potsdam 1988 u. ö.

Otto, Karl-Heinz: Alexandrowka und Alexander-Newski-Kirche, ein kulturhistorischer Führer, in: Potsdam – Berliner Kulturlandschaft. Potsdam 2001

Puttkamer, (Oberst z. D. Bogislaw) von: Die Russischen Sänger der Colonie Alexandrowka, in: Mitteilungen des Vereins für die Geschichte Potsdams, II. Theil. Potsdam 1866, LXXXII., S. 465–468

ders.: Die Griechische Capelle des Heiligen Alexander Newsky bei der Colonie Alexandrowka, in: Mitteilungen... III. Theil. Potsdam 1867, XCI, S. 97–100

ders.: Die Russische Colonie Alexandrowka bei Potsdam, in: Mitteilungen... III. Theil. Potsdam 1867, XCIX., S. 151–170

Rango, Ludw. Fr. von: Der zuverlässigste Führer durch Potsdam und seine Umgebungen, mit besonderer Hinsicht auf die Eisenbahn. Berlin 1839

Redlin, Karl: Des Königs russische Sänger, in: Zeitschrift für Heereskunde, Jg. 1974, Nr. 253, S. 101–106

Rellstab, Ludwig: Berlin und seine nächsten Umgebungen in malerischen Originalansichten. Darmstadt 1854

Schenk, Frithjof Benjamin: Aleksandr Nevskij im russischen kulturellen Gedächtnis. Geschichtsbilder und Konzepte kollektiver Identität 1263–2003. (Dissertation Freie Universität Berlin (MS) 2003)

Seit 150 Jahren Russen in Potsdam, Potsdamer Tageszeitung Nr. 195, 1. Ausgabe Dezember, S. 3, Berlin 1962

Spaziergang durch Potsdams Umgebungen, Zum Besten der Kinder-Bewahranstalt in Potsdam. Berlin/Potsdam 1839 (ND Potsdam-Sanssouci 1988)

Spiker, S(amuel) H(einrich): Berlin und seine Umgebungen im neunzehnten Jahrhundert. Berlin o. J. (1833) (ND Berlin 1979; Leipzig 1980)

Thümen, (Major Wilhelm Hermann Heinrich) von: Die Uniformen der Preußischen Garden, von ihrem Entstehen bis auf die neueste Zeit, nebst einer kurzen geschichtlichen Darstellung ihrer verschiedenen Formationen 1704–1836. Berlin 1840

Vidert, V. L.: Tri Pis'ma A. Viderta k P. A. Vjazemskomu. In: Zeitschrift für Slavistik 1980/Bd. 25, Heft 5, S. 669–674. Fussnote 21.

Werwach, Friedrich: Der Russische Sängerchor in Potsdam, in: Familiengeschichtliche Blätter, 24., Leipzig, 1926, S. 48–50

Zscherpe, Ute: Die russische Kolonie Alexandrowka; in: Berlinische Monatsschrift, Heft 5, 1996, S. 60–61

Bildnachweis

Autorin und Verlag haben sich bemüht, alle Urheber- und Verwendungsrechte an den Bildern in diesem Buch zu beachten. Sollten wir versehentlich gegen Rechte verstoßen haben, bitten wir um Nachricht.

Lezius, Martin: Das Ehrenkleid des Soldaten, Berlin 1936
– Die dem 1. Garde-Regiment zu Fuß attachierten Russischen Sänger vor der Baustelle der Kolonie *Titelbild*

1813–1815, die deutschen Befreiungskriege in zeitgenössischer Schilderung, Hg. F. Schulze. Leipzig o. J.
– Zar Alexander I. von Russland, nach einer Büste, gestochen von Bolt 1814 *S. 12*
– Friedrich Wilhelm III., Gemälde von Francois Gérard aus dem Jahr 1815 (Ausschnitt) *S. 12*

Bildarchiv Foto Marburg *(copyright)*
– Denkmal des 3. Garde-Ulanen-Regiments in Potsdam, Foto 1920/1940 *S. 54*

Brandenburgisches Landeshauptarchiv *(copyright)*
– Plan der Stellenverteilung nach der Bodenreform 1952 (BLHA Rep 208 Ministerium für Land- und Forstwirtschaft 1545, Blatt 174) *S. 58*

Eremitage St. Petersburg *(copyright)*
– Portrait Zar Alexander I, Gemälde von Jean Henri Benner, 1821 *S. 23*
– Großfürstin Alexandra, Gemälde von Jean Henri Benner, 1821 *S. 20*
– Großfürst Nikolaus, Unbekannter Künstler, um 1820 *S. 20*

Faber du Faur, Christian Wilhelm von: Der Russlandfeldzug Napoleons 1812, Hg. Bayerisches Armeemuseum, Ingolstadt 2003 *(copyright)*
– Moskau, den 8. Oktober 1812, Tafel 69 *S. 9*
– In der Gegend von Oschmäny, den 4. Dezember 1812, Tafel 94 *S. 10*
– Auf der großen Straße zwischen Moshaisk und Moskau, den 21. September 1812, Tafel 60 *S. 28*
– Zwischen Dorogobusch und Slawkowo, den 27. August 1812, Tafel 43 *S. 33*

Hohenzollern Jahrbuch 18, Berlin und Leipzig 1914
– Einzug der verbündeten Fürsten in Paris 1814 *S. 13*
– Federzeichnung Prinz Wilhelms zur

Fahnenweihe auf dem Pariser Marsfeld
1815 *S. 17*
– Lager preussischer Garden am Marsfeld
S. 17
**Hohenzollern Jahrbuch 19,
Berlin und Leipzig 1915**
– Einzug Friedrich Wilhelm III. in Berlin
am 7. August 1814 *S. 15*
**Kuntze, Max: Die Schlossgardistensied-
lung in Caputh, Potsdamer Jahresschau
1937**
– Die Kolonistenhäuser bei Caputh um
1937 *S. 38*
**Lezius, Martin: Das Ehrenkleid des
Soldaten, Berlin 1936**
– Die dem 1. Garde-Regiment zu Fuß
attachierten Russischen Sänger vor der
Baustelle der Kolonie *S. 29*
**Museum der Bildenden Künste Leipzig
*(copyright)***
– Hans David Ludwig von York, gezeichnet
von Dähling, gestochen von Bolt 1813
S. 11
Potsdam-Museum *(copyright)*
– Die Kirche des Heiligen Alexander
Newski und Kolonistenhäuser, Hans Otto
Hermann, nach Wolfgang von Motz,
Lithographie um 1829 *S. 35*
**Rehtwisch, Theodor: 1812 – Der Unter-
gang der großen Armee und seine Vor-
geschichte. Berlin o. J.**
– Napoleon I., Kaiser der Franzosen um
1812, nach einem Gemälde von Paul
Delaroche *S. 6*
– Friedrich Wilhelm III., König von Preu-
ßen, nach einer Zeichnung von F. Bolt,
gestochen von H. Meyer 1813 *S. 6*
– Etienne Jacques Joseph Alexander
MacDonald. Marschall des Kaiser-
reiches, Herzog von Tarent *S. 7*
**Seydlitz: Tagebuch des Königlich
Preußischen Armeekorps unter Befehl
des General-Lieutnants von York im
Feldzuge von 1812, 2. Band, Berlin und
Posen 1823**
– Karte des preußischen Feldzugsgebietes
in Curland 1812 *S. 8*

**Spiker, S. H.: Berlin und seine Umgebungen
im neunzehnten Jahrhundert. Berlin o. J.**
– Die Alexander-Nevskij-Kirche um 1831
S. 36
– Das Russische Haus bei Potsdam mit
Aufseher Bockow (Mitte) und Besuchern,
um 1830 *S. 28*
**Staatliche Museen zu Berlin, Kunstbiblio-
thek, bpk 2004, Foto: Jörg P. Anders
*(copyright)***
– Die dem 1. Garde-Regiment zu Fuß
attachierten Russischen Sänger 1815,
von Thümen um 1840 *S. 19*
– Die dem 1. Garde-Regiment zu Fuß
attachierten Russischen Sänger 1830,
von Thümen um 1840 *S. 37*
– Szenen aus der Geschichte des Ersten
Garderegiments zu Fuß und Friedrich
Wilhelms IV., Kolorierte Lithographie von
F. Nordmann, Berlin 1854 *S. 47*
**Staatliche Museen zu Berlin, Kupferstich-
kabinett, bpk 2004, Foto: Jörg P. Anders
*(copyright)***
– „Bauern-Hof in Russland", Carlo Rossi
um 1818 *S. 28*
– „Die Russische Kolonie am Pfingstberg
bey Potsdam", P. J. Lenné, 1826 *S. 25*
– Die Alexander-Nevskij-Kirche, Wolfgang
von Motz, 1829 *S. 34*
**Stiftung Preußische Schlösser und Gärten
Berlin-Brandenburg *(copyright)***
– „Project zu einer Russischen Colonie
vor dem Nauener Thor bei Potsdam",
P. J. Lenné, 1826, Plansammlung
Potsdam Nr. 3740, 3741, 3742 *S. 25*
– Gebauer: Friedrich Wilhelm III. auf dem
Pfingstberg, um 1828, Foto: Postel,
1963 *S. 41*
– Die Heilige Allianz, Wien
(unbekannter Maler) 1815 *S. 17*
**Unsere Hohenzollern von 1415–1915,
Hannover 1915 *(copyright)***
– Vier Hohenzollern-Generationen.
Aufnahme aus dem Jahre 1882 *S. 49*
**Taranovskaja, Marianna Zenonovna:
Karl Rossi, Leningrad 1980**
– Carlo Rossi (Karl Rossi) *S. 26*

- Projekt Glasovo, Carlo Rossi 1815
  S. 27
- Die Alexandersäule in St. Petersburg,
  1834 *S. 44*

Altendorf, Ben-Alexander 2003
(copyright)
- Die Gehöftverteilung in der Kolonie nach
  den Originalangaben von 1827 (BLHA),
  die Lage der Brunnen nach einer Skizze
  des Aufsehers Paar von 1921 (GStA,
  PK). Die Einzeichnung der Wege und
  Bäume in der Kolonie anhand des sog.
  Fintelmann-Plans (SPSG), der hier mit
  1828 datiert wird, da dieser Plan in der
  ersten Stadtansicht Potsdams unter
  Berücksichtigung der Kolonie Alexandrowka (Möllendorf/Bimbé, 1829)
  verwendet wird. *S. 61*

Familie Anisimoff *(copyright)* *S. 29, 48,*
51

Hendrik Bäßler *(copyright)* *S. 118,*
129–137